11

最新 社会福祉士養成講座
精神保健福祉士養成講座

一般社団法人 日本ソーシャルワーク教育学校連盟　編集

ソーシャルワークの基盤と専門職

［共通・社会専門］

中央法規

刊行にあたって

　このたび、新カリキュラムに対応した社会福祉士と精神保健福祉士養成の教科書シリーズ（以下、本養成講座）を一般社団法人日本ソーシャルワーク教育学校連盟の編集により刊行することになりました。本養成講座は、社会福祉士・精神保健福祉士共通科目 13 巻、社会福祉士専門科目 8 巻、精神保健福祉士専門科目 8 巻の合計 29 巻で構成されています。

　社会福祉士の資格制度は、1987（昭和 62）年に制定された社会福祉士及び介護福祉士法により創設されました。後に、精神保健福祉士法が制定され、精神保健福祉士の資格制度が 1997（平成 9）年に創設されました。それから今日までの間に両資格のカリキュラムは 2 度の改正が行われました。本養成講座は、2019（令和元）年度の両資格のカリキュラム改正に伴い、刊行するものです。

　新カリキュラム改正のねらいは、地域共生社会の実現に向けて、複合化・複雑化した課題を受けとめる包括的な相談支援を実施し、地域住民等が主体的に地域課題を解決していくよう支援できるソーシャルワーカーを養成することにあります。地域共生社会とは支援する者と支援される者が一体となり、誰もが役割をもって生活していくことができる社会です。こうした社会を創り上げる担い手として、社会福祉士や精神保健福祉士が期待されています。

　そのため、本養成講座の制作にあたって、❶ソーシャルワーカーとしてアセスメントから支援計画、モニタリングに至る PDCA サイクルに基づく支援ができる人材の養成、❷個別支援と地域支援を一体的に対応でき、児童、障害者、高齢者等のさまざまな分野を横断して包括的に支援のできる人材の養成、❸「講義―演習―実習」の学習循環をつくることで、実践現場に密着した人材養成をする、を目的にしています。

　社会福祉士および精神保健福祉士になるためには、ソーシャルワークに必要な五つの科目群について学ぶことが必要です。具体的には、①社会福祉の原理・基盤・政策を理解する科目、②複合化・複雑化した福祉課題と包括的な支援を理解する科目、③人・環境・社会とその関係を理解する科目、④ソーシャルワークの基盤・理論・方法を理解する科目、⑤ソーシャルワークの方法と実践を理解する科目です。それぞれの科目群の関係性と全体像は、次頁の図のとおりです。

　これらの科目を本養成講座で学ぶことにより、すべての学生がソーシャルワークの基盤を修得し、社会福祉士ならびに精神保健福祉士の国家資格を取得し、さまざまな領域でソーシャルワーカーとして活躍され、ソーシャルワーカーに対する社会的評価を高めてくれることを願っています。

社会福祉士養成教科書の全体像

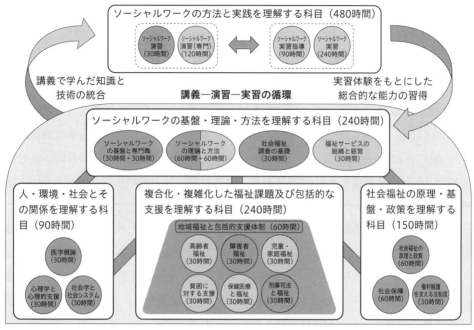

出典：厚生労働省「（別添）見直し後の社会福祉士養成課程の全体像」（https://www.mhlw.go.jp/content/000604998.pdf）より本連盟が改編

精神保健福祉士養成教科書の全体像

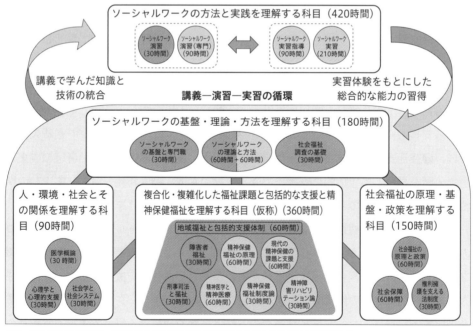

出典：厚生労働省「（別添）見直し後の社会福祉士養成課程の全体像」を参考に本連盟が作成

2020（令和2）年12月1日

一般社団法人日本ソーシャルワーク教育学校連盟
会長　白澤政和

はじめに

　少子高齢化と、それに伴う人口減少が進行する日本では、社会福祉を取り巻く状況も大きく変化している。産業構造や就業構造の変化に伴う不安定な就労条件や非正規雇用の増大、貧困問題の広がり、血縁や地縁に基づく人々のつながりの希薄化や共同体機能の脆弱化、さらには生命の危機をもたらす大規模な自然災害の発生など、人々の生活の安定を揺るがすさまざまな社会問題が各地で生じている。

　そのような社会状況のなかで、人々や家族・世帯が抱える生活課題や生活問題は、多様化、複雑化、複合化、そして長期化する状況をみせている。このような状況にある人々や家族・世帯に対しては、さまざまな制度やサービス、および関係職種や関係機関による支援を組み合わせ、連携・協働して、総合的かつ包括的に、そして継続的に対応していくことが求められる。また、生活が困難な状況のなかにあっても、自ら支援を求めることなく、専門職や地域住民等からの支援を拒む人もいる。本人からのサービス利用の申請や支援機関への来所を待つだけではなく、支援者・支援機関のほうから積極的に出向いて必要な支援につなげていく働きが求められている。

　さらに今日では、人々の価値観やライフスタイル、性的指向や性自認の多様化もみられる。また、日本で暮らす外国人も増加しており、夫婦や家族のあり方も多様化している。人々の尊厳が守られる社会とは、このような人々の多様性が尊重される社会であるといっても過言ではない。そこで暮らす誰もが尊厳を守られる地域や社会づくりのためのソーシャルワークと、その実践を担うソーシャルワーカーが、さまざまな場所で求められている。

　本書は、社会福祉士および精神保健福祉士養成課程の新カリキュラムにおける「ソーシャルワークの基盤と専門職」（社会福祉士・精神保健福祉士共通科目）および「ソーシャルワークの基盤と専門職（専門）」（社会福祉士専門科目）に対応して作成されたものである。第1章から第5章までが共通科目、第6章から第8章までが社会福祉士専門科目の内容で構成されている。

　本書の作成にあたっては、共通科目に対応する内容はもちろんのこと、社会福祉士専門科目に対応する内容についても、ソーシャルワーク専門職としての両資格に必要な、ソーシャルワークに関する基礎的な学び、そして将来ソーシャルワーカーとして働くための土台となる学びを提供するものとなるよう、執筆・編集の作業を行った。社会福祉士、そして精神保健福祉士の資格取得を目指す方々が、将来のソーシャルワーカーとしてその使命と役割を果たす学びとなるよう、本書を活用していただきた

い。

　本書の内容は、特にソーシャルワークを初めて学ぶ人々に、ぜひ習得してほしい知識や考え方を盛り込んだものとなっている。まず日本のソーシャルワーカーの国家資格である社会福祉士や精神保健福祉士の法的な位置づけ（第1章）、そしてソーシャルワークの概念（第2章）、およびソーシャルワークの基盤となる考え方（第3章）について理解する。

　次に、ソーシャルワークの誕生から今日に至るまでの歴史的な形成過程（第4章）とソーシャルワーカーとして忘れてはならない倫理（第5章）、そして現在の日本のソーシャルワークに係る専門職が働く分野や職域と、諸外国におけるソーシャルワークやソーシャルワーカーをめぐる状況（第6章）を学ぶ。

　さらに、ミクロ・メゾ・マクロレベルにおける実践が相互に連動して展開するソーシャルワーク（第7章）、そして今日求められる総合的かつ包括的な支援の意義や内容と、そのために必要なジェネラリストの視点、および多職種や社会資源となる地域の人々などとの連携・協働（第8章）について学ぶ。

　今こそソーシャルワーク・ソーシャルワーカーが求められている時代である。日本のソーシャルワーカーの国家資格としての社会福祉士と精神保健福祉士は、プロフェッショナルとしてソーシャルワークを実践するソーシャルワーク専門職であり、ソーシャルワーカーとしてのアイデンティティをもつ人々のことである。

　本書でソーシャルワークを学んだ皆さんが、将来社会福祉士や精神保健福祉士の資格を取得され、ソーシャルワーク専門職、すなわちプロフェッショナルのソーシャルワーカーとして活躍されることを願ってやまない。

編集委員一同

目次

第2章 ソーシャルワークの概念

第3章 ソーシャルワークの基盤となる考え方

第 4 章　ソーシャルワークの形成過程

第 5 章　ソーシャルワークの倫理

第6章　ソーシャルワークに係る専門職の概念と範囲　社会専門

第7章　ミクロ・メゾ・マクロレベルにおけるソーシャルワーク　社会専門

第 8 章 総合的かつ包括的な支援と 多職種連携の意義と内容 社会専門

本書では学習の便宜を図ることを目的として、以下の項目を設けました。

・学習のポイント……各節で学習するポイントを示しています。

・重要語句……………学習上、特に重要と思われる語句を**色文字**で示しています。

・用語解説……………専門用語や難解な用語・語句等に★を付けて側注で解説しています。

・補足説明……………本文の記述に補足が必要な箇所にローマ数字（ⅰ、ⅱ、…）を付けて脚注で説明しています。

・**Active Learning**……学生の主体的な学び、対話的な学び、深い学びを促進することを目的に設けています。学習内容の次のステップとして活用できます。

第1章

ソーシャルワーク専門職である社会福祉士および精神保健福祉士の法的な位置づけ

　本章では、ソーシャルワーク専門職である社会福祉士と精神保健福祉士に関する法的な位置づけについて学んでいく。第1節では、両資格が、地域共生社会の実現に向けての活躍が期待されるソーシャルワーク専門職の国家資格であることを学ぶ。続く第2節と第3節では、社会福祉士および精神保健福祉士の制度創設の経緯や背景、法的定義や義務、制度をめぐる昨今の動向などを取り上げる。さらに第4節では、事例によってソーシャルワークの実際を理解しつつ、両資格の専門性、すなわちソーシャルワーク専門職としての必要な知識や技術、価値の習得について学ぶ。そして第5節では、これからの社会福祉士および精神保健福祉士に求められる能力としてのコンピテンシーについて学ぶ。

ソーシャルワーク専門職である社会福祉士・精神保健福祉士

学習のポイント

● 社会福祉士・精神保健福祉士が「ソーシャルワーク専門職」の国家資格であることを理解する
● 地域共生社会の実現に向けて社会福祉士・精神保健福祉士に期待されていることを理解する

 ソーシャルワーク専門職の国家資格

　資格とは、あることを行うのに必要な、ふさわしい身分、地位、立場あるいは必要とされる条件や能力を指す。そのなかで、国家資格は国の法律に基づいて各種分野における個人の能力、知識が判定され、特定の職業に従事すると証明される資格である。国家資格は法律によって一定の社会的地位が保証されるため社会からの信頼性は高い。

　国家資格は、法律で設けられている規制の種類により、「業務独占資格」「名称独占資格」「設置義務資格」に区分されている。ソーシャルワーク専門職に係る国家資格である社会福祉士・精神保健福祉士は有資格者以外その名称を名乗ることを認められていない「名称独占資格」であり、介護福祉士、栄養士、保育士なども同様である。なお、有資格者以外が携わることを禁じられている業務を独占的に行うことができる「業務独占資格」には医師、看護師、弁護士などがある。特定の事業を行う際に法律で設置が義務づけられている「設置義務資格」としては学芸員、職業訓練指導員、衛生管理者、放射線取扱主任者などがある。

　社会福祉士・精神保健福祉士の資格保有者でなければ従事することができない業務が法律上定められているわけではない。しかしながら、現代において複雑化、多様化している個人の生活課題はもとより地域課題、さらには社会問題までを視野に入れて展開されるソーシャルワーク実践を担う専門人材になろうとするならば、国家資格を取得することはソーシャルワーク専門職としての業務遂行上、必須条件であるといっても過言ではない。社会福祉士・精神保健福祉士の資格取得ルートは、**図1-1・図1-2**のとおりであるが、国が指定した科目を履修して単位を修得し国家試験受験資格（見込を含む）を取得後、国家試験に合格した

図1-1　社会福祉士の資格取得ルート

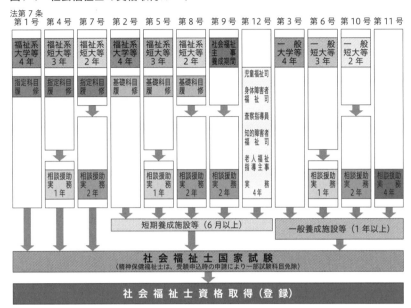

出典：社会福祉振興・試験センターホームページ「社会福祉士国家試験　受験資格（資格取得ルート図）」

図1-2　精神保健福祉士の資格取得ルート

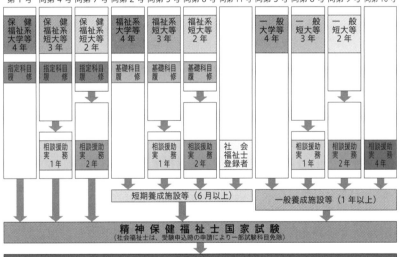

出典：社会福祉振興・試験センターホームページ「精神保健福祉士国家試験　受験資格（資格取得ルート図）」

うえで、厚生労働省へ登録する必要がある。

　2020（令和2）年10月現在における社会福祉士の登録者は約25万人[1]で、全国の行政機関、相談機関、福祉施設・事業所、医療機関、NPO団体等でソーシャルワーク実践を展開している。なお、職能団体

第1章　ソーシャルワーク専門職である社会福祉士および精神保健福祉士の法的な位置づけ

として公益社団法人日本社会福祉士会（JACSW）が組織されており、会員数は約4万2000人である[2]。一方、精神保健福祉士の登録者は約9万1000人で、全国の医療機関、障害者支援施設、障害福祉サービス事業所、行政機関、保護観察所等でソーシャルワーク実践を展開している[3]。なお、職能団体として公益社団法人日本精神保健福祉士協会（JAMHSW）が組織されており、会員数は約1万2000人である[4]。

近年では、社会福祉士・精神保健福祉士の任用は、現代における生活問題や社会問題の動向を反映し、上記の施設・機関・事業所に加え、教育分野（スクールソーシャルワーカー）、司法分野（刑務所および刑余者支援など）、自殺防止や依存症への支援、社会的排除や孤立・ひきこもりへの支援、災害時の支援、性的マイノリティや外国人への支援（多文化共生）など、ますます広がりをみせている。

Active Learning

社会福祉士・精神保健福祉士の任用が広がってきた背景にある社会問題の具体的内容について調べてみましょう。

2 ▶ 地域共生社会の実現に向けたソーシャルワーク専門職に対する期待

今日における福祉改革の基本コンセプトは「ニッポン一億総活躍プラン」（2016（平成28）年6月2日閣議決定）で示された「地域共生社会」の実現である。これは、子ども・高齢者・障害者などすべての人々が地域、暮らし、生きがいをともにつくり、高めあうことができる社会である。つまり、支え手側と受け手側の区別を超えて、地域のあらゆる住民が役割をもち、支えあいながら、自分らしく活躍できる地域コミュニティを育成し、福祉などの地域の公的サービスと協働して助けあいながら暮らすことのできる仕組みの構築を目指すものである。そのために、育児、介護、障害、貧困、さらには育児と介護に同時に直面する家庭など、世帯全体の複合化・複雑化した課題を受けとめる、市町村における総合的な相談支援体制づくりを進め、2020（令和2）年から2025（令和7）年を目途に全国展開を図るための取り組みが進められている。

一方で、地域共生社会の実現に向けて総合的かつ包括的な支援やその体制構築を担うことができる専門人材の養成・確保は国家的課題であることから、ソーシャルワーク専門職である社会福祉士・精神保健福祉士に対する社会的要請や政策的期待はますます高まっている。

たとえば、厚生労働省に設置された地域における住民主体の課題解決力強化・相談支援体制の在り方に関する検討会の「地域力強化検討会中間とりまとめ～従来の福祉の地平を超えた、次のステージへ～」では、

図1-3　地域共生社会の実現に求められるソーシャルワークの機能

○　ソーシャルワークには様々な機能があり、地域共生社会の実現に資する「包括的な相談支援体制の構築」や「住民が主体的に地域課題を把握して解決を試みる体制づくり」を推進するにあたっては、こうした機能の発揮がますます期待される。

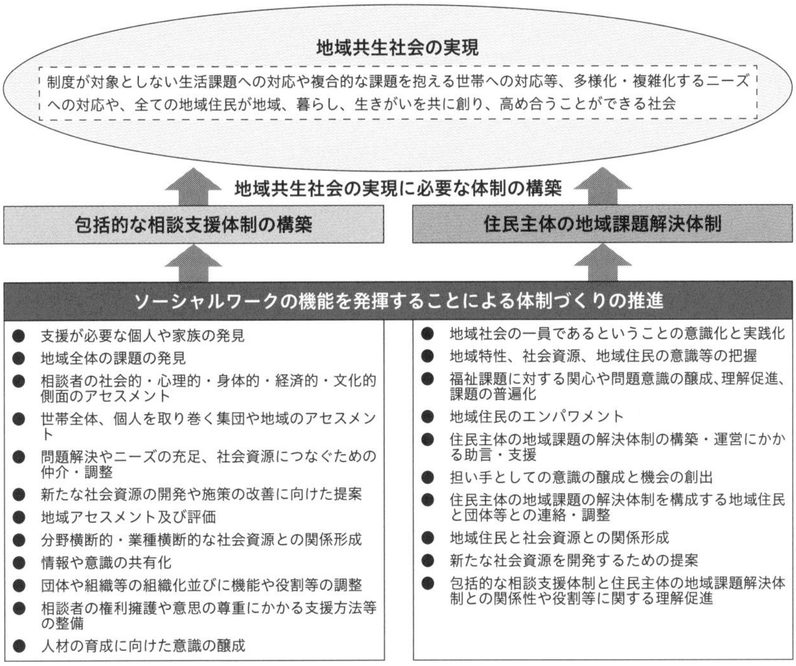

地域共生社会の実現

制度が対象としない生活課題への対応や複合的な課題を抱える世帯への対応等、多様化・複雑化するニーズへの対応や、全ての地域住民が地域、暮らし、生きがいを共に創り、高め合うことができる社会

地域共生社会の実現に必要な体制の構築

| 包括的な相談支援体制の構築 | 住民主体の地域課題解決体制 |

ソーシャルワークの機能を発揮することによる体制づくりの推進

● 支援が必要な個人や家族の発見	● 地域社会の一員であるということの意識化と実践化
● 地域全体の課題の発見	● 地域特性、社会資源、地域住民の意識等の把握
● 相談者の社会的・心理的・身体的・経済的・文化的側面のアセスメント	● 福祉課題に対する関心や問題意識の醸成、理解促進、課題の普遍化
● 世帯全体、個人を取り巻く集団や地域のアセスメント	● 地域住民のエンパワメント
● 問題解決やニーズの充足、社会資源につなぐための仲介・調整	● 住民主体の地域課題の解決体制の構築・運営にかかる助言・支援
● 新たな社会資源の開発や施策の改善に向けた提案	● 担い手としての意識の醸成と機会の創出
● 地域アセスメント及び評価	● 住民主体の地域課題の解決体制を構成する地域住民と団体等との連絡・調整
● 分野横断的・業種横断的な社会資源との関係形成	● 地域住民と社会資源との関係形成
● 情報や意識の共有化	● 新たな社会資源を開発するための提案
● 団体や組織等の組織化並びに機能や役割等の調整	● 包括的な相談支援体制と住民主体の地域課題解決体制との関係性や役割等に関する理解促進
● 相談者の権利擁護や意思の尊重にかかる支援方法等の整備	
● 人材の育成に向けた意識の醸成	

出典：第9回社会保障審議会福祉部会福祉人材確保専門委員会「ソーシャルワークに対する期待について」（平成29年2月7日）より一部抜粋

❶他人事を「我が事」に変えていくような働きかけをする、いわば地域にとっての「触媒」としてのソーシャルワークの機能が、それぞれの「住民に身近な圏域」に存在していること、❷「我が事・丸ごと」を実現するためには、制度横断的な知識を有し、アセスメントの力、支援計画の策定・評価、関係者の連携・調整、資源開発までできるような、包括的な相談支援を担える人材育成に取り組むこと、❸ソーシャルワーカーの養成や配置等については、国家資格として現在の養成カリキュラムの見直しも含めて検討し、人材の確保や定着についても必要な措置を講ずること、などの必要性を指摘している。

　このことからも、「地域共生社会」の実現に向けて、「複合化・複雑化した課題を受け止める多機関の協働による包括的な相談支援体制」、「地域住民等が主体的に地域課題を把握して解決を試みる体制」の構築を進めていくことが求められている。それらの体制の構築を推進していくにあたっては、個人への支援に加え、地域を基盤とした総合的かつ包括的な支援を担うことができ、多業種および多機関・多職種との連携や地域住民と協働しつつ、地域課題の解決に向けた取り組みを地域で中核的に

★多機関の協働
福祉のみならず、医療、保健、雇用・就労、住まい、司法、商業、工業、農業水産業、防犯・防災、環境、教育、まちおこし、多文化共生などの機関とともに活動することを指す。

Active Learning

地域課題の解決に向けて活躍する社会福祉士・精神保健福祉士の実践例について調べてみましょう。

行えるソーシャルワーク専門職である社会福祉士・精神保健福祉士がソーシャルワーク機能を発揮することが期待されている。そのような社会状況や政策動向に基づき、2019（令和元）年度に社会福祉士・精神保健福祉士養成課程における教育内容等の見直しが行われ、より高度な専門性をもったソーシャルワーク専門職の養成が志向されている（第1章第2節・第3節参照）。

◇引用文献
1）社会福祉振興・試験センターホームページ「社会福祉士・介護福祉士・精神保健福祉士の都道府県別登録者数（令和2年10月末日現在）」
2）日本社会福祉士会「合格者宛メッセージ」 https://www.jacsw.or.jp/02_nyukai/messege.html
3）前出1）
4）日本精神保健福祉士協会「2019年度事業報告」p.22, 2020.

◇参考文献
・地域における住民主体の課題解決力強化・相談支援体制の在り方に関する検討会（地域力強化検討会）「地域力強化検討会中間とりまとめ～従来の福祉の地平を超えた，次のステージへ～」2016.
・首相官邸「ニッポン一億総活躍プラン」2016.
・厚生労働省社会保障審議会福祉部会福祉人材確保専門委員会「ソーシャルワーク専門職である社会福祉士に求められる役割等について」2018.

i 2016（平成28）年3月公布の社会福祉法の改正では、社会福祉法人の「地域における公益的な取組」の実施に関する責務規定が創設された。社会福祉士・精神保健福祉士は、法人の独自事業などを通してもソーシャルワーク専門職としての役割を果たすことが求められる。

第2節　社会福祉士及び介護福祉士法

学習のポイント

● 社会福祉士制度創設の経緯・背景について理解する
● 社会福祉士の法的定義と義務について理解する
● 社会福祉士制度の見直しの概要について理解する

1　社会福祉士制度創設の経緯と背景

1 社会福祉主事制度の成立

　戦後の日本では、占領主体である連合国軍最高司令官総司令部（GHQ）による「救済ならびに福祉計画の件」（SCAPIN404）や「社会救済」（SCAPIN775）などに基づく各種の福祉改革が行われた。その後、1950（昭和25）年に制定された新・生活保護法では保護の実施機関である都道府県知事および市町村長の補助機関として社会福祉主事の配置が規定されるとともに、社会福祉主事設置に関する法律によってその社会福祉主事になるための資格や定数について定められた。

　しかし、1951（昭和26）年に同法は廃止され、新たに成立した社会福祉事業法（現・社会福祉法）において任用資格として社会福祉主事★が規定され、都道府県および市ならびに福祉事務所を設置する町村は社会福祉主事を置くこと、その職務は福祉三法に定める援護、育成または更生の措置に関する事務を行うこととなった。その後、1960年代になると福祉事務所の実施体制が「福祉三法体制」から「福祉六法★体制」へと移行し、それに応じて社会福祉主事の業務範囲も拡大した。

2 社会福祉士法制定試案

　1970（昭和45）年に閣議決定された「新経済社会発展計画」では高度経済成長を背景として社会福祉分野における給付・サービス面の改善・充実を図るとともに、関連する社会福祉施設等の体系的整備・拡充およびこれに必要な要員の養成確保と処遇の改善をさらに推進することが目指された。

　これに対応し、1971（昭和46）年には中央社会福祉審議会職員問題

★社会福祉主事
社会福祉士は社会福祉主事の任用要件の一つとなっている（社会福祉法第19条第1項第3号）。一方、社会福祉主事の専門性については「三科目主事」と称されることもあるように批判もある。

★福祉六法
児童福祉法、身体障害者福祉法、生活保護法、知的障害者福祉法、老人福祉法、母子及び父子並びに寡婦福祉法のことである。

専門分科会起草委員会より「社会福祉の全分野にまたがる専門職制度」として「社会福祉専門職員の充実強化方策としての『社会福祉士法』制定試案」が提示された。そこでは、社会福祉士（仮称）制度を「ソーシャル・ワーカーを中心とする公私の社会福祉専門職者を包括的にとらえる専門職」の制度と規定し、その資格基準を定めることで処遇改善を意図していた。また、この「試案」は「社会福祉士法」を根拠として社会福祉士単独での国家資格化を提案するもので、社会福祉士制度が二段階（一種・二種）に区別されていたが、この点について社会福祉関係者のなかで合意形成を得ることができなかったこと等から実現には至らなかった。

■3 社会福祉士及び介護福祉士法の成立

　これ以降、福祉専門職のための国家資格制度の創設はなかなか進まなかったが、1986（昭和61）年に東京で開催された国際社会福祉会議での議論の影響もあり、翌年の1987（昭和62）年3月、中央社会福祉審議会等福祉関係三審議会合同企画分科会から「福祉関係者の資格制度について（意見具申）」が出され、福祉専門職のための国家資格の制度化について意見具申が行われた。そこでは、国家資格制度の創設の必要性について、❶高齢化と福祉ニードへの専門的な対応、❷国際化と福祉専門家の養成、❸シルバーサービスの動向と資格制度の必要性の3点が指摘され、それらを踏まえた対応として「社会福祉士」「介護福祉士」という二つの国家資格の制度化案が示された。

　以上を踏まえ、1987（昭和62）年5月、社会福祉士及び介護福祉士法が成立・公布され、福祉専門職のための国家資格として社会福祉士および介護福祉士が誕生した。その目的は「社会福祉士及び介護福祉士の資格を定めて、その業務の適正を図り、もって社会福祉の増進に寄与すること」（同法第1条）である。二つの国家資格のうち、一般に社会福祉士はソーシャルワーク専門職のための国家資格と位置づけられており、その英訳は「certified social worker」である。

---

i　「介護福祉士」とは、介護福祉士の名称を用いて、専門的知識および技術をもって、身体上または精神上の障害があることにより日常生活を営むのに支障がある者につき心身の状況に応じた介護（喀痰吸引その他のその者が日常生活を営むのに必要な行為であって、医師の指示の下に行われるものを含む）を行い、ならびにその者およびその介護者に対して介護に関する指導を行うことを業とする者をいう。

2 社会福祉士の定義と義務

1 社会福祉士の定義

社会福祉士及び介護福祉士法において、社会福祉士とは、「第28条の登録を受け、社会福祉士の名称を用いて、専門的知識及び技術をもって、身体上若しくは精神上の障害があること又は環境上の理由により日常生活を営むのに支障がある者の福祉に関する相談に応じ、助言、指導、福祉サービスを提供する者又は医師その他の保健医療サービスを提供する者その他の関係者との連絡及び調整その他の援助を行うことを業とする者」（同法第2条第1項）とされている。「福祉サービスを提供する者又は医師その他の保健医療サービスを提供する者その他の関係者との連絡及び調整」という文言は2007（平成19）年の法改正で追加されたもので、社会福祉士にとって「連絡・調整」という役割が法律上明確に位置づけられた。

また、「名称の使用制限」があり、「社会福祉士でない者は、社会福祉士という名称を使用してはならない」（同法第48条）とされている。これはいわゆる「名称独占」に関する内容であり、社会福祉士資格をもたない者が、「社会福祉士」という名称を使用してはならないと規定している。一方で、医師・看護師などの医療系国家資格にみられるような「業務独占」とはなっていないため、社会福祉士資格をもっていなければできない業務が法的に定められているわけではない。しかし、今日において専門職としてソーシャルワークを行おうとすれば、その実践内容や社会的要請あるいは社会的承認の観点から社会福祉士資格を保有していることが望ましいことはいうまでもない。その意味でいえば、今日における社会福祉士の業務や役割については「実質的な業務独占」となりつつあるといえる。

2 社会福祉士の義務

社会福祉士及び介護福祉士法第4章では社会福祉士の義務として以下の五つが挙げられている。「誠実義務」では「その担当する者が個人の尊厳を保持し、自立した日常生活を営むことができるよう、常にその者の立場に立って、誠実にその業務を行わなければならない」（同法第

ⅱ　社会福祉士となるには、社会福祉士国家試験に合格したあと、社会福祉士登録簿に、氏名、生年月日その他厚生労働省令で定める事項の登録を受けなければならない。

44条の2）と規定され、「信用失墜行為の禁止」では「社会福祉士又は介護福祉士の信用を傷つけるような行為をしてはならない」（同法第45条）とされている。

　また、「秘密保持義務」については「正当な理由がなく、その業務に関して知り得た人の秘密を漏らしてはならない。社会福祉士又は介護福祉士でなくなった後においても、同様とする」（同法第46条）こと、「連携」については「その業務を行うに当たっては、その担当する者に、福祉サービス及びこれに関連する保健医療サービスその他のサービスが総合的かつ適切に提供されるよう、地域に即した創意と工夫を行いつつ、福祉サービス関係者等との連携を保たなければならない」（同法第47条第1項）と定められている。

　さらに、「資質向上の責務」として「社会福祉及び介護を取り巻く環境の変化による業務の内容の変化に適応するため、相談援助又は介護等に関する知識及び技能の向上に努めなければならない」（同法第47条の2）とされている。

　これらの義務のうち、「誠実義務」「資質向上の責務」は2007（平成19）年の法改正で新たに設けられたものであり、「連携」についても「地域に即した創意と工夫を行いつつ、福祉サービスを提供する者又は医師その他の保健医療サービスを提供する者その他の関係者との連携」という内容に見直された。

　また、社会福祉士及び介護福祉士法における社会福祉士の法的義務として挙げられている内容は、公益社団法人日本社会福祉士会による「社会福祉士の倫理綱領」の内容と重なるものも多いことから、「法律上の義務」のみならず「専門職倫理」という意味でも重要である（第5章第2節参照）。

３ 社会福祉士制度見直しの概要

１ 実践力の高い社会福祉士の養成

　2007（平成19）年のカリキュラム改正は、社会福祉士及び介護福祉士法の改正により行われたもので、それに基づき2009（平成21）年4月から新カリキュラムでの養成教育がスタートした。その背景には、社会福祉士制度の施行から20年が経過し、その間に少子高齢化やグローバル化の進行、福祉ニーズの多様化・高度化など社会福祉を取り巻

く社会経済環境の変化を踏まえて**社会福祉基礎構造改革**が行われるな
ど、社会状況が大きく変化したことがある。そのため教育カリキュラム
を見直すこととし、今後の社会福祉士に求められる役割として次の3
点が示された。[2)]

---

❶　福祉課題を抱えた者からの相談に応じ、必要に応じてサービス利用
　を支援するなど、その解決を自ら支援する役割

❷　利用者がその有する能力に応じて、尊厳を持った自立生活を営むこ
　とができるよう、関係する様々な専門職や事業者、ボランティア等と
　の連携を図り、自ら解決することのできない課題については当該担当
　者への橋渡しを行い、総合的かつ包括的に援助していく役割

❸　地域の福祉課題の把握や社会資源の調整・開発、ネットワークの形
　成を図るなど、地域福祉の増進に働きかける役割

社会福祉士養成課程においては、これらの役割を国民の福祉ニーズに
応じて適切に果たしていくことができるような知識および技術が身につ
けられるようにするために求められる実践的な教育内容として次の6
点が挙げられた。[3)]

---

❶　福祉課題を抱えた者からの相談への対応や、これを受けて総合的か
　つ包括的にサービスを提供することの必要性、その在り方等に係る専
　門的知識

❷　虐待防止、就労支援、権利擁護、孤立防止、生きがい創出、健康維
　持等に関わる関連サービスに関わる基礎的知識

❸　福祉課題を抱えた者からの相談に応じ、利用者の自立支援の観点か
　ら地域において適切なサービスの選択を支援する技術

❹　サービス提供者間のネットワークの形成を図る技術

❺　地域の福祉ニーズを把握し、不足するサービスの創出を働きかける
　技術

❻　専門職としての高い自覚と倫理の確立や利用者本位の立場に立った
　活動の実践

■2 「地域共生社会」の実現に寄与する社会福祉士の養成

　2007（平成19）年の社会福祉士及び介護福祉士法改正では、「政府は、
この法律の施行後5年を目途として、新法の施行の状況等を勘案し、
この法律による改正後の社会福祉士及び介護福祉士の資格制度について

検討を加え、必要があると認めるときは、その結果に基づいて所要の措置を講ずるものとする」（附則第9条第2項）という附則がつけられたが、社会福祉士制度の見直しに向けた検討は、前回改正から10年ほど経過してから始まった。

　2019（令和元）年6月に公表された「社会福祉士養成課程における教育内容等の見直しについて」の背景には、2018（平成30）年3月に出された**社会保障審議会福祉部会福祉人材確保専門委員会報告書「ソーシャルワーク専門職である社会福祉士に求められる役割等について」**がある。同報告書において、今後、地域共生社会の実現を推進し、災害時の支援や多文化共生など、幅広いニーズに対応するため、ソーシャルワークの専門職としての役割を担っていける実践能力を有する社会福祉士を養成する必要があることが指摘され、教育内容等を見直すこととなった。

　特に、社会福祉士が**地域共生社会の実現に向けて求められるソーシャルワーク機能**（複合化・複雑化した課題を受けとめる多機関の協働による包括的な相談支援体制を構築するために求められるソーシャルワークの機能／地域住民等が主体的に地域課題を把握し、解決を試みる体制を構築するために求められるソーシャルワークの機能）を担える実践力を身につける必要性が指摘されたことから、それに対応する教育内容などの見直しが行われた。なお、新カリキュラムは2021（令和3）年度より順次導入される。[iii]

　新カリキュラムの内容で行われる国家試験は2024（令和6）年度からの実施予定である。カリキュラム見直しのポイントは次の2点に整理できる。

❶養成カリキュラムの充実

　地域共生社会の実現に向けて社会福祉士に求められる担うべき役割を理解し、多機関連携・協働による包括的な相談支援体制の仕組み等の知識を習得するための科目として「地域福祉と包括的支援体制」（60時間）が創設された。また、司法と福祉のさらなる連携を促進し、司法領域において求められる役割を学ぶ社会福祉士・精神保健福祉士の共通科目として「刑事司法と福祉」（30時間）が新設された。人間を身体・心理・

---

iii　ソーシャルワーク機能を発揮できる実践能力を有する社会福祉士を養成するため、「講義―演習―実習の学習循環」をつくるとともに、ソーシャルワークの専門職である社会福祉士と精神保健福祉士の養成課程において共通して学ぶべき内容を共通科目としつつ、社会福祉士として専門的に学ぶべき内容が明確になるよう科目を再構築した。

社会の三つの側面から捉える基盤となる「医学概論」「心理学と心理的支援」「社会学と社会システム」の3科目が必修となった。

❷実習の充実および実習施設・機関範囲の拡充

ソーシャルワーク機能の実践能力を有する社会福祉士を養成するため、実習施設・機関等において実践能力を養う実習科目において、地域における多様な福祉ニーズや多職種および多機関連携・協働、社会資源の開発等を実践的に学ぶことができるよう実習の時間数を180時間から240時間とした。

実習施設・機関等について、社会福祉士国家試験の受験資格に係る実務経験として認められる施設等の範囲と同等にすることに加え、法人が独自に実施する事業等の場においても実習を実施することで、地域における多様な福祉ニーズとそれに対する支援について学ぶことができるようにした。

このように、地域共生社会の実現に向けて社会福祉士には、先の二つのソーシャルワーク機能を発揮することで個別支援や地域支援を展開していくことが期待されている。加えて、自殺や虐待の防止対策、成年後見制度の利用支援、刑余者支援、依存症対策、社会的孤立や排除への対応、災害時の支援、多文化共生の実現など、幅広いニーズに対応することや、教育分野におけるスクールソーシャルワークなど、さまざまな分野においてソーシャルワーク機能を発揮していくことが社会福祉士に求められている。

第1章 ソーシャルワーク専門職である社会福祉士および精神保健福祉士の法的な位置づけ

Active Learning

社会福祉士が配置されている具体的な機関・施設・事業所について調べてみましょう。

◇引用文献

1）中央社会福祉審議会職員問題専門分科会起草委員会「社会福祉専門職員の充実強化方策としての『社会福祉士法』制定試案」1971.
2）厚生労働省社会・援護局福祉基盤課「平成19年度社会福祉士養成課程における教育内容の見直しについて」
3）同上

◇参考文献

・中央社会福祉審議会職員問題専門分科会起草委員会「社会福祉専門職員の充実強化方策としての『社会福祉士法』制定試案」1971.
・福祉関係三審議会合同企画分科会「福祉関係者の資格制度について（意見具申）」1987.
・厚生労働省社会保障審議会福祉部会福祉人材確保専門委員会「ソーシャルワーク専門職である社会福祉士に求められる役割等について」2018.
・厚生労働省社会・援護局福祉基盤課福祉人材確保対策室「社会福祉士養成課程における教育内容等の見直しについて」2019.

● おすすめ

・宮本節子『ソーシャルワーカーという仕事』筑摩書房，2013.
・木下大生・藤田孝典『知りたい！　ソーシャルワーカーの仕事』岩波書店，2015.
・柏木ハルコ『健康で文化的な最低限度の生活』〈ビックコミックス〉小学館.
・飯塚慶子『こんなにおもしろい社会福祉士の仕事』中央経済社，2018.
・杉本貴代栄・岡田朋子・須藤八千代『ソーシャルワーカーの仕事と生活――福祉の現場で働くということ』学陽書房，2009.
・赤羽克子『3 福祉士の仕事がわかる本』日本実業出版社，2015.
・WILL こども知育研究所『社会福祉士の一日』保育社，2016.

第3節 精神保健福祉士法

学習のポイント

- 精神保健福祉士制度創設の経緯・背景について理解する
- 精神保健福祉士の法的定義と義務について理解する
- 精神保健福祉士制度の見直しの概要について理解する

1 精神保健福祉士制度成立の経緯と背景

1 精神科ソーシャルワーカーの誕生と職能団体の設立

1948（昭和23）年、国立国府台病院に最初の精神科ソーシャルワーカー（psychiatric social worker：PSW）が社会事業婦として配置され、1950年代から精神科医療機関を中心に医療チームの一員としてPSWの採用・配置が徐々に進められた。その政策的背景としては、1950（昭和25）年に精神衛生法*が成立したことに加え、その際の国会の附帯決議を踏まえて1952（昭和27）年に国立精神衛生研究所（現・国立精神・神経医療研究センター精神保健研究所）が設立されたことなどがある。

1950年代の終わりから、各地でPSW研究会が組織化され専門性に関する検討が進められたが、1953（昭和28）年に医療領域におけるソーシャルワーカーの組織として日本医療社会事業家協会（現・公益社団法人日本医療社会福祉協会：JASWHS）が設立された際には多くのPSWが参加した。

その後、1950年代後半から1960年代にかけて、精神医療におけるリハビリテーションへの期待の高まりや薬物療法による入院患者の退院や社会復帰の可能性が以前よりも高まってきたなかで、PSWへの期待も大きくなっていった。そのようななかで、自らの専門性を追求することに関心を寄せていたPSWは独自の職能団体として1964（昭和39）年に日本精神医学ソーシャル・ワーカー協会（現・公益社団法人日本精神保健福祉士協会：JAMHSW）を設立した。その設立趣意は「精神医学ソーシャルワークは学問の体系を社会福祉学に置き、医療チームの一員として精神障害者に対する医学的診断と治療に協力し、その予防およ

★精神衛生法
その後「精神保健法」となり、現在は「精神保健及び精神障害者福祉に関する法律」（精神保健福祉法）となっている。

び社会復帰過程に寄与する[1]」ことであった。

■2 「医療福祉士」（仮称）国家資格構想

　1960年代になると、厚生省（現・厚生労働省）において「医療福祉士法案」が検討されたことがあったが実現には至らず、社会福祉士及び介護福祉士法が成立した直後の1990（平成2）年、当時の厚生省より医療領域におけるソーシャルワーカーの国家資格の創設を意図した「**医療福祉士（仮称）資格化にあたっての現在の考え方**」が示された。これに対して日本精神医学ソーシャル・ワーカー協会は「ソーシャルワーカーの単一の包括的・統合的な国家資格へつながること」「理論的・実践的専門性の基盤を社会福祉学に置くこと」「受験資格の学歴は4年制大学卒であること」などの意見・要望を提出した。しかし、日本医療社会事業協会の国家資格に対する考え方の方針転換などもあり、最終的には「医療福祉士」（仮称）の資格制度化は見送りとなった。

■3 精神保健福祉士法の成立

　1988（昭和63）年に施行された精神保健法は、1993（平成5）年に見直しが行われ、精神科医療において「病院から地域へ」という流れが促進されるなかで、PSWの国家資格制度の創設に関する附帯決議が衆参両院でなされ、国の公衆衛生審議会でもPSWの国家資格化が提案された。それらを受け、厚生省にてPSWの資格化が検討されることになり、日本精神医学ソーシャル・ワーカー協会はこの動きに賛同し、単独での国家資格化の方針を示した。

　以上を踏まえ、1997（平成9）年12月、**精神保健福祉士法**が成立し、翌年4月に施行され、精神保健福祉士は精神保健福祉領域における**ソーシャルワーク専門職のための国家資格**として誕生した。その目的は「精神保健福祉士の資格を定めて、その業務の適正を図り、もって精神保健の向上及び精神障害者の福祉の増進に寄与すること」（同法第1条）である。

　なお、現在、精神保健福祉士は精神科（医療）のみならず、精神保健福祉全般にかかわるソーシャルワーク専門職という位置づけが広まってきていることや国際的潮流を踏まえ、2020（令和2）年6月の日本精神保健福祉士協会総会において精神保健福祉士の英語表記を「PSW」から「MHSW（mental health social worker）」（精神保健ソーシャルワーカー）へ変更した。

2 精神保健福祉士の定義と義務

1 精神保健福祉士の定義

　精神保健福祉士法において、精神保健福祉士とは、「第28条の登録を受け、精神保健福祉士の名称を用いて、精神障害者の保健及び福祉に関する専門的知識及び技術をもって、精神科病院その他の医療施設において精神障害の医療を受け、又は精神障害者の社会復帰の促進を図ることを目的とする施設を利用している者の地域相談支援の利用に関する相談その他の社会復帰に関する相談に応じ、助言、指導、日常生活への適応のために必要な訓練その他の援助を行うことを業とする者」（同法第2条）とされている。「の地域相談支援の利用に関する相談その他」という文言は2010（平成22）年の法改正で追加されたもので、支援を必要としている者への精神保健福祉士による「地域生活に向けた相談支援」が法律上の役割として明確化された。

　また、「名称の使用制限」があり、「精神保健福祉士でない者は、精神保健福祉士という名称を使用してはならない」（同法第42条）とされている。これはいわゆる「名称独占」に関する内容であり、精神保健福祉士資格をもたない者が、「精神保健福祉士」という名称を使用してはならないと規定している。一方で、「業務独占」とはなっていないため、精神保健福祉士資格をもっていなければできない業務が法的に定められているわけではない。しかし、今日において専門職として精神保健福祉領域でソーシャルワークを行おうとすれば、その実践内容や社会的要請あるいは社会的承認の観点から精神保健福祉士資格を保有していることが望ましいことはいうまでもない。その意味でいえば、今日における精神保健福祉士の業務や役割については「実質的な業務独占」となりつつあるといえる。

2 精神保健福祉士の義務

　精神保健福祉士法では精神保健福祉士の義務として以下の五つが挙げられている。「誠実義務」では「その担当する者が個人の尊厳を保持し、

---

i　精神保健福祉士になるためには、精神保健福祉士国家試験に合格したあと、精神保健福祉士登録簿に、氏名、生年月日その他厚生労働省令で定める事項の登録を受けなければならない。

ii　障害者の日常生活及び社会生活を総合的に支援するための法律（障害者総合支援法）第5条第18項に規定する「地域相談支援」を指す。

自立した生活を営むことができるよう、常にその者の立場に立って、誠実にその業務を行わなければならない」(同法第38条の2)と規定され、「信用失墜行為の禁止」では「精神保健福祉士の信用を傷つけるような行為をしてはならない」(同法第39条)とされている。

「秘密保持義務」については「正当な理由がなく、その業務に関して知り得た人の秘密を漏らしてはならない。精神保健福祉士でなくなった後においても、同様とする」(同法第40条)こと、「連携等」については「その業務を行うに当たっては、その担当する者に対し、保健医療サービス、障害者の日常生活及び社会生活を総合的に支援するための法律第5条第1項に規定する障害福祉サービス、地域相談支援に関するサービスその他のサービスが密接な連携の下で総合的かつ適切に提供されるよう、これらのサービスを提供する者その他の関係者等との連携を保たなければならない」(同法第41条第1項)、「その業務を行うに当たって精神障害者に主治の医師があるときは、その指導を受けなければならない」(同法第41条第2項)と定められている。

さらに、「資質向上の責務」として「精神保健及び精神障害者の福祉を取り巻く環境の変化による業務の内容の変化に適応するため、相談援助に関する知識及び技能の向上に努めなければならない」(同法第41条の2)とされている。

これらの義務のうち、「誠実義務」「資質向上の責務」は2010(平成22)年の法改正で新たに設けられたものである。「連携等」については改正前に「医師その他の医療関係者」となっていた部分が「その担当する者に対し、保健医療サービス、障害者の日常生活及び社会生活を総合的に支援するための法律第5条第1項に規定する障害福祉サービス、地域相談支援に関するサービスその他のサービスが密接な連携の下で総合的かつ適切に提供されるよう、これらのサービスを提供する者その他の関係者等」という内容に見直された。

精神保健福祉士法における精神保健福祉士の法的義務として挙げられている内容は、公益社団法人日本精神保健福祉士協会による「精神保健福祉士の倫理綱領」の内容と重なるものも多いことから、「法律上の義務」のみならず「専門職倫理」という意味でも重要である(第5章第2節参照)。

3 精神保健福祉士制度見直しの概要

1 実践力の高い精神保健福祉士の養成

　2010（平成 22）年のカリキュラム改正は、精神保健福祉士法の改正に基づき行われたもので 2012（平成 24）年 4 月から実施された。その背景には、精神保健福祉士制度の施行から改正に至るまでの間に、「入院医療中心から地域生活中心へ」という施策の転換や障害者自立支援法（現・障害者総合支援法）の施行など、精神保健福祉士を取り巻く環境が変化したことが挙げられる。そのため、今後の精神保健福祉士に求められる役割として次の 4 点が示された。[2]

---

❶　医療機関等におけるチームの一員として、治療中の精神障害者に対する相談援助を行う役割

❷　長期在院患者を中心とした精神障害者の地域移行を支援する役割

❸　精神障害者が地域で安心して暮らせるよう相談に応じ、必要なサービスの利用を支援するなど、地域生活の維持・継続を支援し、生活の質を高める役割

❹　関連分野における精神保健福祉の多様化する課題に対し、相談援助を行う役割

　今後の精神保健福祉士の養成課程においては精神障害者の人権を尊重し、利用者の立場に立って上記の役割を適切に果たすことができるような知識および技術が身につけられるようにすることが求められており、その具体的内容は以下の 7 点とされた。[3]

---

❶　医療機関等における専門治療の特徴を踏まえ、関係職種と連携・協働する専門的知識及び技術

❷　地域移行の重要性、地域移行を促進するための家族調整や住居確保など、地域移行に係わる専門的知識及び技術

❸　包括的な相談援助を行うための、地域における医療・福祉サービスの利用調整

❹　就職に向けた相談・求職活動等に関する専門的知識及び技術

❺　ケアマネジメント、コンサルテーション、チームアプローチ、ネットワーキング等の関連援助技術

❻　行政、労働、司法、教育分野での精神保健に関する相談援助活動

---

❼　各々の疾患及びライフサイクルに伴う生活上の課題などの基礎的な
　知識

2 「地域共生社会」の実現に寄与する精神保健福祉士の養成

　2020（令和2）年3月に公表された「精神保健福祉士養成課程にお
ける教育内容等の見直しについて」の背景には、精神保健福祉士を取り
巻く環境の変化に伴い、精神保健福祉士が果たす役割は精神障害者に対
する援助のみならず、精神障害等によって日常生活または社会生活に支
援を必要とする者や精神保健（メンタルヘルス）の課題を抱える者への
援助へと拡大してきていること、活動の場が保健、医療、福祉から司法、
教育、産業・労働等に広がり、多職種・多機関との連携・協働の機会が
増加したことがある。また、2017（平成29）年9月の「地域力強化
検討会最終とりまとめ～地域共生社会の実現に向けた新しいステージへ
～」や2018（平成30）年3月に出された**社会保障審議会福祉部会福
祉人材確保専門委員会報告書「ソーシャルワーク専門職である社会福祉
士に求められる役割等について」**（以下、社保審報告書）においても包
括的な相談支援を担える人材育成等のため養成カリキュラムの見直しを
検討すべきとの指摘がされた。精神保健福祉士には、社会環境の変化に
対応しつつ、社会福祉士と同様に社保審報告書で示された**地域共生社会
の実現に向けて求められるソーシャルワーク機能を発揮できる実践力**を
身につける必要があることから、それに対応する教育内容などの見直し
が行われた。新カリキュラムは2021（令和3）年度より順次導入され
る[iii]。

　新カリキュラムの内容で行われる国家試験は2024（令和6）年度か
らの実施予定である。カリキュラム見直しのポイントは次の2点に整
理できる。

❶養成カリキュラムの充実

　精神保健福祉における理念や視点、関係性等の基礎的枠組みを習得
し、精神障害者の基本的人権の保障と社会正義の実現を担うソーシャル
ワーク専門職としての精神保健福祉士の存在意義や役割について理解す
るための科目として「精神保健福祉の原理」（60時間）が創設された。
社会福祉士との共通科目として、司法領域において求められる役割を果

---

iii　ソーシャルワークの実践能力を有する精神保健福祉士を養成する観点から、「講義—
　　演習—実習」の学習循環をつくった。

たすことができるよう「刑事司法と福祉」（30 時間）を配置するとともに、地域共生社会の実現を推進するなかで求められる役割を理解し、必要とされる知識を習得する科目として「地域福祉と包括的支援体制」（60 時間）が位置づけられた。さらに、人間を身体・心理・社会の三つの側面から捉える基盤となる「医学概論」「心理学と心理的支援」「社会学と社会システム」の 3 科目が必修となった（社会福祉士との共通科目）。精神障害リハビリテーションの概念やプログラムおよび方法について理解し、基本的技術を身につけ実践で活用できるようにするため「精神障害リハビリテーション論」（30 時間）を創設した。

❷実習・演習の充実および実習施設・機関範囲の拡充

　講義で学習した知識をもとに思考・行動しソーシャルワーク実践の基礎的能力を習得する演習科目において、精神保健福祉士と社会福祉士が共通して学ぶべき内容と精神保健福祉士として専門的に学ぶべき内容が明確になるよう科目を再構築し、専門科目については内容と時間数の充実が図られた（「ソーシャルワーク演習（専門）」は 60 時間から 90 時間へ）。

　また、精神保健福祉士の資格を有する者が、社会福祉士の「ソーシャルワーク実習」を履修する場合、社会福祉士の資格取得を希望する者の負担の軽減を図るため、60 時間を上限として実習が免除される。

　精神保健福祉士の配置が、医療、福祉、保健から、教育、司法、産業・労働などへ拡大していることを踏まえ、精神保健福祉士国家試験の受験資格に係る実務経験として認められる施設等の範囲も考慮し、実習施設・機関の範囲が拡充された。

　精神保健福祉士の養成の在り方等に関する検討会の「精神保健福祉士の養成の在り方等に関する検討会中間報告書」では、「今後も一層求められる精神保健福祉士の役割」として以下の 7 点を挙げている。[4]

Active Learning

精神保健福祉士が配置されている具体的な機関・施設・事業所について調べてみましょう。

---

(1)　精神疾患・障害によって医療を受けている者等への援助（医療機関内外での相談や支援など）

(2)　医療に加えて福祉の支援を必要とする者等への援助（日常生活や社会生活への支援など）

(3)　医療は受けていないが精神保健（メンタルヘルス）課題がある者への援助（顕在的ニーズの発見、回復への支援、アウトリーチなど）

(4)　精神疾患・障害や精神保健（メンタルヘルス）課題が明らかになっていないが、支援を必要とする可能性のある者への援助（情報提供、

理解の促進、潜在的ニーズの発見、介入など）

(5)　(1)〜(4)に関連する多職種・多機関との連携・協働における調整等の役割（マネジメント、コーディネート、ネットワーキングなど）

(6)　国民の意識への働きかけや精神保健の保持・増進に係る役割（普及、啓発など）

(7)　精神保健医療福祉の向上のための政策提言や社会資源の開発と創出に係る役割

◇引用文献
1）日本精神保健福祉士協会『日本精神保健福祉士協会50年史』日本精神保健福祉士協会, p.104, 2014.
2）厚生労働省社会・援護局障害保健福祉部精神・障害保健課「精神保健福祉士養成課程における教育内容等の見直しについて」2010.
3）同上
4）精神保健福祉士の養成の在り方等に関する検討会「精神保健福祉士の養成の在り方等に関する検討会中間報告書」2019.

◇参考文献
・精神保健福祉士の養成の在り方等に関する検討会「精神保健福祉士資格取得後の継続教育や人材育成の在り方について」2020.
・地域における住民主体の課題解決力強化・相談支援体制の在り方に関する検討会「地域力強化検討会最終とりまとめ〜地域共生社会の実現に向けた新しいステージへ〜」2017.
・厚生労働省社会・援護局障害保健福祉部精神・障害保健課「精神保健福祉士養成課程における教育内容等の見直しについて」2010.

● おすすめ
・日本精神保健福祉士協会監『まるごとガイドシリーズ16 精神保健福祉士まるごとガイド──資格のとり方・しごとのすべて 改訂版』ミネルヴァ書房, 2014.
・相川章子・田村綾子・廣江仁『かかわりの途上で──こころの伴走者, PSWが綴る19のショートストーリー』へるす出版, 2009.
・日本精神保健福祉士協会監, 田村綾子編著, 上田幸輝・尾形多佳士・岡本秀行・川口真知子『精神保健福祉士の実践知に学ぶソーシャルワーク1 ソーシャルワークプロセスにおける思考過程』中央法規出版, 2017.
・日本精神保健福祉士協会監, 田村綾子編著, 上田幸輝・尾形多佳士・岡本秀行・川口真知子『精神保健福祉士の実践知に学ぶソーシャルワーク2 ソーシャルワークの面接技術と記録の思考過程』中央法規出版, 2017.
・日本精神保健福祉士協会監, 田村綾子編著, 上田幸輝・尾形多佳士・岡本秀行・川口真知子『精神保健福祉士の実践知に学ぶソーシャルワーク3 社会資源の活用と創出における思考過程』中央法規出版, 2019.
・日本精神保健福祉士協会監, 田村綾子編著, 上田幸輝・尾形多佳士・岡本秀行・川口真知子・水野拓二『精神保健福祉士の実践知に学ぶソーシャルワーク4 実習指導とスーパービジョンにおける思考過程』中央法規出版, 2020.
・青木聖久『精神保健福祉士（PSW）の魅力と可能性──精神障碍者と共に歩んできた実践を通して 第2版』やどかり出版, 2015.
・長崎和則『精神保健福祉士の仕事』朱鷺書房, 2012.

第4節 社会福祉士および精神保健福祉士の専門性

学習のポイント

● 社会福祉士や精神保健福祉士の実際の仕事ぶりについて模擬事例をもとに想像し、ソーシャルワーク実践のイメージをもつ

● ソーシャルワーク専門職として、どのような知識や技術、価値を習得する必要があるか理解する

● ソーシャルワークが必要とされる社会的背景について考察する

　社会福祉士と精神保健福祉士は、日本におけるソーシャルワーカーの国家資格として創設されたものであり、その法的な規定は前節までにみてきたとおりである。国家資格であるということは、人々の生活と福祉を守るために必要とされる専門性を国が明確に示し、一定水準を満たすことが国家試験によって証明された者であることを指す。ここでいう専門性とは、知識と技術、価値を指し、これらに基づく実践力が発揮されることがプロフェッショナルの仕事ぶりといえる。

　本節では、プロフェッショナルのソーシャルワーカーである社会福祉士と精神保健福祉士の専門性が発揮された仕事ぶりについて、模擬事例（小学4年生の男子とその母親への支援）をみながら学ぶ。

1 課題発見

事例

　Aソーシャルワーカーは、社会福祉士と精神保健福祉士の資格をもつベテランで、現在はZ市で障害児・者の相談支援事業所を開業しながら非常勤のスクールソーシャルワーカーとしても働いている。ある日、巡回相談に訪ねた小学校の養護教諭より「小4男子の母親が、アルコール依存症のようだ。児童がたびたび腹痛を訴えるので、保健室で話を聞いているうちにわかってきた。ひとり親家庭だが母親は働いていないらしく、昼間から酒を飲んでいるらしい。男子児童はやせていて身なりも不潔だし、就学への影響が大き

くなることも心配だし、虐待のおそれもある。なんとかして母親を入院させられないだろうか」という相談を受けた。

　Ａソーシャルワーカーは「それは心配ですね。そのお子さんは、母親のことをどんなふうに話していたのですか。母親がアルコール依存症であり、入院させるべきだと先生が思われたのはなぜですか」と返した。そして、養護教諭が児童本人から聞きとった話をひととおり聴取し終えると、担任教師に就学状況や家庭訪問時の様子を聞くことにした。

　担任教師は、「男子児童の両親は去年離婚したらしい。母親がアル中だとは知らなかったが、この児童は休み時間も１人でいることが多いので心配しながら様子を見ていた」と言った。そこで、Ａソーシャルワーカーは「様子を見守ることも大事ですが、実態を把握し必要に応じて支援したいですね。このお子さんと話をさせてもらえますか」と尋ねた。担任教師と養護教諭は相談した結果、来週Ａソーシャルワーカーが来るときに保健室で面接してもらってはどうか、ということになった。また、「母親が入院できる病院を探しておいてもらいたい」という養護教諭の要請に対しては、「この児童や、できれば母親と直接会って話を聞いて、親子のニーズを確認したり希望を聞いたうえで対応したい」と応じた。

解説

　これは、ソーシャルワークのプロセスでいう「課題発見」の段階である。困っている本人や家族から相談がもち込まれることもあるし、この事例のように周囲の関係者から状況が断片的に伝えられる場合や、事態が相当に切迫したり事件や事故が起こったあとで初めてソーシャルワーカーが接することもある。いずれにしても、この段階でのソーシャルワーカーの行動は、支援の必要性を検討するための事実の把握が中心となる。その際に重視すべきことは、先入観をもたず問題の渦中にある人（この事例では、男子児童とその母親）を理解することで、そのためにＡソーシャルワーカーは「直接話を聞きたい」と述べている。これは、この親子に対する養護教諭の心配や要請、また担任教師の懸念や見守りの姿勢について共感しながら受けとめつつも、実際に困っているであろう男子児童やその母親が現状をどのように感じ、何を求めているかを把握することがソーシャルワークの基本だからである。

2 資源活用

事例

社会福祉士のBソーシャルワーカーは、Z市から生活困窮者自立支援事業*の委託*を受けたNPO法人の福祉事業所で働いている。今日は、2週間前からかかわっている女性と面接し、生活状況を確認したうえで就労支援として公共職業安定所（ハローワーク）に同行しようと考えている。

女性は42歳で、昨年離婚し小学4年生の息子との二人暮らしである。2週間前にこの女性の息子が通う小学校のAスクールソーシャルワーカーから紹介された。Aソーシャルワーカーは「女性に精神科受診や、生活保護を受ける方法もあると勧めたが、女性はそれらを拒否した。話を聞くと就職を希望しているが、生活実態は困窮していると考えられ、継続的な支援が必要」とのことで、Bソーシャルワーカーの事業所に支援を依頼した。Bソーシャルワーカーは、女性の就労支援に加え、息子を市内の子ども食堂に連れていったり学習支援を始めたりしている。

女性は、もともとキッチンドリンカー*だったようだが、3か月ほど前から不眠がきっかけで飲酒量が増えたらしい。離婚後に勤め始めたパート先は、二日酔いで何度か無断欠勤したためクビになり、現在は無職である。前夫は居所不明で養育費が支払われず、もともと少なかった貯金は残りわずか、出身県は遠く、また頼れる身内もないという。

「先のことが不安でお酒を飲んでも眠れない」「息子のためにも早く働かなくては」「手に職もないし頭も悪くて就職なんてできるだろうか」「生活保護だけは受けたくない」と堂々めぐりの発言をする女性に、Bソーシャルワーカーはしばらく耳を傾けてから「不安ですよね。ただそれは、お酒で紛らわされることではないと思います」とはっきり伝えた。そのうえで、息子のために働かねばという気持ちは大事にしたいが、今の心身の状態で就職活動は難しいのではないかと伝え、ハローワークへ行くのは見合わせようということになった。そして、アルコール依存症の専門病院で診断と治療を受

★生活困窮者自立支援事業
経済的に困窮し生活が維持できなくなる可能性のある人などを対象として、自立に向けた相談や家計に関する相談、就労準備、住まいの確保、子どもの学習に関する支援などを包括的に行う事業で、生活困窮者自立支援法に基づいている。

★委託
行政機関等が行うべき事業を、より効率的で効果的に実施できると思われるほかの団体に実施してもらうこと。

★キッチンドリンカー（kitchen drinker）
台所で料理をしながら料理酒を飲んでいるうちに飲酒が癖になっている人のこと。診断を受けているかどうかは別としてアルコール依存症の状態であることが多い。

★児童扶養手当／就学
援助制度／母子父子
寡婦福祉資金貸付金
制度
いずれも、子どもをも
つ世帯が経済的に苦し
い状態にある場合、要
件を満たすことにより
利用できる公的な支援。

けることや、そのためにも経済支援として児童扶養手当や就学援助
制度、母子父子寡婦福祉資金貸付金制度について説明し、利用を勧
めた。さらに、市役所の保健師も市民の健康を支える立場から相談
にのってもらえるので、紹介しておきたい、と伝えた。

　女性は、息子のために早く仕事に就きたいと言っていたが、じっ
くり話すうちに「Bさんにお任せします」と提案に同意した。そこ
でZ市役所の担当窓口への紹介や、精神科病院のソーシャルワー
カーへの受診相談を行うこととした。また、地区担当保健師にこの
母子世帯のことを情報提供し、訪問相談などの対応を依頼した。

解説

　ソーシャルワーカーは、各種の社会保障・社会福祉制度やサービスを
提供する機関に関する専門知識をもち、必要に応じて支援を要する人に
それらを適切に結びつける働きをする。そのため、❶支援を要する人の
状況を分析するとともに、❷その人がどうなりたいと思っているかを理
解し、❸希望を実現するために望ましい制度やサービスは何かを検討
し、❹制度やサービスを利用するための「要件」を満たすかどうかを確
認する、といったプロセスを踏む。これらはすべてソーシャルワーカー
の専門知識と技術を使って行う。さらに、制度やサービスの利用手続き
をどこでどのようにすればよいかという知識と、利用した場合のメリッ
ト・デメリットを予測する力も必要である。

　また、これらの制度やサービスの利用は、利用する本人の意思や希望
に基づかなければならない。いくらソーシャルワーカーが必要だと考え
ても、本人がそれを希望しないのに強制的に適用することはあってはな
らない。本人が意思を固めるまでには時間がかかることもある。この事
例の女性は、精神科受診に関してAソーシャルワーカーの勧めには同
意しなかったが、Bソーシャルワーカーに勧められて同意している。こ
れは、Aソーシャルワーカーのやり方が悪かったということではなく、
女性が自分にとって必要な支援は何かを考えて自覚するのに時間がか
かったのである。ソーシャルワーカーは、このように本人が意思を固め
るプロセスに寄り添う。その際は、本人の気持ちを否定せずに受けとめ、
どうなりたいと思っているかを理解してその実現のための方策を本人の
立場に立って真剣に考える姿勢が欠かせない。

3 多機関・多職種連携

事例

　Cソーシャルワーカーは、精神保健福祉士として精神科病院で長年働いている。今日は、午後一番で、1か月前に通院を開始した40代の女性と面接したため、その記録を作成している。女性はアルコール依存症の疑いにより、生活困窮者自立支援事業を実施しているBソーシャルワーカーの紹介で受診を開始した。現在女性は、この病院の精神科デイケア★で依存症の回復支援プログラムに参加しており、Cソーシャルワーカーは、主治医や看護師、作業療法士、公認心理師とも情報共有しながら、週に1回面接して女性と息子の生活の立て直しを支援している。

　また、息子の小学校のAスクールソーシャルワーカーや、生活困窮者自立支援事業を実施しているBソーシャルワーカー、Z市役所の保健師らと、この女性に同意を得たうえで情報共有や支援方針の確認をしあっている。

　女性が「通い始めて1か月過ぎたし、そろそろ就職活動をしたほうがいいと思う」というので、Cソーシャルワーカーが「まだ1か月ですが、なぜそう思うのですか」と返すと、夫との離婚後、精神的に不安定となり息子をかまってやれなかったこと、息子が小学校や最近利用している子ども食堂で、ほかの子どもたちから「アル中母ちゃんの息子」と悪口を言われているらしいこと、精神科病院に毎日通っていることを近所の人たちに知られて恥ずかしいこと、福祉資金はいずれ返さなくてはならないので早く収入を得たいと考えていることなど、涙をこらえるようにして述べた。

　Cソーシャルワーカーは「ご自分のせいで、息子さんがつらい思いをしていると思って、早く就職しようと考えたのですね」と女性の就職を急ぐ気持ちを洞察して伝えた。また、Cソーシャルワーカーは、回復支援プログラムでのこの女性の発言や態度についてほかのスタッフから情報を得ており、真剣に断酒★しようとしていることを知っていたので「ここまでよく努力されていますよね。デイケアスタッフはみんなそう見ているし、応援していますよ」とねぎ

★精神科デイケア
精神科病院やクリニックなどで行われるリハビリテーションの一つ。実施機関の特性により異なるが、対象疾患や年齢別の専門的なプログラムが組まれ、週5日前後開かれている。

★断酒
飲酒をやめること。ここでは、アルコール依存症の女性の治療目標となっている。

らった。そのうえで「アルコール依存症は身体の病気と同じく、病気ですよ。その治療のために病院に通うのは恥ずかしいことでしょうか」「こんなに一生懸命、ご自分の生活を立て直そうと頑張っているのに」と女性の苦しみを受けとめて言った。

　また、両親の離婚、母親の病気や生活困窮、ほかの子どもたちからの差別的発言などにより息子の心の傷は大きいと思われることなどを総合的に考え、「あなたが就職活動に動き出す前に、ご家庭で息子さんと一緒に過ごす時間を十分にとることも大切ではないでしょうか」と伝えた。そのうえで、早々に息子の支援を中心に行っている関係者も含めた支援会議を開くことにした。

★支援会議
支援にかかわるさまざまな立場の者が情報を共有し支援方針を検討するための会議で、ケア会議、ケースカンファレンスなどともいう。患者本人が出席することも多い。

解説

　ソーシャルワーカーは、利用者との面接相談だけでなく、**職場内外の関係者と連携して支援を提供する**。そのため、多職種と電話やインターネットなどを使って連絡をとりあったり、会議を開催して情報交換や支援方針の共有と確認を行う。このような体制があると利用者は各支援者に何度も同じ話をしなくて済み、また関係者間での方針の行き違いに直面して戸惑うことも避けられる。さらに、関係者が連携していることがわかると、利用者は安心できる。

　この事例では、Ｃソーシャルワーカーが勤務する精神科病院内の多職種（医師、看護師、作業療法士、公認心理師など）と定期的なミーティングや電子カルテの共有などを通して、常にこの女性への治療をはじめとする医療サービスの提供内容や状況について確認したり、ほかのスタッフからみた女性に対する**アセスメント**や支援方針を把握し、その情報をＣソーシャルワーカー自身の支援にも役立てている。さらに、Ｃソーシャルワーカーは、女性を支援しているほかの機関（息子の小学校、生活困窮者自立支援の委託を受けた事業所、市役所）の関係者と連絡をとり、各機関での支援経過を把握したりＣソーシャルワーカーの所属機関での経過を伝えたりしている。Ｃソーシャルワーカーの職場では、息子への支援は行っていないが、女性の課題は、断酒に加えて息子との二人暮らしの立て直しである。そのため、息子を支援している関係者との連携によって、この母子世帯への支援をトータルに考えることが可能となる。

　連携を成り立たせるためには、ほかの職種や関係機関のそれぞれがも

★電子カルテ
電子的なシステムによって作成、管理している患者の診療記録（カルテ）のこと。

つ役割や特徴に関する知識と理解が必要である。また、地域や各機関の規模によって支援関係者や各種機関の数量は違い、さらに、実際の関係者は初心者からベテランまでさまざまであるため、連携する相手の力量や性格といった特徴も知ったうえで相手に応じる力も求められる。

連携においてソーシャルワーカーが最も大切にすべきことは、ソーシャルワーカーが知り得た利用者に関する情報を他者へ伝える際の「本人同意」である。利用者は、ソーシャルワーカーを信頼して自身のプライベートなことや、時には恥ずかしいと思っていることも伝えている。この信頼を裏切らず誠実に支援する姿勢として、利用者の情報を他者へ伝えるときには本人の同意を基本とする姿勢が欠かせない。

なお、ここではCソーシャルワーカーは収集した情報、検討した内容などを記載する面接記録を書いているが、ほかにもソーシャルワーカーはさまざまな目的や用途、書式の記録を活用している。

4 実態把握と介入

事例

支援会議の結果、女性は、あと1〜2か月ほど精神科デイケアに通ってアルコール依存症の回復支援プログラムを継続すると決めた。主治医やデイケアスタッフの意見に加え、Aソーシャルワーカーは学校関係者と連携し、Bソーシャルワーカーは地域関係者への働きかけを今まで以上に行って「息子さんの心身両面でのサポートを担います。安心して治療やリハビリテーションを継続してください」と発言したことが女性の決断を促した。こうして、女性は、就職活動をする前に息子と過ごす時間も大切にし、焦ることなく、これから2人で生きていくことに自信をもてるようになりたいという新たな目標を設定することができた。

一方、AソーシャルワーカーとBソーシャルワーカーは、この女性が精神科通院について近所の住民に知られるのを恥ずかしがっていたことが気になった。また、男子児童が悪口を言われているとの話にはショックを感じていた。

そこで、Bソーシャルワーカーは事業所に戻ると、学習支援に携

★シニアボランティア
ボランティア活動をする人のなかで、定年退職後など、仕事や子育てに一区切りついた社会経験の豊富なボランティアをこのように呼ぶことがある。

★アル中
アルコール依存症と同じような状態が差別的に表現されたもの。放送禁止用語でもあり、使用することは不適切である。

★アルコール健康障害
対策基本法
不適切な飲酒による悪影響の発生予防や早期発見と回復を支援する目的で 2013（平成25）年につくられた法律。

わっているアルバイトの大学生や地域のシニアボランティアたちに、学校や子ども食堂でこの男子児童が「アル中母ちゃんの息子」と言われているらしいがどう思うかと尋ねると、「精神病のなかでも"中毒"は聞こえが悪い」「意思が弱い人という印象」「依存症にもいろいろあるみたいだがよくわからない」「下手にかかわって逆上されたら困るから、学校でも当たらず触らずではないか」「でも子どもに罪はないのでかわいそう」「あの子は、もともとは利発な子だと思う」「地理が好きで、町の裏道なんかよく知っている」などの声があった。

また、学習支援を要する子どもは、生活保護やひとり親世帯に限らず、外国人や児童養護施設の入所者、心身の障害や病気などさまざまな事情を抱えている。どの子どもにも自分が大切にされていると感じてほしいし、自分の希望や願いをのびのびと表現できるようになってほしいが、自分たちだけの力では限界もある、という話になった。この男子児童へのサポートについては、子ども食堂のスタッフと情報を共有できるといいだろう、学習支援の帰りに子ども食堂へ付き添ってみようかと話しあった。Bソーシャルワーカーは、さまざまな意見を聞いて頼もしく感じた一方で、アルバイトやボランティアに対して精神疾患に関する知識の教育が必要だとも思った。ただ、自分もアルコール依存症についての知識不足に気づき、**適切な支援ができているか点検する必要性を感じた。**

Aソーシャルワーカーは、児童の担任教師が母親を軽蔑するニュアンスで「アル中」と表現していたことを覚えていた。翌月の巡回相談日には、この男子児童と母親に関して地域の関係者が連携して支援していることを養護教諭や担任教師に報告した。「男子児童は不登校にもなっていないし、問題は解決したと思っていた」という担任教師に、「この児童が学校生活を楽しめることや、この男子児童は、実際にいじめの対象にはなっていないかもしれませんが、誤解や偏見など、いじめの芽を早めに摘むことも重要な課題だと思います。アルコール依存症は国民の身近な問題ですし、同様の課題を抱える家庭はほかにもあるかもしれません。飲酒に関して教職員や保護者の認識に関するアンケート調査を実施してみてはどうでしょう」とアルコール健康障害対策基本法の考え方も踏まえた提案をした。

解説

　ソーシャルワーカーは、支援を必要とする本人だけでなく家族や関係者など、周囲の環境に対しても働きかけを行う。これは、人々を取り巻く問題の原因が、周囲の環境や社会など本人以外にもあることや、環境が変わることによって問題が軽減したり解消できることもあるためである。こうした働きかけを行う際、支援者の直感や印象に頼らず、現状がどうなっているのかを正確に把握する必要がある。

　この事例では、支援者を含め母子世帯を取り巻く周囲の者に、アルコール依存症や精神疾患に関する知識不足、それに伴う冷たい視線や態度があり、それがこの母子世帯の生きづらさの遠因かもしれない。そのように考えた各ソーシャルワーカーは、母子世帯への直接支援に加えて、実態を把握し周囲の環境への働きかけを行おうとしている。こうした働きかけの原動力の一つは、**人権意識**であり、ソーシャルワーカーは社会に存在する差別や偏見に対して敏感である必要がある。

　また、1人のソーシャルワーカーが把握できる事実には限界があり、Bソーシャルワーカーのように、他者の意見を聞き情報収集することも実態把握の方法の一つである。そのほか、特に行政や学校、企業などの組織に働きかけるには、明確な根拠となるデータを提示することが説得力を増すことになる。Aソーシャルワーカーが、教職員や保護者など学校関係者に対するアンケート調査を提案したのは、より広範にデータを収集して現状を分析しようと考えたためである。

　ソーシャルワーカーは、このように情報収集や、調査の実施と分析方法に関する知識や技術をもつ。そして、調査等により把握したことを、その後の支援や社会環境の改善に活かすことが重要である。Aソーシャルワーカーが提案した「飲酒に関するアンケート調査」は、学校側が必要性を理解して実施できるまでには時間を要するかもしれない。Aソーシャルワーカーは、今回の事態の背後には、アルコール依存症に対する誤解や偏見があると推測している。そこで「アルコール健康障害対策基本法」という法律を引用することで、適正飲酒に関する啓発が求められていることに関する説得力をもたせたり、「いじめ防止」という重要施策のキーワードを用いることで、学校が取り組むべき課題を再認識させたりすることによって、1人の児童への支援を通して発見した課題を学校全体の問題意識へつなげ、この問題に取り組む必要性を訴えている。これらは組織に対する交渉術としても有用である。

なお、Bソーシャルワーカーは、事業所内だけでは対応しきれないことは関係機関と連携する方針を立てている。またスタッフの知識不足にふれて職員教育の検討をしたり、自身の実践の質を検証する必要性に気づいている。支援者の質を高めるためには研修に参加したりスーパービジョン*を受けることが望ましい。ソーシャルワーカーがプロフェッショナルであり続けるためには、ベテランであっても学び続ける必要がある。

★スーパービジョン
ソーシャルワーカーとしての専門的な力量に磨きをかけるための研鑽プロセスのこと。

5 ▷ 終結と支援の波及効果

事例

　子ども食堂には、多様な家庭の子どもたちが来ていた。大人が見ているところでは、面と向かって「アル中母ちゃんの息子」などという子どもはいなかったが、男子児童にはここでも友だちがいないように見えた。食堂の様子を観察するうちに、Bソーシャルワーカーは、ここの利用者には、最近できた公営団地に住む子どもが多いことに気づいた。そこで、男子児童に「まだこの町のことをよく知らないみんなに、『裏道マップ』を作ってあげないか」と提案した。男子児童は地理が得意であり、また1人で町中を自転車で走り回っていて裏道にも詳しい、とボランティアスタッフが話していたことを覚えていたのである。

　ある日、子ども食堂を利用している子どもたちや団地の自治会長に、男子児童が学習支援に来ている子どもたちとともに作った「裏道マップ」を配布した。男子児童は、この取り組みを通してほかの子どもたちと自転車で町を走り回る機会が増え、いつしか元気を取り戻していった。この状況に母親は安心し、3か月間のアルコール依存症の回復支援プログラムを修了すると同時に、ハローワークに出ていた求人に応募してパート勤務を始めた。現在は、月1回の通院時にCソーシャルワーカーと面接し、近況報告する際には笑顔が見られるようになっている。

　男子児童の小学校の養護教諭には、Aソーシャルワーカーから当初の課題が解決したことと地域の関係者がこの母子世帯の見守りを継続していることを報告し、本件に関する相談は終結した。

解説

この段階で、男子児童がたびたび腹痛を訴えたり、身なりが不潔であるという当初の状況や、その原因と思われる母親の飲酒問題や生活困窮状態はいったん解決し、Aソーシャルワーカーによる支援は終結を迎える。だからといって、これまでの支援により培われた人間関係が消滅するわけではない。また、Bソーシャルワーカーによる男子児童への支援やCソーシャルワーカーによる母親への支援は継続する。こうして、Aソーシャルワーカーがかかわったことをきっかけとして、BソーシャルワーカーやCソーシャルワーカーを含め、母子世帯を見守るネットワークが地域につくられた。Aソーシャルワーカーの介入以前と比べ、この母子世帯は孤立状態ではなく、何かあったときの相談先を地域にいくつももった暮らしには安心感があると考えられる。

ソーシャルワーカーは、問題や課題を抱えて困っている人に何かを「してあげる」わけではない。この事例では、Bソーシャルワーカーは、男子児童の好きなことや特技を見出し、その力を発揮できる機会をつくり、そのことがきっかけとなって児童は子ども社会に戻っていくことができた。たとえば、Bソーシャルワーカーがほかの子どもたちに、人の母親の悪口を言ってはいけないと注意したり、男子児童を仲間はずれにしないようにと諭しても、同じ結果が得られるとは考えにくい。ソーシャルワーカーは、本人が潜在的にもっている力を強めて自らそれを活用して生きることを支える、という方法で人を支援する。

6 当事者との協働と普及啓発

事例

養護教諭からの校長への働きかけもあり、Aソーシャルワーカーが懇意にしている近隣の大学教員の協力を得て、この小学校の教職員に飲酒に関するアンケート調査を実施した。その結果、知識の有無や認識は個人差が大きく、特に「アルコール依存症になるのは本人の自覚の問題」「お酒はコミュニケーションには欠かせない」「百薬の長だから、毎晩飲んでいる」「嫌なことを忘れるにはお酒が一

番いい」など、知識の乏しさや行動に問題を感じさせる回答も少なくなかった。

そこで、Aソーシャルワーカーは、Cソーシャルワーカーにも相談し、この小学校の教職員に向けた研修会を提案した。内容としては、Cソーシャルワーカーが同僚や依存症回復支援プログラムの修了者にも意見を聞き、「お酒にまつわる講演会とミニシンポジウム」を企画した。講師は精神科医、シンポジストは依存症回復支援プログラムの修了者や、地元のAA★メンバーに依頼し、Cソーシャルワーカーがコーディネートした。

終了後、「お酒の飲み方を考え直す機会になった」「依存症の人も好きで飲んでいるわけではないことを初めて知った」「自分と同じ、普通の人だった」「頑張って断酒していると聞き、応援したくなった」など、特に**回復者の体験談**による学習効果が大きかった。また、「児童虐待の背景に、親の依存症やメンタルヘルスに関する問題があることは珍しくない、こうした親を孤立させない社会づくりも子どもの健全な育成にとって重要である」というCソーシャルワーカーの話に対して、今度は保護者や地域市民にも対象を拡大して企画してはどうかという意見も多く出され、次年度のPTAとの共催事業として計画することになった。

★ AA（アルコホーリクス・アノニマス）
アルコール依存症からの回復を目指して仲間同士が集い、断酒生活を継続しながら経験の語り合い（ミーティング）を行う。世界的な団体で、日本でも各地でミーティングが開かれている。

解説

AソーシャルワーカーとCソーシャルワーカーが、アルコール関連問題の教職員研修にデイケアの元利用者やアルコール依存症の回復者の協力を求めたように、ソーシャルワーカーは、**当事者との協働**を大切にしている。専門職による講演会も有効であるが、知らないがゆえの偏った見方を修正するには、当事者や体験者の言葉のもつ重みが人の心に深く訴えかけることや、その語りによって生きづらさへの共感を引き出したりすることが奏功する。また、当事者自身も自分の言葉で体験を語り、それに耳を傾ける人と出会うことで自信を取り戻せる。

こうした**普及啓発**の取り組みとしては、講演会やシンポジウムのほかにも、テーマに合わせた映画の上映会や、当事者とともに演奏会や自主製品等の販売会をしたり、当事者団体の事業にボランティアとして参加することなどにより交流の機会をつくるなど、いくつもの方法がある。実現可能な望ましい方法を見出し、理解者や協力者を得て企画し実行す

ることもソーシャルワーカーの腕のみせどころである。大きな行事には予算の確保や計画的な準備が必要であり、一朝一夕に成果が生まれることばかりではない。ソーシャルワーカーが組織や社会に働きかけ、大きな仕組みを動かしたり、新たな社会資源を生み出すには継続的な取り組みが求められる。また目的意識を共有するソーシャルワーカー同士で連帯することも欠かせない。日本社会福祉士会や日本精神保健福祉士協会などのソーシャルワーカーの専門職団体に所属することで、情報を共有し、全国で生じているソーシャルワークの課題に取り組むことが可能となる。

　事例に登場した 3 人のソーシャルワーカーに共通しているのは、一人ひとりの人の存在をかけがえのないものとして大切にし、思い込みや決めつけを排して丁寧に希望を聞き、その実現に向けて尽力していることである。また、問題の要因を多面的に検討し、個人の生活のしづらさの背景にある社会構造を読み解き、地域社会に発信したり環境改善に向けて働きかけることである。

　偏見や差別による社会的孤立は、人の心を蝕み生活をおびやかす。そして、それが周囲にいる子どもや高齢者、障害者や外国人などのマイノリティやいわゆる弱者への圧力や暴力となって伝播し、さらに深刻な事態が遷延する。このような悪循環を断ち、誰もが周囲の人とのつながりのなかで安心して暮らせる社会の実現を目指し、ソーシャルワーカーは、人々が居あわせ、語りあい、お互いに知りあうことのできるコミュニティを創出していく。

● **おすすめ**
・Scheyett, A., 'Social workers as super-heroes', TED　https://www.youtube.com/watch?v=A27QjpQ_Ieo

社会福祉士・精神保健福祉士に求められるコンピテンシー

学習のポイント

● ソーシャルワーカーのコンピテンシーについて理解する
● コンピテンシーを身につけるために何を学ぶことが必要か理解する

Active Learning

ソーシャルワーカーには何が求められるのか、自分でも考えながら読み進めましょう。

　社会福祉士と精神保健福祉士の専門性については前節に述べられたとおりであるが、その専門性はコンピテンシーを習得することによって身につけることができる。コンピテンシーとは、職務や特定の状況において優れたパフォーマンスや成果につながるような個人の特性のことである。コンピテンシーを習得することでパフォーマンスの質を上げることができるため、近年、専門職の人材養成・育成では、コンピテンシーの習得を目標とするようになってきている。ソーシャルワーカーのコンピテンシーについても、我が国で検討されているところである。アメリカでは、人とコミュニティの福利を増進するためにソーシャルワークの知識・価値・技術を統合して意図的・専門的な方法で実践に用いる能力として、ソーシャルワーク教育認定機関（Council on Social Work Education）が9項目のコンピテンシーを提示している（pp.45-50参照）。ここでは、その9項目のコンピテンシーについて、具体的にどのようなことができればよいのか、そのために何を学ぶことが必要なのか、前節の模擬事例を例に挙げながら説明する。

1 ▶ 倫理的かつ専門職としての行動がとれる

　倫理的かつ専門職としての行動がとれるためには、ソーシャルワーク専門職とは何かについて理解しておかねばならない。ソーシャルワーク専門職の理念や使命、役割、責任については、「社会福祉士の倫理綱領」「精神保健福祉士の倫理綱領」「ソーシャルワーカーの倫理綱領」に示されている。ソーシャルワーカーが実践するときは、倫理綱領に示された理念、原理あるいは原則、倫理基準、責務に基づいて、現実の場面やクライエントの状況に応じた判断と対応ができるようになることが必要である。

　たとえば、模擬事例に登場したAソーシャルワーカーは、母親の入院を要請する養護教諭に対して、母親と直接会って希望を聞き対応すると述べている。また、A・Bソーシャルワーカーらは、サービス利用に関して、母親の思いに寄り添い、その意思を尊重している。これらは、倫理綱領のなかの「クライエントの自己決定の尊重」に基づくものである。B・Cソーシャルワーカーらが母親の話を聞き、不安や苦しみを受けとめているのは、同じく「受容」に基づいている。Cソーシャルワーカーが、他機関の支援者と情報共有や支援方針の確認をすることについて、母親本人の同意を得ているのは、「プライバシーの尊重と秘密の保持」のためである。Bソーシャルワーカーが、実践のなかで自身のアルコール依存症についての知識不足に気づき、適切な支援ができているか点検するのは、「専門性の向上」という責務があるからである。

　このようにソーシャルワーカーの行動は倫理綱領に依拠しているため、倫理綱領の内容を理解したうえで、具体的な事例のなかでの判断が倫理的なものになるよう学ぶことが必要である。

　ソーシャルワーカーが、倫理綱領とは異なる個人的な価値をもつことがある。そのことに無自覚な場合、倫理綱領から逸脱した判断や行動をとってしまうことがあるので、ソーシャルワーカーは常に実践について省察することが必要であり、スーパービジョンとコンサルテーションを活用することも重要である。また、ソーシャルワーク実践にかかわる法令、ほかの専門職の役割、ICT（情報通信技術）など新たな技術を適切に活用する方法などについても学ぶことが必要である。

2 実践において多様性と相違に対応する

　人を理解するうえで多様性と相違は重要であり、多様性は尊重されるべきである。しかし、人々の間にある相違により、特権、権力、称賛、抑圧、貧困、差別などが生じることがある。ソーシャルワーカーは、抑圧や貧困、差別の形態やメカニズムを理解し、その状況を改善・解決していくことが求められる。

　事例に登場した母親は、離婚して息子と二人暮らしだが、将来への不安から不眠になり、そのために飲酒量が増えてパートを無断欠勤した結果、解雇されて無職となり、困窮していた。前夫は居所不明で養育費は支払われず、頼れる身内もなく、孤立していた。小学4年生の息子は、

両親の離婚、母親のアルコール依存症と生活困窮により不適切な養育環境に置かれ、やせて身なりも不潔で、たびたび腹痛を起こす状態だった。また、アルコール依存症を含む精神疾患に対して世間の冷たい視線があるなかで、母親は精神科病院に通院することを恥ずかしいと思い、男子児童も「アル中母ちゃんの息子」というレッテルを貼られて悪口を言われていた。一つひとつのことが社会構造のなかで生じ、相互に作用しながら複合的・否定的な影響を母子にもたらし、抑圧された状況になっていったのである。

　ソーシャルワーカーらは、この状況から解放されるように母と子それぞれに対して直接的な支援を行っている。また、母子を取り巻く環境を改善するため、そして同様の課題に直面する可能性がある人たちのため、いじめを予防し、アルコール関連問題への理解を深めるための研修を目的とした講演会とシンポジウムを小学校の教職員対象に実施し、さらに、対象を保護者や地域の市民に拡大して翌年も同様に実施しようとしている。

　このような実践を行うためには、相違からどのように抑圧や差別が生じているのかを理解し、その状態をなくすために、具体的にどこにどのような働きかけをするのかを学ぶ必要がある。また、多様なクライエントや関係者とかかわるにあたって、自らの偏見や固定観念等に気づくことが重要であり、他者やその経験から学ぶことが必要である。事例においても、研修にシンポジストとしてアルコール依存症の回復者を招いてその経験から学ぼうとしている。

3 ▷ 人権と社会的・経済的・環境的な正義を推進する

　すべての人は、基本的人権をもっており、社会的な地位に関係なく、自由、安全、プライバシー、適切な生活水準、医療、教育が保証されなければならない。ソーシャルワーカーは、社会的な抑圧や人権侵害が、どのように起こるのかを理解し、人権と社会的・経済的・環境的な正義が守られるように取り組むことが必要である。

　事例の母親は、養育費が支払われていないひとり親、無職、アルコール依存症、生活困窮、孤立、世間からの偏見などの点から、社会的・経済的・環境的な正義にはほど遠く、人権が守られていない状態にある。息子である男子児童は、そのような家庭のなかで、母親が精神的に不安

定な状態であったことからネグレクトの状況に置かれ、通常の小学4年生の児童が享受する生活を剥奪されている。この母子の基本的人権を守り、社会的・経済的・環境的な正義を推進するため、ソーシャルワーカーらが連携して、母親に対して、経済的な支援や医療が受けられるような支援を行い、息子に対しても学習支援や子ども食堂でのサポートを受けられるようにしている。また、アルコール関連問題についての理解を促進し、差別や偏見がなくなるような働きかけを学校や地域社会に向けて行おうとしている。

　このような実践を行うためには、人権と社会的・経済的・環境的な正義について学ぶことが必要である。また、人権侵害や社会的な抑圧を受けている人の状況を把握し、その状況を改善するための方策と社会資源について学ぶ必要がある。これはコンピテンシー6、7、8（pp.47-49参照）にあたる。

 ## 「実践に基づく調査」と「調査に基づく実践」に取り組む

　調査は、科学的な方法で物事について知る方法である。科学的な方法とは、調べたいことについてデータを収集して分析し、注意深く考察することで、それによって他者と共有できる知識を生み出そうとするものである。ソーシャルワーカーにとって、調査によって明らかになった知識に基づいて実践を行うことと、実践のプロセスや結果を調べることで実践の根拠となる知識を構築することはどちらも重要である。そのため、調査の二つの方法である量的調査と質的調査の方法を理解していることが必要である。また、知識を構築するための論理的な考え方や科学的な探求方法、倫理的で現場の状況に応じて活用できるアプローチについても理解していることが必要である。調査で明らかになったことを、実践や政策の改善に役立たせることも重要である。

　事例では、男子児童が「アル中母ちゃんの息子」と言われていることについて実態を把握するために、Bソーシャルワーカーが、アルバイトの大学生や地域のシニアボランティアに聞き取りを行っている。この探索的な質的調査によって、Bソーシャルワーカーは、アルバイトやボランティアに対して精神疾患に関する教育が必要だと考えるようになった。Aソーシャルワーカーも、飲酒に関して教職員や保護者の認識に関するアンケート調査を実施することを養護教諭と担任教師に提案してい

る。このような調査を行うことで、飲酒に関する実情等が明らかになり、それに応じた対策を検討することが可能になる。このような実践ができるには、ソーシャルワーカーは社会福祉調査について学ぶ必要がある。

5 ▶ 政策実践に関与する

　人権と社会正義は、政策を通して実現される。政策とは、国や地方公共団体において特定の分野や課題についての基本的な考え方と方向性を示すものであり、政策を実現するための仕組みとして法令に基づく制度がある。ソーシャルワーカーが行うサービスは、政策によって方針が決められているか、制度のなかに位置づけられている。つまり、ソーシャルワーカーは、クライエントへのサービス提供を通して政策の実現にかかわっている。

　たとえば、事例でAソーシャルワーカーが小学校の巡回相談を行っているのは、その地区の教育委員会がそのような方針をもっているからである。またAソーシャルワーカーは、国のいじめ問題に対する施策とアルコール健康障害対策基本法に基づいて、男子児童と母親への直接支援に加えて、地域まで広く働きかけるためにアンケート調査と研修を実施している。Bソーシャルワーカーが働いているNPO法人は、市から生活困窮者自立支援事業の委託を受けており、Bソーシャルワーカーは、この事業の一環として女性を支援している。Cソーシャルワーカーが母親の支援を行っているのも、アルコール健康障害対策の一環である。

　一方、ソーシャルワーカーが審議会や計画の策定委員会などに参加して、政策の策定にかかわることもある。制度や政策がクライエントにとって不利益となっている場合には、その是正を求めてソーシャルワーカーはアドボカシーを行うこともある。このようにソーシャルワーカーは、政策の策定と実施の両面にかかわっているので、自分の実践分野のミクロ・メゾ・マクロのレベルにおいて望ましい変化が起きるよう政策実践に取り組んでいくことが重要である。そのため、政策の策定、分析、実施、評価について学び、よく理解しておくことが必要である。

6 個人、家族、グループ、組織、コミュニティとかかわる

　ソーシャルワーク実践の開始段階では「エンゲージメント」が重要である。個人や家族との初回面接のことをインテーク面接というが、エンゲージメントはそれを含む、より広い意味をもっており、これからともに取り組んでいく個人や家族、グループ、組織の担当者、地域の人々との間に信頼関係を結び、取り組みについての合意を得ることである。エンゲージメント（インテーク）で重要なのは、人と環境についての理論やモデルを活用して、個人、家族、グループ、組織、コミュニティについて理解することと、倫理綱領と関係形成の原則に基づいて関係を築くことである。

　事例においてAソーシャルワーカーは、小学校で児童についての相談を初めて受けたとき、養護教諭の心配や要請、担任教師の懸念や見守りの姿勢について共感しながら受けとめたうえで、実態を把握し必要に応じて支援したいとして男子児童とその母親に会えるように依頼している。これは、❶養護教諭と担任教師とはこれから連携するため、受容、共感といった関係形成の原則を用いて関係づくりをし、❷理論・モデルに基づいて母子を理解するために、また、倫理綱領に基づいて母子それぞれの自己決定を尊重するためにも、まず本人たちに会って話を聞くことが必要だと判断し、❸ソーシャルワーカーは必要に応じて支援したいと述べ、養護教諭と担任教師に母子に会う手配を依頼することでそれぞれの役割を確認し、取り組みの合意を形成しているのである。

　このようなことを行うためには、原則や理論について学ぶことが必要であり、理解だけでなく、対人スキルを実際に習得することが求められる。ソーシャルワーカーの個人的な経験や情緒的な反応がクライエントや関係者とのかかわりに影響することも理解しておくことが必要である。

7 個人、家族、グループ、組織、コミュニティのアセスメントを行う

　ソーシャルワーク実践のプロセスにおいて、エンゲージメント（インテーク）の次に行うのがアセスメントである。アセスメントでは、クライエント（個人、家族、グループ、組織、コミュニティを含む）についてのデータを収集して整理し、クリティカル・シンキング★によって解釈

★**クリティカル・シンキング**
批判的思考といわれる場合もある。あることが本当にそうなのか、そのように考える根拠は何かなど多角的に深く考え、できるだけ適切な答えを導き出そうとする思考。

する。ここでも、人と環境に関する理論やモデルを用いることが重要である。そして、クライエントのニーズや困難、ストレングス、価値と意向についての多面的なアセスメントに基づいて、クライエントが合意できる介入目標と課題を設定する必要がある。このとき、ソーシャルワーカーは自身の組織の機能や役割だけでなく、ほかの専門職や他機関などとともに広範囲での取り組みを行うことで可能になることも考慮して連携・協働を検討することが必要である。ソーシャルワーカー自身の個人的な経験や情緒的な反応がアセスメントやクライエントの意思決定に影響する可能性があることも理解していなければならない。

　事例では、Aソーシャルワーカーは、母親との面接で得た情報（生活保護や精神科受診は拒否、就労希望、生活は困窮し継続的な支援が必要）に基づいて、生活困窮者自立支援事業を行っているBソーシャルワーカーに母子を紹介した。また、小学校の教職員を対象に飲酒についての知識の程度を把握するためにアンケート調査を行い、その結果に基づいて小学校の教職員を対象とする研修会を提案した。Bソーシャルワーカーは、女性との面接を通して、今の状態で就職活動は難しく、経済支援が必要であり、アルコール依存症についての診断と治療が必要だと判断し、経済支援や精神科病院のソーシャルワーカーへの受診相談を女性に提案した。またBソーシャルワーカーは、男子児童を取り巻く状況を探るためにアルバイトの大学生やシニアボランティアに話を聞いている。さらに、男子児童は地理が得意で裏道にも詳しいことを知り、男子児童に「裏道マップ」を作って、この町のことをよく知らない人に配布することを提案している。これは、ストレングスモデル[*]に基づく支援である。

★ストレングスモデル
人、家族、グループ、組織、コミュニティなどの強みである能力、意欲、熱望、経験、資産、ネットワークなどに焦点を当てて、それらを活用して支援を行う方法。

　このように、クライエントの状況を把握して目標設定できるようになるためには、アセスメントの方法について学ぶことが必要である。

8 ▷ 個人、家族、グループ、組織、コミュニティに介入する

　ソーシャルワーク実践のプロセスのなかでアセスメントの次に行うのが介入である。ソーシャルワーカーは、実践目標を達成し、クライエント（個人、家族、グループ、組織、コミュニティを含む）の能力が向上するような、根拠に基づく介入方法を選択して実行できることが必要である。ここでも、人と社会に関する知識を活用することが重要である。

成果をあげるために、ほかの専門職や他機関と連携できることも必要である。クライエントとともに、あるいはクライエントの代わりに交渉、仲介、主張（代弁）することもある。そして、取り組みを順調に進め、目標に到達して終結できるように促し支えることも重要である。

　事例では、B ソーシャルワーカーは、男子児童が学習支援を受け、子ども食堂に行けるように支援した。また、男子児童がほかの子どもたちとともに「裏道マップ」を作成し、配布する取り組みを行った。この取り組みを通して男子児童は、ほかの子どもたちとのかかわりが増え、元気を取り戻し、エンパワメント*された。C ソーシャルワーカーは、女性が精神科デイケアでアルコール依存症の回復支援プログラムに参加できるように手配するとともに、面接を通して女性と息子が生活の立て直しをできるよう支援した。女性が就職を急ごうとしたときも、女性の気持ちを受けとめ、真剣に取り組んでいることを認め励ますとともに、関係者による支援会議を開催し、協力して母子を支えることを伝えて、母親を安心させている。A ソーシャルワーカーは、C ソーシャルワーカーや精神科医、依存症回復支援プログラムの修了者や AA メンバーの協力を得て、小学校の教職員に向けた研修会を開催した。研修会はアルコール依存症についての理解を深めるのに役立ち、次年度も対象を拡大して行うことになった。このように 3 人のソーシャルワーカーの連携で、母子を見守るネットワークが地域にでき、さらにこの母子だけでなく、同様の問題を抱えている家族が孤立せず、子育てができる地域づくりが進んでいる。

　実際にこのような介入を行うためには、さまざまな介入のあり方や方法、連携や協働について学ぶ必要がある。

★エンパワメント
自分自身の存在価値や可能性に気づき、自尊感情を高め、自分自身や周囲に働きかける力、すなわちパワーがもてるようになること。

9 ▶ 個人、家族、グループ、組織、コミュニティへの実践を評価する

　評価は、ソーシャルワーク実践に効果があったのか検証し、そこで明らかになったことを用いてミクロ、メゾ、マクロレベルにおける実践を改善・向上させていくために重要である。適切に評価するためには、介入やプログラム実施のプロセスが適切であったのか注意深くモニタリングするプロセス評価と、介入やプログラムの効果があったのかどうかを検証するアウトカム評価の両方が必要である。評価では、人と環境に関する理論やモデルを活用することが重要であり、量的調査と質的調査の

両方の方法を理解し、適切な方法を選択して使用できることが求められる。

　事例では、Cソーシャルワーカーは精神科デイケアのスタッフである他職種と定期的なミーティングや電子カルテを通して情報共有を行い、ほかの関係機関とも連絡をとって支援の経過を伝えあっている。これがモニタリングであり、プロセスについての評価である。母親は3か月間のアルコール依存症回復支援プログラムを終了し、パート勤務を始めているが、これは、プログラム終了時に支援の結果について当事者とスタッフの間で評価が行われ、母親の希望どおり次のステップに進むことへの合意が得られたからである。男子児童についても学校や子ども食堂での様子は母親や支援の関係者間で共有され、地域での見守り、すなわちモニタリングは継続されている。しかし、小学校でAソーシャルワーカーが養護教諭から最初に受けた相談については、問題が解決したと評価されて本件は終結となっている。このような評価を適切に行うためには、社会福祉調査の方法について学び活用できるようになることが必要である。

　以上、ソーシャルワーカーに求められるコンピテンシーについて解説した。社会福祉士および精神保健福祉士に求められる専門性を身につけるためには、これら9項目のコンピテンシーの習得を目指して、ここで挙げたことを学ぶことが必要である。

【参考資料】ソーシャルワーク・コンピテンシー

(Council on Social Work Education 2015)

（1）倫理的かつ専門職としての行動がとれる

　ソーシャルワーカーは、専門職の価値基盤と倫理基準とともに、ミクロ・メゾ・マクロレベルでの実践に影響を及ぼす可能性のある関連法令について理解している。ソーシャルワーカーは、倫理的な意思決定の枠組みと、クリティカル・シンキングの原則を実践・調査・政策の各分野の枠組みに適用する方法を理解している。ソーシャルワーカーは、個人的な価値と、個人的な価値と専門職の価値との区別について認識している。また、個人的な経験や情緒的な反応が専門職としての判断や行動にどのように影響するかも理解している。ソーシャルワーカーは、専門職の歴史・使命・役割と責任について理解している。多職種チームで働く際には、他の専門職の役割も理解している。ソーシャルワーカーは、生涯学習の重要性を認識し、適切で効果的な実践ができるように常にスキルの向上に努める。また、ソーシャルワーク実践のなかで起こっている新しい技術と、その倫理的な使用についても理解している。

　ソーシャルワーカーは：

○倫理綱領や関連法令、倫理的な意思決定モデル、調査の倫理的な実施等にもとづいて、倫理的な意思決定をする

○実践場面で自身の個人的な価値に気づき、専門職としてのあり方を維持するために振り返りと自己規制を行う

○行動、外見、口頭・書面・メールでのコミュニケーションで、専門職としての態度を示す

○実践結果を促進するために、技術を倫理的かつ適切に使う

○専門的な判断と行動となるように、スーパービジョンとコンサルテーションを活用する

（2）実践において多様性と相違に対応する

　ソーシャルワーカーは、多様性と相違がいかに人間の経験を特徴づけ、形成するか、そしてアイデンティティの形成にとって重要かを理解している。多様性の次元は、年齢、階級、色、文化、障害と能力、民族、ジェンダー、ジェンダーの意識と表現、移民ステータス、配偶者の有無、政治的イデオロギー、人種、宗教／スピリチュアリティ、性別、性的指向、部族の主権の状態などを含む複数の要因の交差性として理解されている。相違の結果として、特権、権力、称賛や抑圧、貧困、疎外が人生経験のなかに起こることをソーシャルワーカーは理解している。ソー

シャルワーカーは、また抑圧と差別の形態とメカニズムを理解し、社会的・経済的・政治的・文化的な排除などの文化の構造や価値がどれほど抑圧や疎外を起こしたり、特権や権力を生み出しているかを認識している。

ソーシャルワーカーは：

○人生経験をかたちづくるうえで多様性や相違が重要であることを、実践のミクロ・メゾ・マクロレベルにおいて適用し、伝える

○自分自身を学習者として提示し、クライエントや関係者には彼ら自身の経験のエキスパートとして関わる

○多様なクライエントや関係者とともに取り組む際には、自分の偏見や価値観の影響を抑えるために、自己覚知や自己規制（自らの気づきを高め、自身をコントロールする）を行う

（3）人権と社会的・経済的・環境的な正義を推進する

ソーシャルワーカーは、すべての人が社会的な地位に関係なく、自由、安全、プライバシー、適切な生活水準、医療、教育といった基本的人権をもっていることを理解している。ソーシャルワーカーは、抑圧と人権侵害の世界的な相互関係を理解しており、人のニーズと社会正義についての理論と社会経済的な正義や人権を促進するための戦略についての知識をもっている。ソーシャルワーカーは、社会財、権利、責任が公平に分配され、市民的・政治的・環境的・経済的・社会的・文化的な人権が守られるようにするために、抑圧的な構造をなくすための戦略を理解している。

ソーシャルワーカーは：

○個別およびシステムレベルにおける人権擁護のために、社会的・経済的・環境的な正義についての理解を適用する

○社会的・経済的・環境的な正義を擁護する実践を行う

（4）「実践にもとづく調査」と「調査にもとづく実践」に取り組む

ソーシャルワーカーは、ソーシャルワークの科学の進歩と実践の評価における量的および質的な調査方法とそれぞれの役割を理解している。ソーシャルワーカーは、論理の原則、科学的な調査、文化的に適切で倫理的なアプローチを知っている。ソーシャルワーカーは、実践に役立つ根拠は、学際的な情報源から複数の探求方法で引き出されることを理解している。また、ソーシャルワーカーは、研究結果を効果的な実践に変換するプロセスについて理解している。

ソーシャルワーカーは：

○科学的な研究と調査のために、実践経験や理論を活用する

○量的・質的な調査方法や調査結果を分析する際には、クリティカル・シンキングを行う

○実践や政策、サービス提供について情報提供したり、改善したりするために、調査による根拠を使用したり、わかりやすく伝えたりする

（5）政策実践に関与する

　ソーシャルワーカーは、人権と社会正義、および社会福祉とサービスが、連邦・州・地方のそれぞれのレベルでの政策とその実施によって取りなされて（媒介されて）いることを理解している。ソーシャルワーカーは、社会政策とサービスの歴史および現在の構造、サービス提供における政策の役割、政策開発における実践の役割を理解している。ソーシャルワーカーは、ミクロ・メゾ・マクロレベルでの自身の実践現場のなかで政策の開発と実施における自身の役割を理解し、そのなかで効果的な変化に向けて政策実践に積極的に取り組んでいる。ソーシャルワーカーは、社会政策に影響する歴史的・社会的・文化的・経済的・組織的・環境的・世界的な影響について認識し理解する。また、政策の策定・分析・実施・評価についての知識をもっている。

　ソーシャルワーカーは：

○福利、サービス提供、社会サービスへのアクセスに影響する地方・州・連邦レベルでの社会政策を特定する

○社会福祉と経済政策が社会サービスの提供とアクセスにいかに影響するか評価する

○クリティカル・シンキングを適用して、人権と社会的・経済的・環境的な正義を促進する政策を分析、策定、擁護する

（6）個人、家族、グループ、組織、コミュニティと関わる

　ソーシャルワーカーは、エンゲージメント（関係構築および取り組みの合意形成）が多様な個人、家族、グループ、組織、コミュニティとともに、またそれらに代わって行うソーシャルワーク実践の力動的で相互作用的なプロセスのなかの継続的な要素だということを理解している。ソーシャルワーカーは、人間関係の重要性を重視している。ソーシャルワーカーは、人間行動と社会環境についての理論を理解し、この知識をクリティカルに評価して、個人、家族、グループ、組織、コミュニティといったクライエントや関係者とのエンゲージメントを促進するために適用する。ソーシャルワーカーは、実践の効果を高めるために、多様なクライエントや関係者との間で関係づくりをする戦略について理解して

いる。ソーシャルワーカーは、自身の個人的な経験と情緒的な反動が多様なクライエントや関係者に関わる能力にどのように影響するかを理解している。ソーシャルワーカーは、クライエントや関係者、また必要に応じて他の専門職とのエンゲージメントを促進するために、関係構築や多職種間連携の原則を重視する。

　ソーシャルワーカーは：

○クライエントや関係者に関わるために、人間行動や社会環境、環境のなかの人、そしてその他の学際的な理論的枠組の知識を適用する

○多様なクライエントや関係者に効果的に関わるために、共感、反射、対人スキルを活用する

（7）個人、家族、グループ、組織、コミュニティのアセスメントを行う

　ソーシャルワーカーは、アセスメントが多様な個人、家族、グループ、組織、コミュニティとともに、またそれらに代わって行うソーシャルワーク実践の力動的で相互作用的なプロセスのなかの継続的な要素だということを理解している。ソーシャルワーカーは、人間行動と社会環境についての理論を理解し、この知識をクリティカルに評価して、個人、家族、グループ、組織、コミュニティといった多様なクライエントや関係者のアセスメントに適用する。ソーシャルワーカーは、実践の効果を高めるために多様なクライエントや関係者のアセスメントを行う方法を理解している。ソーシャルワーカーは、アセスメントプロセスのなかでより広い範囲で実践することの意味を認識し、そのプロセスにおいて専門職間の連携・協働の重要性を重視する。ソーシャルワーカーは、自身の個人的な経験や情緒的な反応がどのようにアセスメントや意思決定に影響する可能性があるかを理解している。

　ソーシャルワーカーは：

○データを収集・整理し、クリティカル・シンキングによってクライエントや関係者からの情報を解釈する

○クライエントや関係者からのアセスメントデータを分析する際には、人間行動や社会環境、環境のなかの人、その他の学際的な理論的枠組の知識を活用する

○クライエントと関係者のストレングス、ニーズ、困難についての重要なアセスメントにもとづいて、相互に合意できる介入目標と課題を設定する

○アセスメントや調査による知見、クライエントと関係者の価値と選好にもとづいて、適切な介入の戦略を選ぶ

（8）個人、家族、グループ、組織、コミュニティに介入する

ソーシャルワーカーは、介入が多様な個人、家族、グループ、コミュニティとともに、またそれらに代わって行うソーシャルワーク実践の力動的で相互作用的なプロセスのなかの継続的な要素だということを理解している。ソーシャルワーカーは、個人、家族、グループ、組織、コミュニティを含むクライエントと関係者の目標を達成するための根拠にもとづく介入について知識をもっている。ソーシャルワーカーは、人間の行動と社会環境についての理論を理解しており、この知識を評価し、クライエントと関係者に効果的に介入できるように活用する。ソーシャルワーカーは、クライエントと関係者の目標を達成するための根拠にもとづく介入を特定し、分析し、実施する方法を理解している。ソーシャルワーカーは、介入において専門職間のチームワークとコミュニケーションを重視し、良い結果を得るためには学際的、専門職間、組織間の協働が必要になる可能性があることを認識している。

ソーシャルワーカーは：

○実践目標を達成し、クライエントや関係者の能力を強めるために、注意深く介入を選んで実施する

○クライエントや関係者に介入する際には、人間行動や社会環境、環境のなかの人、その他の学際的な理論的枠組についての知識を活用する

○有益な実践結果を得るために、必要に応じて専門職間で連携・協働する

○多様なクライエントや関係者と、そして彼らに代わって、交渉、仲介、代弁をする

○相互に合意した目標に向かって進めるような効果的な移行と終結を促進する

（9）個人、家族、グループ、組織、コミュニティへの実践を評価する

ソーシャルワーカーは、評価が多様な個人、家族、グループ、組織、コミュニティとともに、またそれらに代わって行うソーシャルワーク実践の力動的で相互作用的なプロセスのなかの継続的な要素だということを理解している。ソーシャルワーカーは、実践、政策、サービス提供を効果的に向上させるためにプロセスと結果を評価することの重要性を認識している。ソーシャルワーカーは、人間行動と社会環境についての理論を理解しており、この知識を評価し、結果を評価する際に活用する。ソーシャルワーカーは、結果と実践の効果を評価するための量的・質的な方法について理解している。

ソーシャルワーカーは：

○結果評価のために、適切な方法を選んで使う

○結果評価の際には、人間行動や社会環境、環境のなかの人、その他の学際的な理論的枠組についての知識を活用する

○介入およびプログラムのプロセスと結果を注意深く分析し、モニターし、評価する

○評価で発見したことを、ミクロ・メゾ・マクロレベルにおける実践効果を改善するために活用する

出典：日本ソーシャルワーク教育学校連盟「ソーシャルワーク演習のための教育ガイドライン」pp.6-9, 2020. を一部改変

◇参考文献
・Council on Social Work Education, 'Educational Policy and Accreditation Standards for Baccalaureate and Master's Social Work Programs', 2015. https://www.cswe.org/getattachment/Accreditation/Standards-and-Policies/2015-EPAS/2015EPASandGlossary.pdf.aspx
・文部科学省「いじめの問題に対する施策」 https://www.mext.go.jp/a_menu/shotou/seitoshidou/1302904.htm
・厚生労働省「生活困窮者自立支援事業」 https://www.mhlw.go.jp/stf/seisakunitsuite/bunya/0000059425.html
・厚生労働省「アルコール健康障害対策」 https://www.mhlw.go.jp/stf/seisakunitsuite/bunya/0000176279.html
・日本ソーシャルワーク教育学校連盟「ソーシャルワーク演習のための教育ガイドライン」2020.

第2章

ソーシャルワークの概念

　本章では、ソーシャルワークの概念、すなわちソーシャルワークとは何かということについて学ぶ。第1節では、ソーシャルワークの定義について、2014年に採択された「ソーシャルワーク専門職のグローバル定義」の内容を説明する。この国際的な定義のなかに示されたソーシャルワークの任務や原理について、またソーシャルワークの基盤となる知や実践とは何かについて学ぶ。続く第2節では、ソーシャルワークを構成する要素について学ぶ。支援の対象となるクライエントやクライエントシステムについて、ソーシャルワーク実践の担い手としてのソーシャルワーカーについて、そしてソーシャルワーク実践の過程で活用、開発されるさまざまな社会資源について理解を深める。

ソーシャルワークの定義

● ソーシャルワーク専門職のグローバル定義を学ぶ
● ソーシャルワークの任務、諸原理、基盤となる知を学ぶ
● ソーシャルワークの実践を学ぶ

 ソーシャルワークの定義の変遷

　ソーシャルワークの定義は、時代とともに変化してきた。しかし、これまでのソーシャルワークの定義に通底していることがある。それは、ソーシャルワークが個人や社会がよりよい状況になることを目指すものであること、ソーシャルワークが具体的な方法・技術・スキル等を駆使するものであるということ、そして、ソーシャルワークが個人、グループ、組織、社会へ働きかけるものであることである。

　ソーシャルワーク実践については価値（value）、目的（purpose）、サンクション（sanction）、知識（knowledge）、および方法（method）などが主要な要素とされてきた。ソーシャルワーク実践において価値や目的が重要であることは、早くから認識されてきた。

　日本政府においては、ソーシャルワークとは、人々が生活していくうえでの問題の解決や緩和、そして、生活の質（QOL）やウェルビーイングを高めることを目指すための支援をすることとされた[1]。その後、共生社会の実現のため、人々がさまざまな生活課題を抱えながらも住み慣れた地域で自分らしく暮らしていけるよう、包括的な相談支援体制や、地域住民等が主体的に地域課題を把握して解決を試みる体制の構築をしていくために、ソーシャルワークが機能するべきであるとされてきている[2]。

2 **ソーシャルワークとは**

　ソーシャルワークは、社会福祉の専門職、すなわち、ソーシャルワー

カーが行う活動のことを指す。その一方、ソーシャルワーク専門職や
ソーシャルワーク実践の基盤となる学問体系のことを指す場合もある[i]。
ソーシャルワークは、相談援助を含むものの、相談援助に限らない幅広
い活動を指す。課題を抱えた個人やその家族の相談援助のみならず、多
職種・多機関との連携、地域住民等との協働、顕在化していない課題に
対応するための社会資源の開発といった役割も担う。ソーシャルワーク
は、その対象とする範囲も、用いる方法や活動も幅が広いことに特徴が
ある。ここでは、国際的な合意に基づくソーシャルワーク専門職のグ
ローバル定義を詳しく説明する。

3 ソーシャルワーク専門職のグローバル定義

ソーシャルワークの国際的な合意に基づく定義は、2000 年に定めら
れたものの改訂が進められ、2014 年 7 月に国際ソーシャルワーカー連
盟（IFSW[★]）と国際ソーシャルワーク学校連盟（IASSW）の総会・合
同会議において、ソーシャルワーク専門職のグローバル定義が採択され
た。

この定義について、社団法人日本社会福祉教育学校連盟（現・一般社
団法人日本ソーシャルワーク教育学校連盟（JASWE））と社会福祉専
門職団体協議会（以下、社専協）（現・日本ソーシャルワーカー連盟
(JFSW)）との共同日本語訳が示されている。

ソーシャルワーク専門職のグローバル定義
（IFSW と IASSW の総会で 2014 年 7 月に採択）

ソーシャルワークは、社会変革と社会開発、社会的結束、および人々
のエンパワメントと解放を促進する、実践に基づいた専門職であり学問

★国際ソーシャルワー
カー連盟（IFSW）
世界中のソーシャル
ワーカーによる専門職
団体が加盟する団体で
ある。IFSW に、日本
からは日本ソーシャル
ワーカー連盟（JFSW）
が加盟している。
JFSW は、特定非営利
活動法人日本ソーシャ
ルワーカー協会、公益
社団法人日本社会福祉
士会、公益社団法人日
本医療社会福祉協会、
公益社団法人日本精神
保健福祉士協会で構成
されている。

[i] ソーシャルワークの国際的定義として、2000 年に採択された定義は、「ソーシャル
ワーク専門職は」が主部で「〜していく」が述部であり、「ソーシャルワークは」が
主部で「〜介入する」が述部であった。よって、「ソーシャルワーク」はソーシャル
ワーク専門職が行う活動体系を指していた。ほかの主たる定義においても、同様の
用いられ方がなされてきた。しかし、2014 年に国際ソーシャルワーカー連盟（IFSW）
と国際ソーシャルワーク学校連盟（IASSW）で新たに採択されたソーシャルワーク
専門職のグローバル定義では、最初の一文が「ソーシャルワークは」が主部で、「〜
専門職であり学問である」が述部となっている。そのため「ソーシャルワーク」は
専門職あるいは学問領域を指す言葉として使用されている。

である。社会正義、人権、集団的責任、および多様性尊重の諸原理は、ソーシャルワークの中核をなす。ソーシャルワークの理論、社会科学、人文学、および地域・民族固有の知[ii]を基盤として、ソーシャルワークは、生活課題に取り組みウェルビーイングを高めるよう、人々やさまざまな構造に働きかける[iii]。

　この定義は、各国および世界の各地域で展開してもよい。

　このソーシャルワーク専門職のグローバル定義には多くの要素が含まれている。図2-1のように、ソーシャルワーク専門職は、基盤となる諸原理をよりどころに、多元的に働きかけを行う。ソーシャルワークは、人々のウェルビーイングを高めることを目指すとともに、社会の結束を強め、社会開発や社会の変革を目指す。このとき、ソーシャルワーク専門職は、人々や構造に働きかけるとともに、社会にも働きかける。こうして、ソーシャルワーカーは、複数の働きかけを組み合わせて個人も社会も、よりよい方向へ変わるように実践する。

　ソーシャルワーク専門職のグローバル定義には、IFSWとIASSWによる「注釈」が付され、ソーシャルワーク専門職の中核となる、❶任務、❷原則、❸知、❹実践について詳述されている。ここでは、IFSWとIASSWにおける注釈を勘案しながら、定義について7項目に分けて説明したい。なお、本章では以降において、ソーシャルワーク専門職をソーシャルワーカーと表記する。

■1 【任務】社会変革と社会開発、社会的結束の促進

　社会には、さまざまな不平等、差別、搾取、抑圧などが存在する。その結果、人々が社会的に排除された状態に陥ることもある。ソーシャルワークにおいては、このような状態の原因は個人にあるのではなく、社会にあると認識する。よって、ソーシャルワークは、不平等、差別、搾取、抑圧などの状態を取り除くために、必要となる働きかけをさまざまなレベルで行う。このようなソーシャルワークの中核的な任務を表す言

---

ii 「地域・民族固有の知（indigenous knowledge）」とは、世界各地に根ざし、人々が集団レベルで長期間受け継いできた知を指している。

iii 社専協からは、英語と日本語の言語的構造の違いから、直訳の困難な文章であったため、三つ目の文は、「ソーシャルワークは、人々が主体的に生活課題に取り組みウェルビーイングを高められるよう人々に関わるとともに、ウェルビーイングを高めるための変革に向けて人々とともにさまざまな構造に働きかける」という意味合いで理解すべきである、との注釈が付された。

図2-1 ソーシャルワーク専門職のグローバル定義の主要な要素

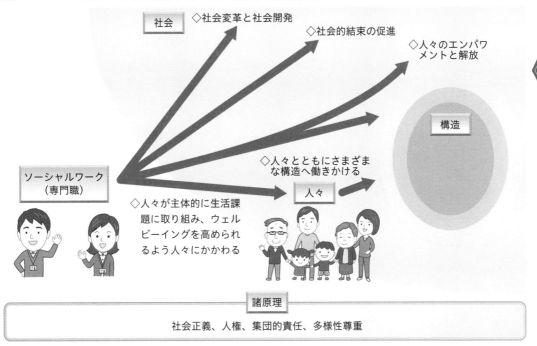

葉が、社会変革、社会開発、社会的結束の促進である。

❶社会変革

　社会変革とは、社会を変えていくことである。ソーシャルワークは、さまざまなレベル（個人、家族、グループ、地域、社会等）で「構造的条件に挑戦し」、社会を変えていこうとする。つまり、社会を変えるために、さまざまな方法を用いて、社会の構造に関連する要素に立ち向かい、働きかけていく。社会の構造に関連する要素とは、社会の文化、伝統、法律、制度・政策、制度の運用方針、組織や機関の風土、人々の偏見や態度などである。

　たとえば、社会が発達障害の人々の抱える課題に気づかず、あるいは課題への対応がなされていなかった時期があった。そこで、発達障害の当事者と家族、そしてソーシャルワーカーなどの関係者が社会に働きかけ、社会の理解の促進と、制度の策定を求めた。その結果、発達障害者支援法が施行され、発達障害者の支援策が始められた。社会変革を求める働きかけによって、人々の理解が進み、制度の創設とサービスの開始がなされた。

❷社会開発

　社会開発とは、「介入のための戦略、最終的にめざす状態、および（通常の残余的および制度的枠組に加えて）政策的枠組などを意味する」と

されている。社会開発は、地域や国家を対象に、生物―心理―社会的―スピリチュアルなアセスメントを行い、ミクロレベルからマクロレベルのすべてのレベルで、複数のシステムが協働していくような、総合的・包括的な介入によってなされる。つまり、社会開発は、特定の地域（や国）について包括的なアセスメントを行い、個人から政策レベルまでのすべてのレベルにおいて、かかわる複数の専門職（人）、機関やシステムに働きかけ、それぞれが協力しあって物事を進めていくような戦略的な働きかけを必要とする。

　たとえば、国連は2015年に「国連持続可能な開発サミット」を開催し、「我々の世界を変革する：持続可能な開発のための2030アジェンダ」を採択し、17の目標と169のターゲットからなる「持続可能な開発目標（SDGs）」を提示した[3]。このなかで、国連はあらゆる形態と次元の貧困に終止符を打つことが持続可能な開発に必要であるとした。そのためには、すべての人々により多くの機会を提供し、不平等を是正し、基本的生活水準を向上させ、公平な社会開発と包摂を促し、天然資源と生態系の総合的で持続可能な管理を促進する必要があるとしている[iv]。これらを通して、持続可能、包摂的かつ公平な経済成長を推進している[4]。

　貧困の撲滅と、経済成長、持続可能な社会づくりは不可分であることが一般社会にも認識されてきており、ソーシャルワーカーは他職種と協働してこれらの課題に取り組むことが国際的にも求められている。

❸社会的結束

　社会的結束とは、すべての人々が孤立や社会的排除から脱却し、基本的人権の保障された健康で文化的な生活を送り、社会の構成員がつながりあい、支えあうことやその状態をいう。言い換えると、**社会的包摂**（ソーシャルインクルージョン）が促進された状態といえよう。一方、**社会的排除**とは、社会的包摂の反対語である。社会的に排除された状態とは、本来社会の構成員として等しく享受できるはずの公共のサービスを、差別、情報不足、言語能力不足、貧困、家族の問題、住宅事情などによって受けられない、また、生活に影響を与える意思決定に参加できないでいる状態をいう。そこで、ソーシャルワーカーは、人々が社会的排除の状態から脱却する支援をし、一人ひとりが社会的包摂を実感できる、社会的結束の促進された社会を目指す。ソーシャルワーカーは社会的排除の状態にある人々と連帯し、抑圧されている人々を解放し、社会

---

iv　最近ではグリーンソーシャルワークと呼ばれるソーシャルワークもあり、ソーシャルワーカーが持続可能な社会づくりを意識して取り組んでいる。

的包摂を促進する。

　たとえば、非正規雇用や雇用の不安定さのために、生活困窮に陥る人々がいる。一部の人は、収入と住居を失い、ネットカフェ等に長期滞在する、あるいは、路上生活をするようになる。また、仕事の挫折、あるいは病気や障害をきっかけに長いひきこもり状態が続く人々がいる。一部の人は、親が亡くなる、あるいは、要介護状態になることにより、深刻な生活困窮に陥る。ネットカフェ等に滞在している、あるいは、家に長くひきこもっている状態では、社会資源を活用できず、また、生活に影響を与える意思決定に参加することは難しい。

　このような社会的排除の状態にある人々をそのままにせず、ソーシャルワーカー等は支援をしてきた。また、貧困の連鎖を断ち切るために、生活困窮家庭に対する学習支援なども行ってきた。そのような支援は制度となり、サービスとなって提供されるようになった。どのような状態の人も、教育や就労の機会とさまざまな意思決定に参加する機会を与えられ、必要なサービスを利用できる社会づくりが進められている。社会のなかで、皆が、社会の構成員としてほかの人々とつながりあい、支えあうことのできる社会の再構築がなされてきている。まさに、社会的結束の状態へと向かっている。

　ソーシャルワークは、人々のウェルビーイングを高めるために、人、機関、構造等のうち、どの要素が障壁となっているかを認識し、障壁がなくなるよう、戦略的に働きかけていく。ソーシャルワーク専門職のグローバル定義の初めに、社会変革と社会開発、社会的結束の促進といった、社会への働きかけに関する言葉が掲げられたことは、ソーシャルワークの特徴を表している。

■2 【任務】エンパワメントと解放

　エンパワメントとは、人々がもっている力に気づき、自己効力感を高め、人々が本来利用し得るサービスや社会資源を十分に活用して、人として尊厳ある生活を送れるようにすることである。解放は、搾取の対象や、抑圧された状態から解き放つことである。

　社会のなかには、個人的な落ち度や原因が何もないのに、ほかの人々と同じような条件では役割（職業や社会的地位など）が与えられず、社会資源を利用する機会が得られない人々がいる。ある人種や社会階層に生まれたという理由で、教育や就職の機会が不当に少ない人もいる。ソーシャルワーカーは、そのような立場に置かれている当事者と協働し

て、人々が不利益な状況から解放されることを支援する。また、そのような人々が公平にさまざまな社会資源を活用できるように力をつけることを支援する。

たとえば、Kさんは、重い身体障害があり、家族の事情もあり、小さいときから、障害児・者の入所施設で生活していた。Kさんは、車いすの利用が必要であり、日常生活上で介助が必要な場面はあるが、施設の機能訓練プログラムへの参加も実り、自分の身の回りのことができるようになってきた。そして、ソーシャルワーカーの紹介を受けて、自分と同じような身体障害がありながら、地域で生活しているMさんと知りあう機会を得た。Kさんは、自分も地域でさまざまなサービスを活用しながら、一人暮らしができそうな感じをもてるようになった。そこで、施設や地域の障害者支援に携わるソーシャルワーカー等の専門職の支援を得て少しずつ準備を進め、企業に就職し、必要な介助を受けながら一人暮らしを始めることができた。Kさんは、このようにエンパワメントされ、より自由度の高い生活を手に入れることができた。

このようにソーシャルワーカーは、不利な立場にある人々をエンパワメントし、脆弱で抑圧された人々を解放していく。

■3 【諸原理】社会正義、人権、集団的責任、多様性尊重

ソーシャルワーク専門職のグローバル定義では、❶社会正義、❷人権、❸集団的責任、❹多様性尊重が中核となる諸原理に掲げられている。

❶社会正義

社会正義とは社会に正義があることである。人々の間に不公平がなく、一人ひとりの人が社会から公平で理にかなった扱われ方をしていることをいう。ソーシャルワークは、社会正義の原理に反する状態に敏感であり、そのような状態がある場合には、社会に対しての働きかけを行う。

たとえば、障害を理由とする差別があるのは、社会に正義がない状態といえる。そのような状態は解消していくことが望ましい。障害のある当事者、その家族やソーシャルワーカーなどの働きかけがあり、障害を理由とする差別の解消の推進に関する法律（障害者差別解消法）が制定された。この法律で、行政機関等が事務または事業を行うにあたっては、障害を理由とした差別をしないことが定められた。そして、障害者の性別、年齢および障害の状態に応じて、社会的障壁の除去の実施についての必要かつ合理的な配慮を、過重な負担でない範囲において行うこと（事業者においては努めること）が定められた。このことにより、社会

の正義がより推進されることとなった。

❷人権

人権とは、人が人として生まれながらにもっている権利のことである。ソーシャルワークは、人権が守られていない状態に敏感であり、人権が守られていない場合には、個人の人権が守られるように働きかけを行う。

たとえば、単身世帯が増加し、多死社会になっても、多くの医療機関では判断能力が不十分な人の手術時の同意書へのサインや、入院費等の支払い保証などのため、家族に「身元保証・身元引受等」を求めていた。そして、一部の医療機関では、それらが得られない状況の人への診療を回避する、あるいは、拒否してきた。さらに、成年後見人等が就任していても、本人の意思の確認が不可能であるかのように取り扱われ、成年後見人等が代理で締結できる診療契約そのものを拒否するなどの不適切な事案も確認されていた。このような状態は、人権が守られていない状態である。

そこで、ソーシャルワーカーや他職種の人々が、身寄りのない人たちの人権を守る必要性について声を上げ、働きかけをした。このことから、身寄りがなく、判断能力が不十分な状態になった人のために「**身寄りがない人の入院及び医療に係る意思決定が困難な人への支援に関するガイドライン**」が示されるようになった。その結果、身寄りのない人も人権が保障され、必要な医療を受け、入院できるようになってきている。

このように、ソーシャルワークは、一人ひとりが価値ある人間として尊重され、尊厳を保持していけることを志向する。

❸集団的責任

集団的責任は、共同体の責務のことである。共同体を構成する者が負う責務には二つの側面がある。一つは、日常的なレベルで個人の権利が実現されるために、人々が自然環境や資源を含めた環境に対しても責任をもつ必要があることを意味する。もう一つは、共同体のなかで人々がお互いに助けあって生きていくことが重要であり、そのための関係づくりが重要であるということを意味する。

たとえば、我が国でも、共同体の機能がいっそう低下するなか、地域共生社会に向けた包括的支援と、多様な参加・協働の推進が必要であるとされている。**地域共生社会**とは、制度・分野の枠や、「支える側」「支

v　この「身元保証」は「身元保証ニ関スル法律」に規定される雇用契約上の「身元保証」ではなく、医療機関で慣習的に用いられている「いわゆる身元保証」を指している。

Active Learning

障害のある人や、社会的に弱い立場にある人の人権が守られていない身近な事例について、調べたり考えたりしてみましょう。

えられる側」という従来の関係を超えて、人と人、人と社会がつながり、一人ひとりが生きがいや役割をもち、助けあいながら暮らしていくことのできる、包摂的なコミュニティ、地域や社会をつくるという考え方である。このような社会をつくるために、ソーシャルワーカー等は、支援を必要とする人や世帯に対して、具体的な課題解決を目指すとともに、ニーズのある人とつながり続ける、伴走型支援を行うことが求められている。また、市町村における包括的な支援体制においては、❶断らない相談支援、❷参加支援、❸地域づくりに向けた支援が必要であるとされている。そのうえで、地域での居場所づくりなどを行ってきている。

　共同体の責務、つまり、集団的責任を担うために、ソーシャルワーカーが支援を必要とする個人や世帯を支援するとともに、住民と協働して地域共生社会づくりを担うことが求められている。

❹多様性尊重

　多様性尊重とは、人種・階級・言語・宗教・ジェンダー・障害・文化・性的指向などの多様性が尊重されるべきであるということである。我が国は、従前より多様性の高い社会へ変化していく過渡期にある。そのような社会にあっても、マイノリティ（少数派）に属する人々の権利が、マジョリティ（多数派）に属する人々により侵害される場合がある。そのようなとき、ソーシャルワーカーは「建設的な対決と変化」を促していく。

　たとえば、日本における中長期の在留外国人数は、290万人を超えた。中国と韓国の国籍の人で全体の4割強を占めるものの、ベトナム、フィリピン、ブラジル、ネパール、インドネシアと続き、後者5か国の増加が著しい。日本社会は、多様な民族的背景をもつ人々を受け入れ、共生社会をつくりあげていく時期にある。社会福祉の職域では、介護人材の不足が顕著であるため、在留資格「特定活動（EPA介護福祉士）」「介護」「技能実習」「特定技能」などさまざまな在留資格をもつ外国人が介護人材として来日する。私たちは、これらの外国人介護人材と協働しながら、地域や施設で要介護者の生活を支えることになる。

　一方、在留外国人とその家族のなかにも、社会福祉的なニーズを抱え、支援を必要とする人々がいる。そのような人々に対して、ソーシャルワーカーは、人々の民族的背景や宗教等を尊重しながら、人として必要な支援を行っていく。具体的には、医療サービスや福祉サービスが不当に利用できない状態にならないように支援するとともに、それぞれの民族的背景を尊重した文化的に適切な支援を行う。

さらに、ソーシャルワークは、多様性の尊重に敏感であるべきである。社会のなかで、社会慣行やサービスの提供等において多様性の尊重が不十分であると気づいた場合には、異議を唱え建設的な提案を行い、共同体全体の変化を促していく。

4 【基盤となる知】ソーシャルワークの理論、社会科学、人文学、地域・民族固有の知

ソーシャルワークの基盤となる知として、ソーシャルワークの理論、社会科学、人文学、地域・民族固有の知が明示された。そして、「注釈」では、ソーシャルワークの基盤は実際には「複数の学問分野をまたぎ、その境界を超えていく」と述べられている。学問として心理学・社会学のほかに、コミュニティ開発、教育学、行政学、経済学、運営管理学、看護学、精神医学、保健学が列挙されている。ソーシャルワークは、他の人間諸科学を応用するものであり、人々や社会をよりよくするために、さまざまな学問を基盤とした知見を積極的に取り入れ、実践で応用してきた実践理論である。

●地域・民族固有の知

地域・民族固有の知とは、西洋（もしくは欧米）の理論によらない、先住民たちの知のことである。従前は、西洋の植民地主義の影響から、西洋の理論や知識に対する評価と比べ、地域や諸民族固有の知が過小評価、軽視される傾向があった。ソーシャルワーク専門職のグローバル定義では、明確に、地域や先住民を含めた諸民族固有の知が位置づけられた。よって、ソーシャルワークは、ローカルにも国際的にも、より適切に実践されるようになってきている。

Active Learning

日本における地域・民族固有の知とは何か考えてみましょう。欧米の文化や価値観と異なるものを考えましょう。

5 【実践】生活課題に取り組み、ウェルビーイングを高めるよう、人々や構造に働きかける

ソーシャルワーク専門職のグローバル定義は直訳をする必要があったため、ソーシャルワークの実践内容に該当する最後の文は、「ソーシャルワークは、生活課題に取り組みウェルビーイングを高めるよう、人々やさまざまな構造に働きかける」と、やや難解で言葉足らずな文章となっている。日本の社専協による定義への注釈にあるように、「ソーシャルワークは、人々が主体的に生活課題に取り組みウェルビーイングを高められるよう人々に関わるとともに、ウェルビーイングを高めるための変革に向けて人々とともにさまざまな構造に働きかける」（下線部が注

釈で補足された部分）と読み替えるのが望ましい。このように読み替えることによって、ソーシャルワーク実践が人々の主体性を重んじ、引き出していくものであることや、人々とともに社会や地域、機関等の変革に向けて構造に働きかけていくという特徴が理解しやすくなる。

❶生活課題

　生活課題とは、人々の生活で必要とされる、人とのかかわり、物、サービスなど、広く人々の抱える課題全般を指す。よって、**物質的なもの**（食べ物、住居、衣服等）に限らず、**生物学的・身体的なもの**（病気、障害、体の痛み、リハビリの必要性等）、**心理的なもの**（性格や行動傾向、落ち込むなどの気分、怒りや悲しみなどの感情、精神疾患に基づく症状、判断能力などの認知力等）、**社会的なもの**（乳幼児期の養育、就学、就労、日中活動の場所、居場所、家族・親族との関係、友人関係、近隣住民との関係等）をも含む。ソーシャルワーカーは、人々が主体的に課題に取り組み、自分が必要とするサービスを活用し、必要とする活動に参加できるよう、人々に寄り添い、伴走しつつ、かかわる。

　たとえば、高齢者のNさんは、認知症が進み、物の整理が困難になり、ごみの分別が難しくなり、家の中は足の踏み場もない状態になってしまっていた。Nさんの生活課題を整理すると、生物学的・身体的には加齢による運動能力の低下があり、心理的には認知症の進行による失行（以前はできていたことができなくなる）や不安と悲しみの感情がみられ、社会的には日中活動の場が限られ、地域社会からの孤立がみられる状態であった。そして、栄養のある食事を摂取しておらず、住居は危険な状態にあり、衣服等の汚れも顕著であった。

　地域包括支援センターで働くソーシャルワーカーのQさんはNさんの生活課題に気づき、何度も訪問を重ね、時間をかけてNさんとの信頼関係を構築していった。この地域では住民による地域福祉活動が盛んであったので、住民の福祉活動グループもNさんとのかかわりを深めていった。Nさんは、徐々に介護保険サービスや福祉サービスを利用できるようになり、地域の人々とのつながりを取り戻していった。Qさんは、Nさんが栄養のある食事をとり、清潔な着衣で過ごし、住まいの整理や清掃のために人の手を借りることも支援していった。そして、住民の福祉活動グループは、自分たちが開設する居場所に、Nさんを招待し、温かみのある交流をもてるようになった。

　このように、ソーシャルワーカーの働きかけによりNさんの生活課題への取り組みが進められ、よりよい生活につながっていった。

❷ウェルビーイング

　ウェルビーイングとは、満足のいく状態、安寧、幸福、福祉などを意味する言葉である。個人の人権が尊重され、自己実現が促進されるような、権利性が強く、積極的な意味合いを含む言葉である。ソーシャルワークは、人々のウェルビーイングを高められるよう、人々とともに、さまざまな構造に働きかける。ここでいう構造の例としては、機関、事業所、地域住民、地域社会などが挙げられる。

　たとえば、知的障害のあるRさんは、特別支援学校の高等部を卒業するのを機に、企業の特例子会社に就職し、グループホームで生活を始めた。Rさんは小さい頃から絵が好きで、とても個性的で独自性のある色使いと筆遣いを駆使し、作品を描いてきた。そこで、障害者の基幹相談支援センターのソーシャルワーカーPさんは、Rさんが趣味活動として、絵を描き続けられるよう、Rさんの意向を尊重しながら、センターで週末に「絵画クラブ」を開始し、講師を招いて、Rさんの創作活動を後押しした。Rさんは、その後Pさんの後押しを得て、地域の美術展に出展するようになった。このように、Rさんは、さまざまなサービスを活用し、そのうえ、絵画の活動を通して自己表現をする機会を得て、他者からも評価され、自尊心を高めることができた。ウェルビーイングの高い生活が送られているといえよう。

❸人々がその環境と相互作用する接点へ介入する

　ソーシャルワーク専門職のグローバル定義に付された「注釈」では、❶ソーシャルワークは、人々がその環境と相互作用する接点へ介入をするものであること、❷ソーシャルワークは、できる限り、「人々のために」ではなく、「人々とともに」働くという考え方をとること、❸ソーシャルワーカーは、さまざまなシステムレベルで一連のスキル・テクニック・戦略・原則・活動を活用すること、❹ソーシャルワークの実践は、さまざまな形のセラピーやカウンセリング・グループワーク・コミュニティワーク、政策立案や分析、アドボカシーや政治的介入など、広範囲で多様な活動を含むこと、❺人々の希望・自尊心・創造的力を増大させることを目指すこと、❻介入のミクロ—マクロ的次元を一貫性のある全体に統合すること、などが述べられている。

　❸や❹にあるように、ソーシャルワーク実践は、さまざまな方法や活動により提供される。そして、ソーシャルワーク実践は、さまざまなスキル・テクニック・戦略等を用いて提供される。それを図示したのが**図2-2**である。ソーシャルワークは、**図2-2**で示したように、多様な

図2-2　ソーシャルワーク実践の対象の広さと活動の多様性

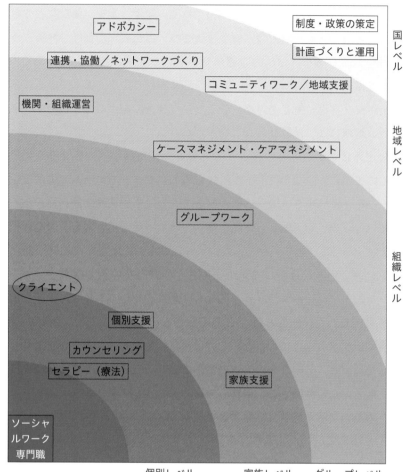

方法や活動を用いて、広い範囲に働きかけをしていく。そして、ソーシャルワーカーは、❶にあるように、対象となるクライエント（人）が環境と相互に作用する接点に働きかけをしていく。

　たとえば、クライエントが一番身近で相互作用するのは家族である。ソーシャルワーカーは、クライエントと家族との相互作用に、必要に応じて働きかけていく。また、クライエントは、学校、職場、通所する事業所などとほぼ毎日、相互作用している。よって、ソーシャルワーカーは、必要に応じてそれらの機関や事業所との接点（利用の頻度、時間帯、サービスの内容、ほかの利用者やスタッフとの関係等）に働きかけていく。さらにクライエントは、近隣の人々やコミュニティと相互作用しながら生きている。ソーシャルワーカーはその接点（近隣住民の理解、かかわり方等）にも働きかけをしていく。

　一方、❻にあるように、ソーシャルワーク実践の介入は、ミクロレベルでも、マクロレベルでも行うものである。ソーシャルワークは、それを一貫性のある全体に統合することを志向する。それぞれのレベルへの介入を組み合わせ、全体が一貫性のある方向へ向かうソーシャルワーク実践として提供されるようにする。

❹ソーシャルワーク実践

　このように、ソーシャルワーカーは、ソーシャルワークの対象となる人や人々が、主体的に生活上の課題を見出し、課題を軽減・解決・克服していけるよう、かかわり、支援していく。そして、ソーシャルワークは、人々が希望をもち、自尊心や創造力を高めていけるよう働きかけ、人々の生活状態にかかわる、さまざまなシステムや、社会の構造にかかわる要素に、人々とともに働きかけていく。このとき、ソーシャルワーカーは、さまざまな活動を組み合わせて実践し、さまざまなスキル・テクニック・戦略・原則を用いていく。そのうえで、ソーシャルワーク実践は、一貫性のある全体に統合されるものになるよう、総合的・包括的な支援を行う。

6 専門職と学問

　ソーシャルワーク専門職のグローバル定義では、ソーシャルワークは「実践に基づいた専門職」であり、また、「学問」でもあるとしている。一つの言葉が、専門職業を指す言葉としても、学問の一分野（領域）を指す言葉としても使用されている。ソーシャルワークという学問は、実践に基づいたものであり、専門職業と切っても切れない関係にある。原則としてソーシャルワークを行う者は、ソーシャルワーク専門職である。多くの国ではソーシャルワークの学問を学んだものがソーシャルワークに従事している。ただし、タイの僧侶はソーシャルワークに該当する活動を実践していて、ソーシャルワークという学問の発展にも寄与しているが、そのアイデンティティはソーシャルワーカーではないとのことである。

7 ソーシャルワーク専門職のグローバル定義の日本における展開

　ソーシャルワーク専門職のグローバル定義は、各地域において展開することが奨励されていた。そこで、日本ソーシャルワーカー連盟構成4団体（日本ソーシャルワーカー協会、日本医療社会福祉協会、日本

表2-1　ソーシャルワーク専門職のグローバル定義の日本における展開

- ソーシャルワークは、人々と環境とその相互作用する接点に働きかけ、日本に住むすべての人々の健康で文化的な最低限度の生活を営む権利を実現し、ウェルビーイングを増進する。
- ソーシャルワークは、差別や抑圧の歴史を認識し、多様な文化を尊重した実践を展開しながら、平和を希求する。
- ソーシャルワークは、人権を尊重し、年齢、性、障がいの有無、宗教、国籍等にかかわらず、生活課題を有する人々がつながりを実感できる社会への変革と社会的包摂の実現に向けて関連する人々や組織と協働する。
- ソーシャルワークは、すべての人々が自己決定に基づく生活を送れるよう権利を擁護し、予防的な対応を含め、必要な支援が切れ目なく利用できるシステムを構築する。

精神保健福祉士協会、日本社会福祉士会）および日本社会福祉教育学校連盟は、2017（平成29）年3月から6月にかけての総会で「日本における展開」を採択した。

　これは、「ソーシャルワーク専門職のグローバル定義」および「アジア太平洋地域における展開」を継承し、日本におけるソーシャルワークで重要視する取り組みをまとめたものである（**表2-1**）。

　ソーシャルワーク専門職のグローバル定義の日本における展開の内容は、グローバル定義と重なる内容も多い。

　日本における展開の特徴やポイントは、❶ソーシャルワークが「人々と環境とその相互作用する接点に働きかけ」るものであることを再確認したこと、❷「平和を希求」するとの表現を入れたこと、❸生活課題を有する人々が「つながりを実感できる社会」への変革を強調したこと、❹関連する人々や組織と「協働する」という言葉を入れたこと、❺「自己決定」を強調したこと、そして、❻「予防的な対応」および❼「必要な支援が切れ目なく利用できるシステム」の構築を入れたことである。

　日本においては、ソーシャルワークが、生活課題を有する人々のつながりの構築や再構築にも注力すること、多様な職種や機関と連携・協働していくことなどがポイントとなり、予防的支援も含め、必要な支援を切れ目なく利用でき、つながり続ける総合的・包括的な支援であることが明示されていることが特徴となっている。

◇引用文献
1）日本学術会議社会福祉・社会保障研究連絡委員会「ソーシャルワークが展開できる社会システムづくりへの提案」2003.
2）厚生労働省社会保障審議会福祉部会福祉人材確保専門委員会「ソーシャルワーク専門職である社会福祉士に求められる役割等について」2018.
3）United Nations, 'Transforming our world: the 2030 Agenda for Sustainable Development' https://sustainabledevelopment.un.org/post2015/transformingourworld
4）国際連合広報センター「2030アジェンダ」 https://www.unic.or.jp/activities/economic_social_development/sustainable_development/2030agenda/
5）厚生労働省地域共生社会推進検討会「『地域共生社会に向けた包括的支援と多様な参加・協働の推進に関する検討会』最終とりまとめ」 https://www.mhlw.go.jp/content/12602000/000581294.pdf
6）法務省「令和元年末現在における在留外国人数について」

◇参考文献
・H. M. バートレット，小松源助訳『社会福祉実践の共通基盤』ミネルヴァ書房，1989.
・Barker,R. L., *The Social Work Dictionary*, 6 th edition, NASW Press, 2014.
・医療現場における成年後見制度への理解及び病院が身元保証人に求める役割等の実態把握に関する研究班「身寄りがない人の入院及び医療に係る意思決定が困難な人への支援に関するガイドライン」 https://www.mhlw.go.jp/content/000516181.pdf
・National Association of Social Workers, *Standards for Social Service Manpower*, National Association of Social Workers, 1973.
・山崎道子「ソーシャルワークを定義すること——時代と環境の変化の中で」『ソーシャルワーク研究』第25巻第 4 号，2000.

第2節 ソーシャルワークの構成要素

● クライエント、クライエントシステムについて学ぶ
● ソーシャルワーカーについて学ぶ
● 社会資源について学ぶ

　ソーシャルワークを構成する要素としては、❶クライエント、❷ニーズ、❸ソーシャルワーカー、❹社会資源が必要となる。これらの構成要素は図2-3で示すように、互いに影響を及ぼしあっている。ソーシャルワーカーは、支援の対象者がその環境と相互に作用する接点に介入し、対象者と環境のいずれか、あるいは、双方に変化をもたらす。変化の媒体となるのがソーシャルワーカーである。

図2-3　ソーシャルワークを構成する要素相互の関係

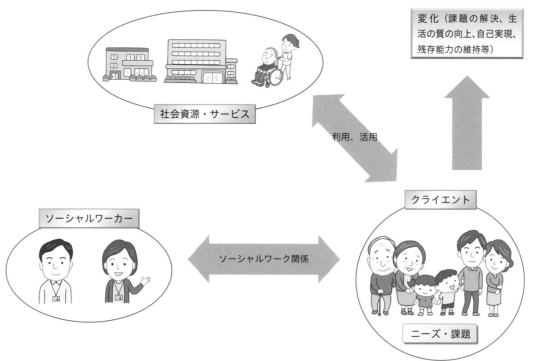

1 クライエント

1 クライエント

　ソーシャルワークの対象となる人のことをクライエントと呼ぶ。ソーシャルワークは、個人が抱える生活上の課題を解決したり軽減したりする、あるいは、個人がソーシャルワーカーや周りとつながり続けられるよう働きかけていくので、個人をクライエントと捉えることが多い。

　しかし、ソーシャルワークは幅広いレベルで課題を取り扱う。そのため、ソーシャルワークの対象は、個人に限らず、家族、グループ、機関や地域のときもある。広義では、それらも含めて、ソーシャルワークの対象をクライエントと呼ぶ。

2 クライエントシステム

　クライエントシステムは、クライエントを取り巻く環境のなかでも、特にクライエントの生活課題の解決や軽減に影響を与え得る人や機関を含むシステムのことである。

　ソーシャルワーカーは、クライエントの社会的な機能を高め、課題解決を図るために、個人を取り巻く環境との接点へ働きかけるものである。そこで、ソーシャルワーカーは、クライエントを支援するためにクライエントと家族の関係、クライエントと近隣住民との関係、クライエントとサービスを提供する機関や事業所との関係などへ働きかける。つまり、ソーシャルワーカーは、ソーシャルワークの対象がクライエント個人のときでも、個人を取り巻く環境を含めたクライエントシステムへ働きかけをする。

　クライエントがグループ、つまり、複数の人の集まりの場合、ソーシャルワーカーはグループをクライエントとし、グループの課題の解決等に影響を与え得る人や機関をクライエントシステムとして働きかける。たとえば、障害福祉サービス事業所のスタッフであるソーシャルワーカーは、就労継続支援事業所に通所しているHさんからの相談を受けた。Hさんは、ほかの利用者とうまくコミュニケーションがとれず、「仲間はずれにされている」と訴えてきた。このときソーシャルワーカーは、Hさんを含むグループをクライエントとして捉え、支援することとした。そこで、利用者一人ひとり、利用者によるグループ、利用者の家族、就労継続支援事業所のスタッフ等に働きかけをすることとした。

Hさんとほかの利用者は、生産に携わること、他者と交流すること、社会的スキルを伸ばすことを目的に就労継続支援事業所に通ってきていた。ふだんはお互いに楽しそうにかかわりあい、助けあい、励ましあって作業をしていた。しかし、時に利用者間で強い葛藤が生じた。特にHさんが被害的な訴えをすると、それに対し、攻撃的な言動を強めるほかの利用者がいた。

　ソーシャルワーカーは、Hさんと個別面接を行い、傾聴と共感をしつつ、課題を整理した。Hさんは、生物学的には知的障害と精神障害を併せもっていた。心理的には、自己肯定感が低く、強いストレスがあると被害的な考えを強める傾向があった。そして自分が遅刻しがちであることなどについての自覚に乏しく、人とかかわるときに、自分が見下されないよう、過度に構えてしまう傾向があった。そこで、ソーシャルワーカーは、社会的な側面にも働きかけることとしHさんの同意を得たうえで家族と連絡をとり、Hさんの自己評価を高められるように声かけすることと、事業所へ遅刻せずに通所できるよう具体的な支援を要請した。ほかの利用者の家族にも適宜連絡をとった。また、事業所では利用者全員の話し合いの時間をもち、互いの考えや気持ち（特に傷ついたりした気持ち等）を「攻撃や批判」にならない形で表現するよう進行した。また、事業所のスタッフとは事例検討を行い、利用者へのかかわり方、利用者同士のかかわり方の確認と、利用者それぞれの事業所内での役割について話しあい、今後の方向性を決め、共有した。そして、Hさんが作業において具体的な役割を担い、責任感や自信がつく働き方になるよう、働きかけることにした。

　このように、ソーシャルワーカーは、Hさんの相談を受け、事業所の利用者全体をクライエントとして捉え、利用者グループを取り巻くさまざまな人や機関へ働きかけをした。

■3 クライエント、利用者、当事者、消費者などの呼び方

　本書では、サービスの対象となる人、ソーシャルワークの対象となる人のことを「クライエント」や「当事者」と表現し、クライエントを含むシステムのことをクライエントシステムと表現している。また、すでに社会福祉サービスの利用を始めているクライエントのことは、「利用者」とも表現している。

　クライエントや利用者をどのように呼ぶかは、それぞれの分野、施設・機関によって異なる。たとえば、障害福祉サービスの事業所などでは、

利用者のことを「メンバー」と呼ぶところも多い。「所員」などと呼ぶところもある。一方、医療機関では従来のように「患者さん」や「患者さま」と呼ぶところも多い。クライエントの呼び方は、それぞれの機関の価値や理念を反映する。

なお、主に障害がある当事者の人たちの運動のなかから、クライエントという言葉の代わりに、「ユーザー (user)」＝「利用者」という言葉や、「コンシューマー (consumer)」＝「消費者」という呼び方が使用されることもある。いずれも、社会福祉サービスの対象となる者は、「施しや恩恵を受ける者」ではなく、「対等な立場でサービスを利用している者」なのであるというニュアンスを強めるために使用されている。父権主義的な社会福祉サービスの提供から脱却し、「自立、自己決定、自己選択」などを推し進めるために用いられるようになってきた言葉である。

2 ニーズ

ソーシャルワークの対象となるためには、クライエントが何らかのニーズあるいは生活課題をもっていることが必要である。ニーズとは、「身体的、心理的、経済的、文化的、社会的なもので、生存のため、ウェルビーイングのため、あるいは、自己実現のために求められるもの[1)]」である。

また、より具体的には、ニーズには、食事、衣服、住むところ、健康、保健、安全、保護など「基本的かつ物理的なもの[2)]」のほか、他者から自分を承認されたいという情緒的なもの、そして、個人的な充実感を求めるものといった異なる種類がある。

ニーズは、初めからクライエントにもソーシャルワーカーにも明らかなものもある。逆に、クライエントにも、ソーシャルワーカーにも認識されないニーズがある。現代社会では、人々の抱える課題は複雑化している。また、社会的な弱者ほど、他者との結びつきが弱くなりがちで、ニーズが発見されにくく顕在化しにくい状況にある。そのため、人々のニーズを早く発見することと、ニーズを抱えた人々を社会に包摂していく支援が必要とされている。ニーズへの認識について、下記の四つに分けて認識することができる（**表 2-2**）。

❶ A 群のように、クライエントもソーシャルワーカーも認識しているニーズは、クライエントが面接などで主訴としてソーシャルワーカー

表2-2　ニーズ認識

	ソーシャルワーカーは認識している（＋）	ソーシャルワーカーは認識していない（－）
クライエントは認識している（＋）	A群（＋、＋） クライエントもソーシャルワーカーも認識している課題、ニーズ	B群（＋、－） クライエントは認識しているが、ソーシャルワーカーは認識していない課題、ニーズ
クライエントは認識していない（－）	C群（－、＋） クライエントは認識していないが、ソーシャルワーカーは認識している課題、ニーズ	D群（－、－） クライエントもソーシャルワーカーも認識していない課題、ニーズ

出典：山崎美貴子『社会福祉援助活動における方法と主体──わが研究の軌跡』相川書房，p31，図 2，2003. をもとに，支援の対象者とソーシャルワーカーとの関係に変更して作成

に伝えることができるものである。そして、ソーシャルワーカーもそのニーズを認識している。たとえば、身体障害を抱えるようになった人が、就寝時のベッドへの移乗の介助を求めるなどである。あるいは、母子家庭となり、多忙な仕事に従事している母親が、幼児の夕方から夜にかけての世話を求めるなどである。

❷　B群のように、クライエントは認識しているが、ソーシャルワーカーなどの他人は認識していないニーズもある。たとえば、ほかの子どもに対して過度に攻撃的であるということが「課題」として認識されている子どもについて、スクールソーシャルワーカーがその子どもを取り巻く環境についての情報収集をしたところ、その子どもが親から身体的な虐待を繰り返し受けていたことが明らかになった場合などである。クライエントである子ども自身は「親に殴られる」ことは認識していたものの、スクールソーシャルワーカーをはじめ、学校関係者等は、「この子どもは親から虐待を受けている」という課題とそれに伴うニーズを認識していない状態であったといえる。

❸　C群のように、クライエントは認識していないが、ソーシャルワーカーなどの他人は認識しているニーズもある。たとえば、軽度の認知症高齢者が、書類や金銭の管理が困難になってきていて、公共料金の支払いが滞り、年金を受給するための現況届が提出できないでいることがある。地域包括支援センターのソーシャルワーカーがこのクライエントの抱える課題やニーズに気づき、本人に必要なサービス（成年後見制度や日常生活自立支援事業）や介護保険サービスの利用を提案しても、クライエントである認知症高齢者から「自分でできる。手助けの必要はない」とサービス利用等を拒否されるときがある。クライエントは、自分にニーズがあるという認識がない状態であるといえる。

❹　D群のように、クライエントもソーシャルワーカーも認識してい

ないニーズもある。現代社会では、このようなニーズを早く発見し、社会的に対応していくことが求められる。たとえば、ひきこもりの人や生活困窮状態にあって、ネットカフェなどに居住し続けている人である。本人も、ソーシャルワーカーなどの第三者も社会福祉のニーズを抱えた支援の必要な人だという認識がなされないまま何年も経過していることがある。このような状態は、クライエントもソーシャルワーカーもニーズを認識していない状態といえる。小地域で早めにこのような人々のニーズに気づくことが求められている。

Active Learning

C 群や D 群のように、本来は社会福祉領域のニーズがあるにもかかわらず、クライエントが認識していないニーズの例を考えてみましょう。

3 ソーシャルワーカー

1 ソーシャルワーカーとは

ソーシャルワーカーとはソーシャルワーク実践を行う専門職のことである。社会福祉士、精神保健福祉士などがソーシャルワーカーの代表である。日本では、社会福祉士や精神保健福祉士などの国家資格の歴史が比較的浅く、制度上も名称独占であって、業務独占ではない。そのため、前述の二つの国家資格をもたない者で「ソーシャルワーカー」としてソーシャルワーク実践をしている者もいる。

専門性を表す共通の職種の名称は「ソーシャルワーカー」であるものの、所属する機関における地位を示す職位や肩書きは、分野、施設・機関・事業所によってさまざまである。たとえば、相談員、ケースワーカー、家庭支援専門相談員、児童指導員、相談支援専門員（障害者相談支援事業所）、就労支援員、生活支援員、専門員（日常生活自立支援事業）、相談支援員（生活困窮者自立支援事業）、刑務所の福祉専門官、保護観察所の社会復帰調整官などが挙げられる。

2 価値、知識、技術（スキル）

ソーシャルワーカーは、ソーシャルワークの価値を基盤に、専門の知識と技術（スキル）を活用する専門職である。ソーシャルワーカーは、価値、知識、技術（スキル）のいずれもしっかりと身につけていなければならない。ソーシャルワーカーと呼ばれる専門職の質を担保するためにも、ソーシャルワーク専門教育のなかでこの三つの要素を身につける必要がある。**図 2-4** で価値、知識、技術（スキル）の関係を表している。

なお、ソーシャルワークの専門職性については、使命感、倫理性、自

図2-4　ソーシャルワークの価値、知識、技術（スキル）の関係

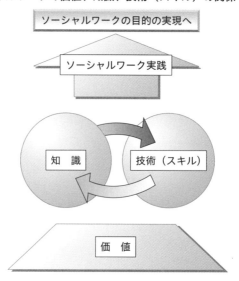

律性、知識・理論、専門的技能、専門職団体との関係、教育・自己研鑽^{けんさん}の7要素に整理したものもある³⁾。ソーシャルワーカーが専門職として実践を続けるためには、使命感や自律性など、価値に基づいた姿勢も必要であり、専門職団体とつながりつつ、教育の機会を捉え、理論や専門的技能を学び・身につけ、自己研鑽をし続ける必要がある。

3 ソーシャルワークの価値

　ソーシャルワーカーは、ソーシャルワークの価値を基盤とした実践を行う。ソーシャルワーカーが知識と技術（およびスキル）を用いてソーシャルワーク実践を行うときの判断を方向づけるものが価値である。価値を反映し、方向性を示すものが理念である。ソーシャルワーク専門職のグローバル定義でも「ソーシャルワークの原理」と位置づけられた「社会正義」と「人権」「集団的責任」「多様性尊重」は、ソーシャルワークの根源的な価値として認識しておく必要がある。

4 ソーシャルワークの知識

　ソーシャルワーカーは、専門職としてソーシャルワーク実践をしていく。そのためには、専門家としての固有の知識をもたなければならない。社会福祉士や精神保健福祉士の国家資格のために求められる指定科目には、専門家として最低限知っておくべき知識が集約されている。
　ソーシャルワーカーは、絶えず変化する世の中で、移り変わる社会やクライエントを対象にソーシャルワーク実践をしていく。そのため、国

家資格を得るための知識のみでは専門家としての知識が不足することになる。資格を取得したあとも、生涯にわたって、専門職として活動するための新たな知識を得ていく必要がある。たとえば、❶社会現象（個人、家族、地域など）、❷社会の条件や社会問題、❸ソーシャルワーク専門職、❹ソーシャルワーク実践についての知識が必要とされている。[4]

　ソーシャルワーカーとして必要な知識を以下の5点に整理することができよう。

❶社会のことを理解するための知識

　ソーシャルワーカーは、社会の変革を促す。そのためには、社会そのものについて理解していなければならない。社会構造、社会問題、歴史、文化、社会現象、社会の動向、社会システムなど、幅広い知識をもつことが必要である。

❷政策、法律、制度

　ソーシャルワーカーは、クライエントのニーズを見出し、社会資源を組み合わせて利用できるようつなげていく活動をすることも多い。特に、社会資源のなかでも、フォーマル（制度的）な社会資源と呼ばれるものの利用条件等は、政策、法律、制度により決定づけられる。そこで、ソーシャルワーカーは、国や地域が提供する社会福祉サービスを成立させている政策、法律、制度、運用基準などの具体的な知識が必要となる。

❸人間の理解

　ソーシャルワーカーは、人間を理解し、人間の行動の理論についての知識が必要である。人間の発達、心理、認知、行動、感情、家族システム、病気や障害などについて、しっかりとした知識をもつ必要がある。医療技術の発達により、疾患や障害を有しながら社会福祉サービス等も利用しつつ、社会に参加し、生産活動にも参加する人が多くなっている。また、より広い範囲の障害が、支援の対象となり、社会福祉サービス等の内容が広がってきている。

❹ソーシャルワーク実践の方法、援助技術、アプローチ

　ソーシャルワーカーは、クライエントの支援をするにあたり、一つひとつの行動を積み重ねていく。ソーシャルワークの目的に向かって、一定の手順に従って行われるまとまりのあるものは、ソーシャルワークの方法、あるいは、ソーシャルワーク援助技術と呼ばれる。方法や援助技術には、ケースワーク（個人への支援）、カウンセリング（個人の情緒、心理への支援）、ケアマネジメントやケースマネジメント（個人のニーズと社会資源を結びつける）、コーディネーションやネゴシエーション

（クライエントのニーズや生活課題と社会資源との関係を調整する）、グループワークやファシリテーション（グループ、会議体への支援）、コミュニティワーク、ネットワーキング（地域への支援）、ソーシャルアクション（社会活動）、スーパービジョン、組織の運営管理、社会福祉政策、社会福祉調査、社会福祉計画、などの方法や技術である。これらの方法や技術は、どのような手順で行うかを習得し、目的をもって用いる必要がある。

　ソーシャルワーカーは、複数の方法やアプローチを用いながら、全体を統合してソーシャルワーク実践をしていく。

❺ソーシャルワーク実践の根拠

　ソーシャルワーカーは、専門家として行動するにあたり、「なぜそのような行動をとったか」を説明する責任がある。そのために、ソーシャルワーク実践の根拠となる知識を得る必要がある。

　まず、法律や運用基準、倫理綱領、行動規範、ガイドライン、マニュアルは理解しておく必要があり、実践の根拠となる。

　ソーシャルワークで用いられるアプローチやプログラムには、科学的根拠が明らかなもの（エビデンス・ベースド・プラクティス（EBP）、または、エビデンス・ベースド・プログラム（EBP））がある。科学的根拠を知り、科学的根拠に基づくアプローチやプログラムを選択し、実践するべきである。

　社会福祉教育や現場のスーパービジョン等で学び、習得するソーシャルワーク実践のあり方には、理念や目的を強調したもの、過程を大切にしたもの、利用者や関係する人や機関の質的、叙述的（ナラティブ）な態様や変化に焦点を当てたものなどがある。これらの要素で説明できることもソーシャルワーク実践の根拠になる。

　なお、ソーシャルワーク行動は一瞬一瞬の判断の積み重ねにより行われる。一瞬一瞬の判断は、ソーシャルワークの価値を根拠に説明できることが多い。ソーシャルワーク行動を積み重ねたものがソーシャルワーク実践となる。

▋5 ソーシャルワークの技術・スキル

　ソーシャルワーカーは技術・スキルが必要である。技術は、technique（テクニック）の訳語であり、特定の課題を解決するためのやり方、方法、手順のことである。一方、スキルは、特定の知識と訓練を要する行為や活動のことである。スキルを技能と訳して使うこともあ

るが、スキルという用語のまま使われることが多い。スキルは特定の行為や活動を行う能力を指すこともある。日本語の技能という言葉は、「わざ」や「巧みにやってのける」などの意味をもち、能力と行動を併せて表す言葉である。技術、技能、スキルはしばしば同義語として使用される。

ソーシャルワークの技術は、ソーシャルワークの価値に基づき、特定の課題を解決するためのやり方、一連の手順、方法のことを指す。ソーシャルワークの技能、スキルは、ソーシャルワークの価値に基づき、特定の知識と訓練を要する行為や活動、またはその能力を指す。ソーシャルワーカーは、ソーシャルワーク専門職としての活動を行うために、必要な知識を得たうえで、実践的な訓練を受ける必要がある。

援助技術、方法、アプローチ等には、具体的な技能、スキルが含まれている。また、援助技術、方法、アプローチなどに含まれていなくても、ソーシャルワーカーとして共通してもつべき技能、スキルがある。そこで、ソーシャルワーク専門職の養成には、社会福祉現場の場面を想定した演習と、実際の社会福祉の現場における実習が必要となる。さらに、ソーシャルワーカーとして特に初めの数年間は、職場の上司、あるいは専門職団体等を通して適切なスーパービジョンを受け、ソーシャルワーカーとして適切な行動や活動を行えているか確認を受けていく必要がある。

なお、前述したように、技能、スキルは「能力」という意味でも使用される。この場合は、ソーシャルワーカーが適切な行動や活動を行うことができる総体的な能力のことを指す。ソーシャルワーカーとして必要な行動や活動を遂行する総合的な能力や力量は、「コンピテンシー」という概念で説明される。コンピテンシーは、複雑な状況のもとで、もっている素質や要素を、ふさわしいときに適切に活かし、統制することができる能力を指す。ソーシャルワーカーは、個々の技能、スキルを積み重ね、それらのスキルを適切なときに用いて、統制し、遂行する能力や行動特性を必要とする。

6 クライエントとソーシャルワーカーとの関係

クライエントとソーシャルワーカーとの関係は、ソーシャルワーク実

---

i　skill は可算名詞として使用されているとき（skills など、複数形などで使用）は、行動や活動のことを指す。一方、不可算名詞として使用されているときは、能力、力量のことを指す。

践を効果的なものとするために、大切な要因であるといわれている。そして、このクライエントとソーシャルワーカーとの関係性は、ソーシャルワーカー側の要素だけで決定されるものではなく、クライエントとソーシャルワーカーとで相互につくり上げるものである。

たとえば、ソーシャルワーカーとクライエントの関係性には、❶パートナーシップ、❷職業的援助関係、❸柔軟、❹信頼関係、❺対等の5因子が含まれる。そして、「関係性」とソーシャルワーク「実践」は、お互いに影響を及ぼす[6]。

一方、クライエントへの援助効果に影響のある複数の要素が明らかにされている。クライエントへの援助効果に影響を与えている割合は、①クライエント側の要素（参加の質、援助者の実践に対する満足度、クライエントの強みや活用できる資源）が40%、②クライエントと援助者の関係性が30%、③希望や期待の度合いが15%、④用いられるアプローチや技術が15%であるとの研究もある[7]。

このように、クライエントとソーシャルワーカーとの関係性は、ソーシャルワーク実践や支援の結果に大きな影響を及ぼすことが明らかになってきている。

7 ソーシャルワーカーの性質

クライエントとソーシャルワーカーとの関係を強めるソーシャルワーカー側の性質については、これまでにもさまざまな要素が示されてきた。たとえば、❶共感、❷あたたかみ、そして、❸誠実さの三つの要素が挙げられる[8]。

❶共感（empathy）

共感とは、クライエントの立場になり、その人の立場であったら、どんな感情になるかを想像して感じることである。共感するために、ソーシャルワーカーは、自分の価値や態度や判断を抑え、クライエントの人生経験、信念、考えなどを深く理解する必要がある。ソーシャルワーカーは、内面で共感するにとどまらず、共感的な反映、つまり、相手の感情について想像した内容を、言葉や非言語的コミュニケーションで表現して相手に伝えることが望ましい。

❷あたたかみ（warmth）

あたたかみとは、クライエントの人格を尊重し、ありのままに受けとめ、幸せを心から気にかける気持ち等を相手に伝えることのできる、質の高い個人のもつ性質のことである。あたたかみは、言語、ほほえみな

どの非言語的コミュニケーション、食事や毛布の提供などさまざまな形態で示すことができる。

❸誠実さ（genuineness）

　誠実さとは、表面的な感情と、心の奥底で感じている感情が一致していることを指す。それゆえ、率直さと訳されるときもある。ソーシャルワーカーには、よい意味での率直さと、誠実さが必要となる。ソーシャルワーカーが、心の底では違う感情を抱いているのに、表層的な、上っ面な感情表現をするとクライエントに見抜かれるものである。

　なお、この言葉に代わり、近年、オーセンティシティ（authenticity）という言葉も使用される。純粋性と訳される言葉である。自然で正直な、自発的で率直な、そして純粋な語り方で自己を分かちあうこととされる。このオーセンティシティという言葉には、自己開示の要素が含まれる。ソーシャルワーカーが自己開示を行うか否か、行うとしてもそのタイミングや内容、程度はさまざまにある[9]。原則は、あくまでもクライエントの利益に資する場合に、クライエントの利益に資する範囲でソーシャルワーカーは自己開示を行う。

⑧ ソーシャルワーカーの所属機関

　ソーシャルワーカーは、多くの場合、施設や機関に所属している。

　公的機関、民間の非営利法人の運営する施設や事業所などは、それぞれ施設・機関としての目的、目標をもっている。ソーシャルワーカーは、そのような施設・機関の目標を達成するために、専門的なスタッフとして雇われる。施設・機関は、社会福祉サービスを提供するために専門家を雇用しており、多くの場合、施設・機関の目的や理念とソーシャルワーカーのソーシャルワーク実践の目的は一致する。

　しかし、時に、施設・機関やほかのスタッフの求める方向性が、ソーシャルワーカーとしての専門的判断と一致しないときがある。そのようなとき、ソーシャルワーカーは倫理的ジレンマに陥る。

　ソーシャルワーカーが経験を重ね、能力を高めていくなかで、所属機関との関係も変化する。ソーシャルワーカーは成長過程で、❶介入（ソーシャルワーク実践の内容）の安定化を図りつつ、❷業務展開基盤を形成し、❸専門的自己の生成をしていく。ソーシャルワーカーは所属機関や地域の理解を深め、政策動向に対応するようになり、所属機関、地域などに対しても戦略的に対応するようになる[10]。

4 ▶ 社会資源

　地域生活をするにあたって、クライエントは数多くの社会資源とかかわる。我が国では、社会福祉サービスのメニューが専門分化され、多種多様に用意されるようになってきた。クライエントは、自分らしい生活をするために、数ある社会資源から、施設・機関、事業所、サービス等を選択し、組み合わせて利用する。クライエントによっては、サービス利用に向けての意思決定を支援するサービスも必要となることがある。

　ソーシャルワーカーは、クライエントの意思やニーズに沿った施設・機関を利用し、サービスの提供を受けられるように支援する。このように、社会資源は、ソーシャルワークの大切な構成要素となる。

■ 社会資源の種類

　社会資源には、多種多様なものが含まれる。**図2-5** のように、社会資源をおおまかに四つの種類に分けて図示すると、クライエントを取り巻く環境の理解が進み、課題も浮かび上がってきやすくなる。[11]

　四つの種類とは、❶公的な社会資源、❷非営利の社会資源、❸営利の社会資源、❹私的（インフォーマル）な社会資源である。社会資源によっては、境界線上に位置づけられるものもあるので、境界を厳密に捉える必要はない。

　社会資源マップ（エコマップ）を描くときも、これらの4領域を決

Active Learning

自分の住んでいる市町村で、特定の人（障害・病気や年齢層）を対象としたサービスを提供する非営利の社会資源がどれくらいあるか調べてみましょう。

図2-5　エコマップ<四つの領域に分けて、社会資源をそれぞれ該当する箇所に書き入れる>

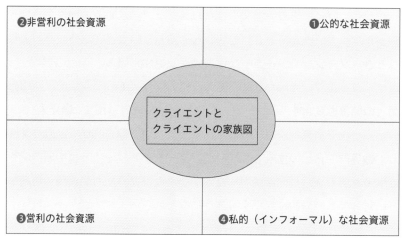

めて描くと、クライエントを取り巻く環境が視覚的に明らかになる。このことにより、社会資源の活用の偏りや活用しきれていない面が明らかになる。なお、社会福祉士、精神保健福祉士の多くは、❶公的な社会資源や❷非営利の社会資源において従事している。

❶公的な社会資源

　市区町村役場、福祉事務所、保健所、児童相談所、年金事務所、教育委員会、公共職業安定所（ハローワーク）、家庭裁判所などが含まれる。行政機関の名称のみを社会資源として認識するのではなく、具体的な機能、サービス内容ごとに社会資源として認識する必要がある。

　特に、現代社会では、公権力の介入ができる機関は重要である。たとえば、児童虐待防止の機能を果たす児童相談所、高齢者虐待防止の機能を果たす市役所の高齢者福祉担当課、ドメスティック・バイオレンスの防止に係る女性相談センターなどは、クライエントの権利擁護のために協働していく社会資源である。なお、これらの機関で働く児童福祉司、社会福祉士、婦人相談員（女性相談員）や他職種のスタッフも公的な社会資源である。

❷非営利の社会資源

　営利を目的としない、社会福祉法人、NPO法人、医療法人などの有する施設・機関、事業所が含まれる。社会福祉協議会や病院もこちらに含まれる。また、それらの機関が提供する介護保険サービス、障害福祉サービス、住民参加型の家事援助サービス、地域公益事業などである。入所施設の多くも非営利法人によって設立、運営されている。

　非営利の社会資源は、日々の日常生活に必要な具体的な介護、介助などを提供することも多く、ソーシャルワーカーとしてクライエントの支援をするときに、最もよく活用する社会資源である。また、これらの機関において、相談援助業務を担っている社会福祉士や精神保健福祉士や、他職種のスタッフも、非営利の社会資源として位置づけられる。

　さらに、弁護士や司法書士などの専門職、病院やクリニックの医師やその他のスタッフも、非営利の社会資源として位置づけられる。

❸営利な社会資源

　営利を目的とする法人が設置・運営する事業所や、そのサービスが含まれる。介護用品の販売会社、バリアフリーの工事を行う住宅関連会社、有料老人ホームなどである。また、身近な小売店、銀行、タクシー会社、障害者雇用を行う株式会社なども含まれる。

❹私的（インフォーマル）な社会資源

　クライエントが、私的な、インフォーマルな社会資源として活用できるものが含まれる。家族、友人、知人、近隣住民、ボランティア、職場の同僚、自治会の役員などである。また、自助グループ、当事者からのピアサポートなども含まれる。

　社会から孤立しがちな社会的弱者、社会的に不利な状況に置かれているクライエントの場合、インフォーマルな社会資源とのつながりがほとんどないこともある。そこで、ソーシャルワーカーがこの領域について工夫をこらして実践することにより、クライエントの生活の質、自己実現などが大きく進展することも多い。地域共生社会の実現と、総合的・包括的なソーシャルワークを行うためには、インフォーマルな社会資源も含めて活用していくことがポイントとなる。

◇引用文献

1）Barker, R. L., *Social Work Dictionary, 6 th edition*, NASW Press, p.287, 2014.
2）Hepworth, D. H., Rooney, R. H., et al., *Direct Social Work Practice: Theory and Skills, 10th edition*, Brooks/Cole, pp.204-205, 2016.
3）南彩子・武田加代子『ソーシャルワーク専門職性自己評価』相川書房，p.190，2004.
4）Sheafor, B. W. & Horejsi, C. R., *Techniques and Guidelines for Social Work Practice, 7 th edition*, Allyn and Bacon, p.46, 2006.
5）M. ボーゴ・高橋重宏「トロント大学大学院ソーシャルワーク学部における CBE（Competency Based Education）の最近の発展──コンペテンシー要素・技能，評価表を中心に」『社会福祉研究』第51号，pp.15-21，1991.
6）大谷京子『ソーシャルワーク関係──ソーシャルワーカーと精神障害当事者』相川書房，pp.133-137，2012.
7）Lambert, M. J., 'Implications of outcome research for psychotherapy integration', *Handbook of Psychotherapy Integration*, Basic Books, pp.94-129, 1992.
8）前出4），p.46
9）D. H. ヘプワース・R. H. ルーニーほか，武田信子監『ダイレクト・ソーシャルワークハンドブック──対人支援の理論と技術』明石書店，pp.188-190，2015.
10）保正友子『医療ソーシャルワーカーの成長への道のり──実践能力変容過程に関する質的研究』相川書房，p.99，2013.
11）山崎美貴子『社会福祉援助活動における方法と主体──わが研究の軌跡』相川書房，p.102，2003.

◇参考文献

・Barker,R. L., *The social work dictionary, 6 th edition*, NASW Press, 2014.
・福島喜代子『ソーシャルワーク実践スキルの実証的研究──精神障害者の生活支援に焦点をあてて』筒井書房，2005.
・E. ゴールドシュタイン・M. ヌーナン，福山和女・小原眞知子監訳『統合的短期型ソーシャルワーク──ISTT の理論と実践』金剛出版，2014.
・岩間伸之『ソーシャルワークにおける媒介実践論研究』中央法規出版，2000.
・菊地和則「多職種チームのコンピテンシー──インディビデュアル・コンピテンシーとチーム・コンピテンシーに関する基本的概念整理」『社会福祉学』第44巻第3号，2004.
・小松源助『ソーシャルワーク実践理論の基礎的研究──21世紀への継承を願って』川島書店，2002.
・北島英治・副田あけみ・高橋重宏・渡部律子編『ソーシャルワーク実践の基礎理論──社会福祉援助技術論 上』有斐閣，2002.
・Mattaini, M. A., Lowery, C. T., et al., *Foundations of Social Work Practice: A Graduate Text, 3 rd edition*, NASW Press, 2002.
・岡田藤太郎「日本の社会とソーシャルワーク」『ソーシャルワーク研究』第1巻第1号，1975.
・奥田いさよ『社会福祉専門職性の研究──ソーシャルワーク史からのアプローチ──わが国での定着化をめざして』川島書店，1992.
・「ソーシャルワーク専門職の定義」
・「ソーシャルワーク専門職のグローバル定義の日本における展開」 https://www.jacsw.or.jp/06_kokusai/IFSW/files/tenkai_01.pdf
・高橋重宏・宮崎俊策・定藤丈弘『ソーシャル・ワークを考える──社会福祉の方法と実践』川島書店，1981.
・山口創生・米倉裕希子・岩本華子・高原優美子・三野善央「社会福祉実践におけるエビデンスとエビデンス構築の過程──理論から実践へ」『社会問題研究』第62巻第141号，2013.

第3章

ソーシャルワークの
基盤となる考え方

　本章では、ソーシャルワークの実践を展開するにあたり、その基盤となる考え方について学ぶ。第1節では、ソーシャルワークの基盤をなす諸原理について、現代の社会状況との関係で学ぶ。併せて、そのような原理に基づいたソーシャワークが今日なぜ求められているのか、その必要性を理解する。続く第2節では、ソーシャルワークの理念について学ぶ。ソーシャルワーカーとして、実際にソーシャルワークを実践する際には、ここで示される理念に基づく行動が求められる。ソーシャルワーク実践の展開過程を導き、支えるさまざまな理念の意味と、その理念に基づいたソーシャルワーク実践のあり方、およびソーシャルワーカーとしての行動のあり方について学ぶ。

ソーシャルワークの原理

学習のポイント

● ソーシャルワークとは何か、諸原理の意味を吟味して学び、自分の言葉で説明できるように理解する

● 私たちが生きている社会のありようを、ソーシャルワークの諸原理に基づいて見直し、ソーシャルワークの必要性を理解する

1 ソーシャルワークの原理を学ぶ意味

　ソーシャルワークは、個人や社会がよりよい状況になることを目指すものであり、個人と社会の双方に働きかけることを前章でみてきた。自分や周囲、そして社会全体がよい状況になることを望まない人は、本来的にはいない。この「よい状況」に向かう、あるいは「よい状況」を作り出すためのソーシャルワークの原理とされている**社会正義の実現、人権の尊重、集団的責任**を果たすこと、**多様性尊重**は、いってみればいずれも「当たり前」のことである。

・世の中に不公平がなく、誰もが正当に扱われる社会を目指すべきだ

・人は生まれながらに生きる権利をもっており、それは常に無条件で守られるべきだ

・人々は共同体のなかでお互い同士や環境に対して責任をもつ

・人を人種や宗教や好みや国籍などで差別せず、いろいろなあり方を認めるのがよい

　これらは、基本的に賛同を得られる考え方であろう。しかし、「きれいごと」といわれることもあり、わかっていてもできない現実もある。こうした信条を共有できない相手や通用しない出来事に遭遇することもある。それが人や社会をよい状況に向かわせようとするときに障壁となる。つまり、世の中や人々は、きれいごとだけで動いているわけではない。しかし、だからといってあきらめたり、きれいごとの実現を追求することをやめてしまえば、ソーシャルワークの目的は達成できない。

　第1章第4節で示した事例を取り上げてこのことを考えてみたい。

第1章第4節を読み返し、事例の概要を確認しましょう。

事 例

　離婚による母子家庭の男子児童がたびたび腹痛を訴える。男児は身なりが不潔で母親にはアルコール依存症の疑いがある。

　「今の状況を招いたのは自分のせいだから自分で責任をとるしかない」という発想は間違っているだろうか。事例の母親は自らどこにも助けを求めていない。助けを求めてよいとは考えもしなかったかもしれないし、求めても無駄だと思っていたのかもしれない。あるいは、他人に助けてもらうのは恥ずかしいと感じていた可能性もある。また、この母親は生活保護を受給することをかたくなに拒否したり、精神科病院への受診にも最初は否定的な態度であった。自分がよりよい状況を求める権利があるとは認識していなかったようにみえるし、経済的な貧しさや支援制度・サービスを利用するのは恥ずかしいこと、してはいけないことと考えていたのかもしれない。それとも、悲しみや苦しみが深くて希望をもつことさえできなくなっていたとも考えられる。

　「離婚なんかするからいけない」「母子家庭なら貧しくても仕方がない」「昼間から酒を飲んで、子どもの世話もろくにできないなんて母親失格だ」といった考え方は間違っているだろうか。面と向かってこういう言葉を吐く人は少ないかもしれないが、事例の母親は、治療のために努力している最中でさえ、他者から白い目で見られ、息子はそんな母親の子であることを周囲から揶揄されている。彼らは、ソーシャルワーカーに出会うまで経済的に苦しい生活に陥り、社会から孤立していた。

　この母親にも息子にも自分らしく生きる権利があり、そのために助けを求めてよい。社会にはこのような母子を手助けする責任がある。そして、母親と息子自身はもちろんのこと、周囲の誰もがそのように考えられるような世の中にしなければならない。ソーシャルワーカーは、常にこのような考え方をする立場に立ち、人や社会に働きかける。

　ここでは、**ソーシャルワーク専門職のグローバル定義**（2014 年）において、ソーシャルワークの中核的な原理であるとされている**社会正義**（social justice）、**人権**（human rights）、**集団的責任**（collective responsibility）、**多様性尊重**（respect for diversities）の意味を掘り下げ、ソーシャルワークが必要とされる事態や状況に対して敏感に反応し、より具体的に事象を捉えるための着眼点や物事を判断する際の根幹となる考え方を学ぶ。

1 望ましい社会とは

社会正義とは、社会生活を送るうえで必要な正しい道理のことで、「社会正義が実現されている社会」とは、**社会に不公平がなく一人ひとりが理にかなった扱われ方をしている**状態を指す。

さて、自分のこれまでの人生や、今の生活を振り返ってみたときに、世の中を信頼し、将来に向けて安心できる暮らしを送れているだろうか。「はい」と答えられるなら、その安心や信頼が何によって支えられているか、「いいえ」の場合は、何が不安や不満のもとになっているかを考えてみると、社会正義とは何かが少しずつわかってくるだろう。

第1章第4節の事例を再び取り上げて考えることとする。

> **事例**
>
> 離婚により母子世帯となった2人には、生活していくのに十分な収入がない。男子児童は元気がなく、たびたびお腹が痛くなる。

ところで、この児童には、毎日通うべき場が無条件で与えられている。これは日本が義務教育という仕組みをもっているからである。そして、「具合が悪い」と訴えることのできる保健室という場があり、話を聞いて心配し、好転の道を探ろうとしてくれる養護教諭やスクールソーシャルワーカーがいる。そういう専門家の必要性が日本の教育界で認識され、専門職が養成され学校に配置されているからである。

もしこの男児が、別の時代や、現代であっても日本とは別の国に生まれていたら、10歳でも朝から晩まで家計を支えるために働かされたり、よそへ売られることもある。銃を持たされ戦争に行かされることも考えられる。また、平民だから教育は必要ないとされたり、腹痛ばかり訴えて勉強をサボる落第生として見捨てられることもあり得る。

今の日本に生きる私たちからすれば、これらはひどいことだとわかるし、この男児に助けが必要だということは共通に認識されることだろう。事例でみてきたように男児はいろいろな仕組みと人々の見守りや支えを直接的にも間接的にも受けながら、しだいに周囲との関係に安心感を得て、自分らしさを取り戻していった。その背景には「社会はこうあるべき」という思想に基づいて働く支援者や仕組み、制度や資源が用意

されている。これらは一朝一夕につくられたものではなく、長い年月を
かけて形成されてきたのである。

　では、人々が同じスタートラインにいるとして、これから望ましい社
会をつくっていこうとするときに合意できる原理とは何だろうか。アメ
リカの政治哲学者ロールズ（Rawls, J.）は、ホッブズ（Hobbes, T.）
やルソー（Rousseau, J.）の社会契約説を現代的に再構成し、『正義論』
（1971 年）において、正義とは、社会の法や制度の根本にある原理を
意味すると述べ、以下の 2 原理を示した。

❶　各人の自由は、他者の自由と両立する限りで、最大限認められるべ
　きである。

❷　社会的・経済的不平等は、その地位が「公正な機会均等」によって
　得られたものであり、かつそれが「格差の是正」につながる限りにお
　いて正当である。

　ただし、この 2 点目は、すでに社会的に有利な立場を獲得している
人からは承認されにくい。この難点を踏まえ、社会正義を実現するには、
根拠のある計画的な実践が求められるといえる。

▌2 社会正義の実現のための活動

　社会正義の実現に向けたソーシャルワーク実践を、イギリスのバー
ネット夫妻（Barnett, S. & H.）やトインビー（Toynbee, A.）、アメ
リカのジェーン・アダムス（Adams, J.）らによるセツルメント運動に
学ぶことができる。上院議員の父をもち裕福な家庭で育ったジェーン・
アダムスがトインビー・ホールに学び、シカゴに設立したハル・ハウス
では、貧困の原因を社会経済的な欠陥にあるとして、貧困が蔓延する地
域で寝泊まりし、住民とともに暮らしながら問題の原因を究明するため
に徹底した社会調査を行った。そして、貧困は個人ではなく地域の問題
だという共通認識を地域住民とともに構築し、その解決のために教育的
で文化的な、また政治的な活動を展開したのである。これらは地域社会
の正義の実現に向けた活動の一例といえる（第 4 章第 1 節参照）。

　では、現代の日本社会において正義は実現しているといえるだろう
か。もう一度、第 1 章第 4 節の事例に戻り、この母子はなぜ自ら助け
を求めなかったのか、社会資源の利用に及び腰だったのかを考えてみ
る。男児を支援する機関の職員やボランティアが、男児の母親に関して
「精神病のなかでも"中毒"は聞こえが悪い」「意思が弱い人という印象」
と述べていたが、この発言の延長線上には、「そんな人の支援をしなきゃ

いけないのか」とか「自分の意思でやっているのだから自己責任だ」といった思考が見え隠れする。支援がうまくいかないときにも、しばしば「本人にも問題がある」という形で都合のよい理由とされてしまうことがある。

実際に現在の日本社会には、自ら支援を求めない人が数多くいる。理由はさまざまに考えられるが、「助けて」と言いづらい社会だという側面はないだろうか。求めても応じてもらえなかった、支援を受ける過程で馬鹿にされたり蔑まれたりした、人の厄介になるのは恥ずかしい、といった体験や思いはないだろうか。

ここまでみてきたように「社会はこうあるべき」という認識は、特定の人や集団にのみ適用されるのでは不十分である。その枠組みからはずれてしまう少数者や、社会的弱者を生み出してしまうからだ。現実の社会は、為政者の方針や人々の生活水準、世界情勢や気候変動などに応じて流動的に変化するが、ソーシャルワーカーは、網の目からこぼれ落ちる人のない、誰にとってもよい状態の社会を追求するために社会正義の実現を志向するのである。誰にとってもよい状態とは、すべての人の人権が常に保障された状態をいう。そのために社会を形成するすべての人の間でこのことが共通認識されるよう働きかける。

Active Learning

自分が困ったときに助けを求めて相談できる人や窓口、機関について、思いつく限り書き出してみましょう。

3 ▶ 人権を尊重し擁護すること

■1 「人権」に対する考え方

第2章第1節で学んだように、人権とは「人が人として生まれながらにもっている権利」のことである。この権利は、誰もが当然に有し（固有性）、原則として公権力から奪われたり制限されたりすることなく（不可侵性）、また、人種や性別、身分や能力などに関係なくすべての人が当然に享有できる（普遍性）と考えられている。しかし、このような考え方は、人類誕生のときから共有されていたわけではなく、実に長い年月の営みのなかで獲得されてきた思想である。人類史の始まりから人は1人では生きられず、人々は共同体を形成して生活してきた。ある集団のなかで生きるということは、一人ひとりの生きやすさが、他者や地域社会からいかに尊重されるかによって、またそれらとの関係性によって左右されることを意味する。

最も古くから世界中で読まれている書物の一つである聖書を開いてみ

ても、体に傷や欠損のある者は穢れているとして外に出ることを禁じられたり、夫のいない女は社会的地位の低い者として扱われたり、皮膚病を患っている人たちが忌み嫌われ町はずれに追いやられている様子が描かれている。これとは別に歴史上の事実として、中世ヨーロッパでは「魔女狩り」と呼ばれる方法で、多くの精神病者等が厳正に審理されないまま「魔女」の烙印を押されて処刑された。これらは一例であり、人類の歴史には、人の生命や健康、自由な生き方といったものが、万人に等しく保障された権利として機能していない事実が連なっている。

一方、人権や社会正義に関する思想は、哲学者により構築されてきた。

イギリスの聖職者の子として生まれた政治哲学者のホッブズは、民族や宗教その他の出自に関係なく人は対等であるという**社会契約説**を打ち立て、社会秩序や身分は神から与えられたものではなく、人々が共存していくために社会秩序（国家＝コモンウェルス／リヴァイアサン）がある、と考えた。神の被造物である人間のうち、病める者や傷ついている者の癒しのうえに神の働きを見出すのが聖書である。しかし、ホッブズは、国家が神に由来する秩序だという見方を転換させた。

続いて**ロック**（Locke, J.）は、国家が定める法や制度は変更可能であり、人々の福祉のためにある以上、人々の合意に基づくべきであるとして議会制民主主義の大枠を描いた。そして、生命、健康、自由および所有権は、人々が生まれながらにもつ「自然権」であり、それを守るために裁判所や政府がつくられるとした。

この社会契約説を現代的に構成し直したのが前述したロールズである。しかし、社会において有利な立場にいる人が、その有利さを捨ててもほかの人との平等、言い換えれば自分より劣勢な立場にいるすべての人の人権保障の実現を求め得るか、という視点からの検討は必要となる。

■2 人権尊重とは

現代の日本社会では、人権思想が私たちの心に深く刻まれ、骨身にしみて理解されているだろうか。

第 1 章第 4 節の事例に戻って考えてみる。

事例

女性は、離婚した夫からの養育費を得られず生活に困窮し、また、以前からの飲酒習慣が悪化した状態となり、母親の役割を十分に果

たせなくなっている。ソーシャルワーカーは、この状況を脱するために使える制度やサービスを紹介し利用を提案しているが、女性は生活保護制度に対する強い拒否感を示した。

　経済的に苦しい状況に陥っているにもかかわらず「身勝手な行動の結果」「働かない怠け者の酒飲み」という見方がされることはないだろうか。ここで、ソーシャルワークの原理に照らして「人権」を大切に考えるなら、アルコール依存症だから強制入院させればよい、とか、お金がないのなら病人でも早く働けという発想はしない。怠け者だからどうなってもよい、という捉え方では人権が尊重されているとはいえない。

　自分で自分の生き方を選択すること、健康な生活を送ること、自分の居場所を自分で決めることは各人に保障された権利である。こうした権利を具体的に保障する方法の一つに、社会保障制度がある。事例の女性は、精神科治療には医療保険制度を利用し、生活のために生活福祉資金貸付制度や息子の就学支援制度を使っている。各種の法制度やサービスを活用してもなお困窮すれば最終的には生活保護の受給が考えられる。

　生活保護は、国家が国民の「**健康で文化的な最低限度の生活を営む権利**」を規定した憲法第 25 条（生存権保障）を具体化した制度で、国民が納めた税金を財源とし、収入のない人にそれが分配される仕組みとして一般に理解されている。そのため「自分の収めた税金があの人の生活費として使われている」といった捉え方をされやすい。この考え方が極端に偏ると、収入の得られない人たちがいないほうが、税金は安くなり多くの人にとって有益だという極端な発想が出現する。

　日本では、1996（平成 8）年までは、精神障害や知的障害のある人等が本人の意思に関係なく強制的に不妊手術や人工妊娠中絶させられた。**優生保護法**（1948（昭和 23）年）という法律のもとに「不良な子孫の出生を防止する」目的で行われていたのである。また、2016（平成 28）年に発生した**相模原障害者施設殺傷事件**で、重度障害者 19 人を刺殺し、職員を含む計 26 人に重軽傷を負わせた元職員は、「重度の障害者は社会を不幸にする」と、障害者の大量殺人の「正当性」を主張した。ソーシャルワーカーは、このような考え方と対峙できる思想に基づく発言や態度、行動を常に追求しなければならない。

　精神科医で心理学者の**フランクル**（Frankl, V. E.）は、アウシュビッツの強制収容所から帰還したあとの 1946 年に行った講演で、「あらゆ

★アウシュビッツの強制収容所
第二次世界大戦中にドイツのヒトラー政権下で行われた、主にユダヤ人を強制的に収容した施設。当時のドイツはヨーロッパ全土に多数の強制収容所を設置していったが、なかでもアウシュビッツは、強制労働と絶滅収容所の二つの役割をもち、労働に耐え得る者は体力の続く限り強制労働させられ、それができないと選別された者はガス室で殺害された。明確な数字は把握されていないが 100 ～ 150 万人のユダヤ人が殺害されたとされる。

る事物は価値をもっているが、人間は尊厳を有している。人間は、決して、目的のための手段にされてはならない」という哲学者カント（Kant, I.）の言葉を引用し、経済秩序のなかで労働者がその尊厳を奪われ、単なる手段にされてしまっていることを指摘し、人間の尊厳と生命価値の剥奪に対する警鐘を鳴らしている[1]。

　人を、国家や社会を維持するための手段や、誰かが生き延びるための手段にするような発想や行為を許してはならない。病気や障害の有無、年齢や出自などによって、人間の価値に軽重をつけてはならないことも同義である。人権の原理をもって社会を見渡し、一人ひとりの人のいのちを尊重する姿勢がソーシャルワークの基盤となる。

3 人権擁護について

　人権の原理に基づき、社会正義の実現に向けてソーシャルワーカーが行う活動の一つにアドボカシー（advocacy）がある。アドボカシーは権利擁護と訳され、個人や集団や地域社会の利益のための代弁や、その利益を擁護するために介入や支援、助言などをすることをいう。この活動をするためには、「人が生まれながらに有している権利」を認識し、それが侵されるような事態を的確に捉えることが必要である。

　では、この権利は人々にどのくらい日常的に意識されているだろうか。人権擁護を考える際、自分の権利を守ることとともに、他者の権利を侵してはならないという思想も併せて育まれなければならない。自分や他者がもっている権利とは何か考え列記してみると、権利として意識されやすいものとそうでないものがあることに気づく。こうした気づきを促すため、小中学校の道徳等では「権利の熱気球*」という学習教材が用いられている。

　このワークの目的は多様に掲げられており、教材の使い方や適用する児童生徒の年齢によって異なる側面もあるが、この学びの意義は、権利を順位づけたり取捨選択することはできず、人が生きるために侵されてはならないものを実感することを通じて、人権とは何かを考え、自他の人権に関する意識を養うことであると考えられる。つまり、人権を擁護することは、人間の存在を身分や能力、宗教や性別、国籍その他付随するものによって価値づけるのではなく、人間であること自体を大切でかけがえのないものとして尊重することであり、こうした思想を醸成することにほかならない。

　また、「権利行使」という言葉があるように、権利には、発動する、

★「権利の熱気球」
主に小中学校で、人間の尊厳や価値についての理解を深めることをねらいとして用いられている。「愛し愛される権利」「毎日十分な食料と水を得る権利」「自由にできるお金をもつ権利」「正直な意見を言い、それを聞いてもらう権利」など10〜14の「権利」が書かれたカードをもって飛行する熱気球が転落の危機に遭遇し、助かるためにこの「権利カード」を順位づけて削除する過程を体験させる。各カードを不要と判断した理由を考え、他者と意見交換しながら学ぶための人権教育の教材。

力を振るう、活用するなど、意思をもって使うイメージが付されている一方で、人権は、「生まれながらにもっている」とされているため、あえて使うという感覚をもちにくいかもしれない。本人が意識して使いにくい概念である「人権」が、現実の社会において本人も気づかないところで侵害され、時に人々の生活やいのちまでおびやかしかねない。前述のように、法や制度自体でさえ人権を侵害することは歴史が教えている。だからこそ、ソーシャルワークの中核的な原理である人権がすべての人に常に保障され、社会正義が実現した状態を目指すうえで、ソーシャルワーカーは法制度に盲従せず、人権に対して敏感でなければならない。そして、その思想を説得力のある言葉で、当事者をはじめ人権侵害を引き起こしている人や環境に向けて発信しなければならない。

4 集団的責任を果たすこと

1 共同体とは

　集団的責任とは「共同体の責務」であり、二つの側面がある（第2章第1節参照）。一つは、日常的に個人の権利が守られるために人々が自然を含む社会資源などの環境に対して責任をもつこと、もう一つは共同体のなかで人々がお互いに関係を形成し、助けあって生きる責任があるということである。つまり、他者との関係性における責任と、人を取り巻くすべての環境に対する責任を相互に負うことで、誰にとっても住みやすい社会をみんなが協力してつくろうという考え方である。このような考え方について、自身のこれまでの経験からも理屈として受けとめることは可能であろう。

　では、こうした考え方や経験はどのように蓄積されてきたのだろうか。

　進化の過程をたどると、人類（ホモ・サピエンス）は約7万年前にはすでに集団をつくり移動しながら狩猟採集生活を送っていたことがわかっている。[2] そして、約1万年前に始まった農耕生活では、種まきや刈り取りや子育てなどを分担しながら土地に定住し、より大きな規模の共同体を形成していった。このような共同生活は、人類の社会的な本能としての親密な関係性やヒエラルキーを構築して送られていた。

　さらに、人間は進化の過程で、神話や虚構や信仰といった観念的で目に見えない世界を想像し、単に空腹を満たし敵から身を守るための協力という即物的な次元とは異なる結びつきによって共同体を形成できるよ

うになっていった。たとえば、言語や文字、貨幣、ルールなど一定の秩序をもつことは、共同体内に共通認識を築き、構成員同士の精神的な絆や互いの結びつきを強めることができることを意味している。

2 共同体の危機

「隣組」や「町内会」といった言葉を聞いたことのある人は多いだろう。日本にはこのような仕組みやルールがつくられ、相互扶助の精神は人々の暮らしに浸透していた。一方で、孤立死や無縁社会といった言葉を見聞きするようになって久しい。この現象は、近年の都市への人口集中と地方の過疎化、少子高齢社会と核家族化の進展、ICT（Information and Communication Technology：情報通信技術）の進歩による直接的なコミュニケーション機会の減少など複数の要因が重なり、地域住民同士の結びつきの希薄化が進んでいることの証左であろう。たとえば、地球の反対側で何が起こっているかを知っているのに、同じアパートの住人の家族構成を知らない、といったことは珍しくない。グローバル化が進んだことで世界は狭くなったかもしれないが、孤立死の増加という現象は、日本社会における「共同体」の崩壊の危機を感じさせる。

　前述したホッブズ、ロックに続くフランスの哲学者ルソーは、『人類不平等起原論』のなかで人間の魂の最も単純な機能として、理性に先立つ二つの原理を説いている。一つは、私たちは、同胞（ルソーはこれを「感性的存在」という）が滅び、または苦しむのを見ることに自然な嫌悪を起こさせられる、ということ、もう一つは、自己の保存にかかわるために自分を優先しなければならない正当な場合を除けば、ほかのいかなる感性的存在に対しても害を加えない、ということである[3]。

　この原理によれば、他者を自分とつながりのある者、共通性のある者として捉え、その痛みを我がこととして感じることができるかどうかが、「他者」に対する受けとめ方や行動に影響する。「隣組」や「町内会」といった近隣住民間の結びつきの明確な仕組みがみえにくくなっている地域では、我がこととして捉えることのできる、つまり共感性を得られる範囲の広さによって、共同体という感覚は変動する。そして、自己の保存のために他者への攻撃性が増すことも考えられる。

　共同体では資源を共有し互いの生活を支えあっている。しかし、資源には限りがあって、採り尽くせば需給逼迫を招き、やがて枯渇する。たとえば、2020（令和 2）年に世界を襲った新型コロナウイルスの感染拡大は、日本においては感染防止のための対応が過熱するなかでマスク

★孤立死
社会から「孤立」した結果、死後、長時間放置されるような状態により人の尊厳を傷つける悲惨な死を表現している。厚生労働省では2008（平成 20）年「高齢者等が一人でも安心して暮らせるコミュニティづくり推進会議（「孤立死」ゼロを目指して）——報告書 概要」において、「社会から『孤立』した結果、死後、長期間放置されるような」状態での死のこと記述しており、孤立死の防止に向け、地域の低下したコミュニティ意識の堀り起こしや活性化を重要視している。

Active Learning

自分が住んでいる地域で行われている住民相互の助け合いに関する活動や取り組みについて調べてみましょう。また、そのなかで自分にできることは何か考えてみましょう。

やトイレットペーパーの買い占めが発生した。不必要な買い溜めによって本当に必要とする人に行きわたらない事態を生じたことは、他者の痛みへの共感性の弱まりを表していたのではないだろうか。

あるいは、近年の地球規模での問題として地球温暖化[*]が挙げられる。人間の生活様式や諸活動の変化は、地球の気温を上昇させ、自然界のバランスをくずしている。この現象は、地球環境の悪化が人々の生活や健康に大きな被害をもたらすことの警告であり、人類が地球上で共存するために協働して取り組まなければならない。私たちは、身近な地域の共同体の一員であるとともに、地球に共存する生物としての共同体意識をもって生活を営むことが求められている。

3 共同体の再生

日々の生活に特段の困難や障害を抱えていないとき、またはそうした問題を見聞きする機会がないときに、他者や環境に対して果たすべき責任を各人が自覚することは容易ではない。一方で、「自分さえよければ」という感覚が強まると、資源の枯渇や環境破壊を招き、結果的に自分の生活にもその悪影響は跳ね返ってくる。戦争はその最たる悪事であり、破壊や殺戮（さつりく）は結果的に自身の身を亡ぼすことに為政者、国民ともに気づかねばならない。ともに生きる他者の存在に思いを至らせる想像力をもたないと、共同体は弱体化する。その結果、地域の支えあいの力が削がれ、周囲に「助けて」と言えない事態を招くという悪循環をもたらす。

人々が周囲や社会を信頼して困ったときに助けを求めることができるためには、「社会はこうあるべき」という正義が共有されなくてはならないことは、前述したとおりである。そして、日頃から周囲の人や環境に関心をもって暮らすことが求められる。

もう一度、第1章第4節の事例を使って、この観点から考えてみる。

> **事 例**
>
> 離婚母子世帯の母親に精神的な危機が生じ、アルコール依存症という健康障害に加え、家事や育児を十分にできない事態に至っている。小学4年生の息子のたび重なる腹痛の訴えから養護教諭が異変に気づき、スクールソーシャルワーカーがかかわったことで事態が好転した。

この世帯と地域住民とのつながりについて多角的に検討してみたい。

・離婚後の母子の生活困難な状況について、近隣住民が気づくきっかけはあるか。

・この母子が周囲に「助けて」と言えるためには、どういう地域社会であるとよいか。

・母親の苦悩や生活費の不安に対して近隣住民にできることは何か。

・男児の感情的な側面および、たとえば空腹や清潔保持などの生活課題に対して、近隣の人々ができることはあるか。

・この母子世帯を助けることで、近隣の人々が得るものは何か。

このように考えると、地域における集団的責任は、住民同士の日常的なつながりや支えあいによって果たされる側面があるとわかる。こうした連帯は一朝一夕にはできず、年月をかけた**地域づくり**の取り組みそのものである。そのためには、互いに他者へのあたたかい関心を寄せあうことと、他者を信頼して自己開示する勇気をもつことの両側面が必要であり、地域に新たな共同体を構築するには仕掛けが必要である。たとえば、「まちづくりの4つの窓*」というカードワークを通して、地域住民が学びながら**地域福祉計画**の策定に参加できる取り組みがみられている。

4 資源の創出

第1章第4節の事例では、「子ども食堂」が母親の家事機能を補っている。子ども食堂は、全国的に多様な運営主体によるさまざまな形態がみられるが、子どもの孤食やきちんと食事をとれない状態を改善させたり、食を通じてコミュニケーションを促進し、子どもたちが見守りのなかで育まれていく環境が提供されている。これは、少子化と、共働きやひとり親家庭の増加などにより脆弱化した家庭内の機能を、地域の資源が代替する一例であり、愛情や安心と生活費の補足となっている。

事例に出てくる子ども食堂も、もともとその必要性を認識した誰かが始めた取り組みであり、それが男児にとっても有益であったし、最近転居してきたほかの子どもたちが利用していることからは、**地域住民の未来のニーズに応える可能性をもつ**とも考えられる。このように、地域に作り出された資源は、現在必要とする人々の課題に対応するだけでなく、将来生じるかもしれないほかの人々の同様の問題解決にも役立つ。

5 共生社会の実現に必要な人権意識

人々が集団的責任を果たすことは、ソーシャルワークが追求する「人

★「まちづくりの4つの窓」
地域住民と協働する場で活用されるアクティビティの一つ。❶私たちのまちのいいところ（地域の強み）、❷まちのなかで困っていること（地域の生活課題）、❸こんなまちであったらいいな（理念や目標）、❹私たちにできること（行動目標や提案）を90分程度のカードワークで議論しながら、地域福祉行動計画の基本を議論する。開発者の原田正樹は、参加した住民にこの学びの過程を意識化させるためには、ソーシャルワーカーによるリフレクションが重要であると述べている。

や社会をよい状態にすること」を地域の共同体が主体的に行うことである。しかし、このような営みは、時として厄介者の排除というベクトルに作用することがある。

第1章第4節の事例に戻ってみたい。

> **事例**
>
> 　アルコール依存症で回復支援プログラムを利用しながらも近所の人目を気にして就職を急ぐ女性に対して、Cソーシャルワーカーは、アルコール依存症は体の病気と同じように治療を要する病気であると伝え、女性が治療に通うことを励ましました。

　たとえば、体のどこかに悪いものが見つかり手術を受けたあとだったらどうであろうか。当人は、周囲の人目をこれほど気にするだろうか。近所の人たちは、病気療養中に女手一つで苦労している母子世帯を気づかったり、何らかのサポートをする可能性は増すだろうか。

　精神疾患や精神障害に関しては、日本では歴史的に地域社会から排除して精神科病院に隔離収容する政策がとられていた影響が残り、現在も偏見や差別の対象となりやすい面がある。そのため、長年精神科病院に入院していた人が退院して地域社会に戻ろうとすると近隣住民からの反対にあったり、身内に精神疾患の患者がいることを親戚や地域の人に知られないように暮らす家族も存在する。2017（平成29）年に大阪府寝屋川市で、2018（平成30）年に兵庫県三田市で、障害のある子を長年にわたって自宅に監禁していた親が、監禁罪や保護責任者遺棄致死罪で起訴される事件が相次いで発生した。

　二つの事件の共通点は、精神疾患や障害の疑われる成人した実子を親が長い年月にわたり自宅敷地内に監禁していた事実である。いずれの親も地域社会から隔絶した生活ぶりで、医療や福祉などの継続した支援も受けておらず、障害のある子が近所に迷惑をかけることを避ける目的があったと供述している。戦前の日本には、私宅監置*という制度があり、他人に危害を加えるおそれのある精神病者を家族が責任をもって監禁することは合法であったが、現在は罪に問われる行為である。にもかかわらず、なぜ、事件の親たちは障害のある子を監禁し続けたのだろうか。

　地域が共同体を形成して支えあっていくには、極端な表現をすれば、こうした生きづらさを抱える人々をも受け入れなければいけない。世間から隔離されている人々にも人権があり、地域社会で生活する権利があ

★私宅監置
1900（明治33）年の精神病者監護法により、当時の座敷牢や民間の収容施設を取り締まる目的でつくられた"監禁"を合法化する法律であり、「監護」という表現は「精神病者監禁法」を主張する政府案と、法案の審議に専門家として参画した精神科医の「保護法」とすべきだという意見との妥協の結果であるといわれる。病者の保護よりも、社会にとって危険なおそれのある精神病患者を監禁の対象としたものであり、座敷牢を「私宅監置」と呼んでそこに閉じ込め、監置の責任を家族に負わせるために「監護義務者制度」がつくられた。1950（昭和25）年の精神衛生法制定により私宅監置は廃止されたが、沖縄では本土復帰の1972（昭和47）年まで存続した。

るからだ。集団的責任は、人々や、人と環境との調和と連帯を軸とするが、目的を見誤まると集団の「和」のために個人が利用される発想に転換されるリスクをはらむ。そうなれば少数派や「足手まといになる人」が排除や住民集団による監視の対象となり、一方で、迷惑をかけることを恐れて自粛、自閉する人を生み出してしまう。この歯止めとなるのは、異質性を尊重しあい他者性や多様性を重視する意識であり、その根底を支えるのは互いの人権を尊重する思想の実行であり実現である。

イスラエル人の歴史学者ハラリ（Harari, Y. N.）は『サピエンス全史』のなかで「想像上の秩序を保護するには、懸命に努力し続けることが欠かせない」と述べ、「多くの個人の主観的意識を結ぶコミュニケーション・ネットワーク」の必要性を指摘している[4]。ここでは、個人の主観としての意識が多くの人の間で共有され維持されることに意味があると考えられる。つまり、人々が懸命な努力を怠れば、人権の尊重という秩序は保たれなくなり、共同体は崩壊するだろう。他者の痛みを我がこととして受けとめることができ、共生する人々が強い絆で結ばれた社会を創造するには、人権の原理を人間社会の共同主観的な存在とする努力をし続けなければならない。これはソーシャルワーカーの使命である。

5 多様性を尊重すること

1 少数者へのまなざし

人は一人ひとり違っており、たとえ一卵性双生児であってもまったく同じ人ではない。しかし、社会において人は便宜上さまざまに分類される。国籍や人種、性別や階級など生来のものによる分類もあれば、言語や職業、住んでいる地域や宗教など後天的な環境要因によるものもある。また、能力や嗜好、信条や性的指向など個人のライフスタイルが同質の者同士は結びつきやすく、そうした分類もあり得る。しかし、人は、実際には一人としてまったく同じ人はいない。似た者同士を便宜的に括ることはできても、本来は、一人ひとりが分類しきれない多様な性質をもつ存在なのである。

多様性の尊重とは、文字通りこうしたさまざまな「人としてのあり方」をそのまま受け入れ認めあうことであるが、とりわけ、少数者や差別を受けている集団および個人へのまなざしを必要とする意味で強調されることが多い。これは、分類することが排他的な作用を惹起することと関

連し、すべての人が等しく有する「人権」を一人ひとりに認める姿勢の具現化とみることができる。

■2 「多様なあり方」を受け入れること

文化的な多様性を認める方向については、文化人類学の分野で 19 世紀後半から 20 世紀にかけて西欧で意識され始めた**文化相対主義**の考え方があり、共生社会に向けた端緒とみることもできる。これは端的にいうと、ある社会の文化にはそれ自身に固有の価値があり、それはすべてのほかの文化について同様であるから、そこに優劣をつけるべきではないという考え方である。

さらに第二次世界大戦以降には、エスニシティ[*]が多様化した欧米において、「最も妥当な文化発達の方向は純粋な複合社会を育てること」とする**文化多元主義**（cultural pluralism）の考え方が生まれた。このような複合社会では、多様な下位文化の存在の正当性が同等に認められるべきであり、人々の多様性を保ち共存しつつ、国家など社会秩序を統一体として機能させるための理念型が示されている。また 1970 年代頃からカナダ、オーストラリア、スウェーデン、イギリス、フランスなどで政策に採用されてきた**多文化主義**（multiculturalism）は、統一国家のなかに存在する複数の文化を等しく尊重する考え方である。多様性を尊重した共生社会の実現において求められる考え方といえよう。

ここまで文化を取り上げて論じているのは、文化や言語や風習が、その地域や民族の間で育まれ、人々のアイデンティティにかかわるものだからである。たとえば、社会秩序を整える際に風習や話す言葉の違いがハードルになることがある。このハードルを乗り越えようとするとき、いずれかの言語のみを選択してほかを禁じたり公用語としなくなれば、禁じられた側はそれまでの自分が否定されたと感じるだろう。日本にも「標準語」とされる話し言葉以外に全国各地に固有の話し方があることは周知のとおりである。

このように、その人らしさを互いに認めるためには、すでに形成され一定の承認が得られている固有性に限らず、既存の枠組みにとらわれない柔軟性が求められる。たとえば、かつて性別は男性と女性に二分されていたが、現在はその中間や、体と心の性の不一致といった特性を有する人がいることも知られてきている。こうした比較的新しいあり方がいわゆる「市民権」を得るためには、当事者と周囲が多様なあり方に優劣をつけずそのまま容認する必要がある。反対に、多様性に不寛容な社会

★エスニシティ
その人たちが形成するコミュニティをほかと区別する文化的慣わしや見地をいい、エスニック・グループの成員は自分たちを社会のほかの集群と文化的に異なる存在と考え、またほかの集群からもそう考えられている。区別される特徴として、一般的なものは言語や、歴史または由来、宗教、服装や装飾の様式などであり、エスニシティの差異はすべて学習されたものである。

では差別が蔓延し人々の生活やいのちをおびやかす。

3 差別に敏感であること

　第二次世界大戦時のナチス・ドイツによるユダヤ人大量虐殺は、エスニシティとしての特徴を有する集団が生まれながらに差別対象として迫害された事実としてよく知られている。日本においても「えた（穢多）・ひにん（非人）」「部落民」と呼ばれて特定の地区に居住させられ、学習教育や職業選択や結婚などさまざまな面で差別的な扱いをされてきた人々がいる。この**同和問題**と呼ばれる我が国固有の重大な人権問題は、法的には 1871（明治4）年のいわゆる「解放令」によって被差別民の名称を廃止し、「部落民」が国民として認められたあとも、実際には現在まで種々の差別や偏見として続いている。たとえば、同和地区と呼ばれる地域の出身者との結婚に親が反対するとか、不当な差別的取扱いを助長・誘発する目的で特定の地域を同和地区であるとインターネット上で指摘するなどの人権侵犯は現在も生じており、こうした事態に対応するために**部落差別の解消の推進に関する法律（部落差別解消推進法）**が施行されたのは、2016（平成28）年12月のことである。

　この部落差別解消推進法と、2013（平成25）年の障害を理由とする差別の解消の推進に関する法律（障害者差別解消法）、2016（平成28）年の本邦外出身者に対する不当な差別的言動の解消に向けた取組の推進に関する法律（ヘイトスピーチ解消法）を合わせて人権三法とし、人々が等しく人格と個性を尊重しあい共生する社会づくりが目指されようとしている。つまり、近年の日本において、障害のある人や外国人、特定の地域に生まれ育った人たちのことを互いに認めあい尊重しあおうという思想は、法的に明示しなければならない。このことは、多様性を尊重する考え方がいまだに人々の心に浸透していない現実を表している。

　ソーシャルワーカーは、こうした現状認識のうえ法的規定のないところでの差別に対する敏感さをも有することが、多様性尊重と表裏一体をなす重要な姿勢といえる。

　本節では、人と社会の平和や安定と幸福を追求するうえで欠かせないソーシャルワークの諸原理について述べた。これらは、それぞれ単体ではなく相互に連関していることがわかっただろう。また、諸原理について知識として有するだけでなく、行為・行動として具現化されることによって現実の人や社会の役に立つ。そのためにソーシャルワーカーの実

Active Learning

新聞やインターネットのニュース記事を検索し、最近の5年間で、人権侵害や差別などの問題が発生していないか調べてみましょう。

践がある。次節では、この実践における基本的で重要な考え方について学ぶ。

◇引用文献
1）V. E. フランクル，山田邦男・松田美佳訳『それでも人生にイエスと言う』春秋社，pp.4-5，1993.
2）Y. N. ハラリ，柴田裕之訳『サピエンス全史——文明の構造と人類の幸福 上』河出書房新社，p.14，2016.
3）J. J. ルソー，本田喜代治・平岡昇訳『人間不平等起原論』岩波書店，pp.30-31，1933.
4）前出2），p.144，p.152

◇参考文献
・日本社会福祉士会編『地域共生社会に向けたソーシャルワーク——社会福祉士による実践事例から』中央法規出版，2018.
・秋元波留夫「精神障害者は二十世紀をどう生きたか」『ノーマライゼーション——障害者の福祉』第20巻第7号，2000.
・濱野一郎・遠藤興一編著『社会福祉の原理と思想——主体性・普遍性をとらえ直すために』岩崎学術出版社，1998.
・竹田青嗣・西研『哲学の味わい方——対談』現代書館，1999.
・竹田青嗣・西研『はじめての哲学史——強く深く考えるために』有斐閣，1998.
・西研『大人のための哲学授業——「世界と自分」をもっと深く知るために』大和書房，2002.
・M. C. ヌスバウム，神島裕子訳『正義のフロンティア——障碍者・外国人・動物という境界を越えて』法政大学出版局，2012.
・森田浩之『ロールズ正義論入門』論創社，2019.
・長谷川公昭『ナチ強制収容所——その誕生から解放まで』草思社，1996.
・V. E. フランクル，山田邦男・松田美佳訳『それでも人生にイエスと言う』春秋社，1993.
・関家新助『「生存権」と国家——西洋国家思想に学ぶ』中央法規出版，2014.
・J. J. ルソー，本田喜代治・平岡昇訳『人間不平等起原論』岩波書店，1933.
・A. ギデンス，松尾精文ほか訳『社会学 改定新版』而立書房，1993.
・関根政美『多文化主義社会の到来』朝日新聞社，2000.
・Y. N. ハラリ，柴田裕之訳『サピエンス全史——文明の構造と人類の幸福 上』河出書房新社，2016.
・Y. N. ハラリ，柴田裕之訳『サピエンス全史——文明の構造と人類の幸福 下』河出書房新社，2016.
・新共同訳「聖書」日本聖書協会，1987.
・新村出編『広辞苑 第七版』岩波書店，2018.

第2節　ソーシャルワークの理念

学習のポイント

● 自身の価値観と比較しながら、ソーシャルワーカーの理念の意味を理解する
● ソーシャルワーカーの理念に基づく行動のあり方を考える

　今日の社会におけるソーシャルワークの意義が大きいことを、前節ではソーシャルワークの中核的原理である**社会正義**、**人権**、**集団的責任**、**多様性尊重**について掘り下げて学んだ。すべての人にとって望ましい社会を実現するには幾多の障壁がある。人間が過ちを重ねた歴史の延長線上に現在もあるため、そのことを踏まえたうえで、ソーシャルワーカーにはこれらの原理を実践に反映させることが求められる。

　本節では、ソーシャルワークの原理に基づいて獲得すべき理念として、**当事者主権**、**尊厳の保持**、**権利擁護**、**自立支援**、**エンパワメント**、**ノーマライゼーション**、**ソーシャルインクルージョン**について学ぶ。これらは、ソーシャルワーカーが目的とすべき、かつ、個々の実践における状況判断や方針決定のための基本的な考え方を表している。そこで前節と同様、第1章第4節で示した模擬事例を参照しつつ、具体的な場面や状況のなかでのソーシャルワーカーの考え方を学ぶ。

Active Learning

七つの重要語句について、辞典や辞書などを使って一般的な言葉の意味を調べておきましょう。

 当事者主権

1 当事者とは誰か

　「当事者」という言葉が福祉用語として使われる場合は、生活上に何らかの問題を抱えている本人や、支援者が対象にしている人を指すことが多い。一方、民事訴訟法では、その名において訴え、または訴えられた者のことをいう。また、「当事者意識をもっている、いない」といった言い方をするように、一般的にはある出来事の渦中にいるとか関係している者を表す。

　「当事者主権」とは、端的にいえば、本人が主体となって自分のことを判断し決定する権利があるという考え方であり、当事者主権を成り立たせるためには、その人格が尊重される必要がある。ソーシャルワー

カーが最も大切にしなければならないのは、**自己決定権の尊重**であり、その決定をする当人のことをソーシャルワーカーは当事者と表現する。

２ 「当事者主権」を強調するのはなぜか

ソーシャルワークの理念として「当事者主権」を掲げる意味について、前節の学びを踏まえながら、第１章第４節の事例をもとに検討する。

> **事例**
>
> スクールソーシャルワーカーのＡさんは、小学校の養護教諭から、母親にアルコール依存症が疑われる男児のことで相談を受けた。養護教諭は、男児がたびたび腹痛を訴えることや、やせていて清潔保持がなされていない様子を心配し、母親が入院できる病院を探してほしいと言っている。Ａソーシャルワーカーは、養護教諭らの話を詳しく聞き取り「男児および母親と直接話してから病院を紹介するかどうか決める」と伝えた。

ここで問題の渦中にあると思われるのは、男児と母親である。ソーシャルワーカーは、男児に家での生活状況を尋ねたり不安に感じていることを聞き取りながら、どうなれたらいいと思っているかを男児が考え発言できるように対話を重ねる。また、母親に対しては、息子の学校での様子を伝え、家庭の状況を聞きながら困っていることはないかを尋ね、力になりたい、一緒に考えたい、という姿勢で対話を重ねる。

「当事者主権」の考え方を貫くということは、こうして本人の身に起きていることを本人の言葉で語ってもらい、その過程で**本人の意思や意向**を明確にしていき、それを共有しながら今後の道筋をともに考えるソーシャルワーカーの姿勢となって表現される。

こうしたかかわり方は、一見すると誰もが行っていることと似た行為であり、至極当然でソーシャルワーカーだから特別のことだとは感じられないかもしれない。しかし、相手が小学４年生の男児とアルコール依存症を疑われる離婚後の女性であることに着目しよう。ソーシャルワークの理念として、あえて「当事者主権」を述べるのは、子どもや障害者や高齢者、女性、患者、不登校者、性的少数者、外国人、生活保護受給者、犯罪者など列記すればきりがないほど、その時代や状況のなかで**社会的弱者**と呼ばれる人たちが、しばしば自分のことを自分で判断したり決めたりする権利を奪われてしまうからである。

その理由の一つは、本人にはよくわからないだろうから周囲の大人や専門家が「代わりに決めてあげる」というパターナリズム（父権主義）である。よりよく状況を見通すことができ情報や知識を有する者に任せておけばよい、という善意にも起因する。しかし、この姿勢は本人の判断能力の過少評価や能力欠如との決めつけのうえで、当事者の判断を信頼しない、こちらの判断のほうが優れているといった過信や誤認をはらむ。たしかに、知識や技術の面で専門家のほうが勝ることは多いかもしれないが、その人生を生きるのは当事者である本人自身であり、どのような生き方をしたいかをほかの誰かの価値基準で決めることはできない。

3 当事者任せでいいのか

本人のことは本人にしかわからない、自己決定権を認めるべきという考え方に固着すると生じやすいのが「あなたの自由にすればいい。その代わり責任も自分でとってね」という、いわゆる自己責任論である。

第1章第4節の事例に戻ってみる。

> **事例**
>
> 精神科のアルコール依存症回復支援プログラムを切り上げて就職活動をしたいと当事者が訴える場面で、ソーシャルワーカーのCさんは、就職活動を急がず治療を継続することを勧める。

このやりとりは、当事者の意思を尊重していないようにみえるかもしれない。しかし、Cソーシャルワーカーは、当事者の焦りやつらさを共感的に受けとめたうえで、本人が本当に目指している生き方を実現するための方策について、専門知識を活用して検討し助言しているのである。事例の母親が望んでいるのは息子との安定した暮らしの実現であり、そのために就職し収入を得たいと言っている。Cソーシャルワーカーは、当事者のリハビリテーションの進捗状況に関する多職種の見立てを総合的に勘案し、また、アルコール依存症の特性に関する専門的な知識も活用して助言や提案をしている。

このように丁寧な説明に基づく同意を、インフォームド・コンセントという。医療法では「医師、歯科医師、薬剤師、看護師その他の医療の担い手は、医療を提供するに当たり、適切な説明を行い、医療を受ける者の理解を得るよう努めなければならない」と定められており医療従事者にとっては義務的行為で、書面で通知して患者から同意書をとること

が一般的である。しかし、ソーシャルワーカーにとってインフォームド・コンセントは、当事者主権を具現化する行為の一つと考えられる。

　ソーシャルワーカーは、当事者とともに考え当事者の決定に沿って支援を展開し、当事者のいわゆる「愚行権」のようなものも保障しながらかかわり、しかし、その結果にもともに責任をもつ。これは、当事者がどのような能力、状態、属性の人であってもかけがえのない唯一無二の存在であることを認識し、その存在自体を尊重しているからである。

★愚行権
生命や身体など自身が所有するものは、他者への危害を引き起こさない範囲で、その決定が客観的にみて愚かな行為だと思われるとしても、対応能力をもつ成人の自己決定に委ねられるべきである、とする主張である。ただし、これは自己責任論を伴うものであることや、行為の本人が「愚かな行為」だと思っているわけではないことを留意して用いるべき言葉である点に注意する。

2　尊厳の保持

1　誰に向けて行うのか

　尊厳とは文字通り、尊く厳かなことであり、人間存在そのものに対する畏敬の念をもつ意味であり、その対象は、すべての人であり、いのちである。ソーシャルワーカーは、すべての人の尊さと威厳は保ち続けられるべきであると考える。人は、単に息をして排泄して生存していればよいというのではなく、尊いものとして、人間としての威厳をもった存在として扱われなければならない。これは人権尊重に通じる理念である。

　前節では、人権について一人ひとりの「人を大事にする」ことの大切さと難しさを合わせて学んだ。ソーシャルワーカーにとって尊厳の保持のための実践は、この難しさに挑戦することであるといえる。当事者が自ら尊厳の保持を放棄してしまうことや、保持したくてもできない状態に陥ることもある。こうした場合、その人自身への働きかけを行い、他方で、その人の尊厳の保持をじゃまし侵害するすべての物事への働きかけも行わなければならない。また、特定の個人のみならず、ある地域やある集団としての尊厳の保持についても意識する必要がある。

2　どのような態度が必要か

　第1章第4節の事例に基づき、ソーシャルワーカーの具体的な行動や態度について考えてみる。両親が離婚し母親がアルコール依存症に陥っている家庭で、小学4年生の男児はどのような気持ちで日々を過ごすだろうか。両親の離婚について友だちには知られたくない、父親参観や運動会なんかなくなればいい、と感じているかもしれない。父親と切り離された寂しさや、自分をかまってくれない母親に対する失望はないだろうか。あるいは、自分が母親の助けになれないことをふがいなく

思うかもしれない。このような状態にある男児は「僕は大切にされている、このままここにいていいんだ」と感じられるだろうか。

　生活困窮者自立支援事業に携わっているソーシャルワーカーのBさんは、男児の学習支援や子ども食堂を活用しながらこの男児の生活を見守っている。単に勉強を教えたり食事をとる場を提供しているだけではなく「○○くん、今日はどんなことがあったの？」「○○くんは～が上手だね」と声をかけ、男児の表情や態度から心理状態を見立て適宜必要な支援を行っているのである。

　「愛の反対は憎しみではなく無関心である」というカトリック教会の修道女であるマザー・テレサ（Mother Teresa）の名言はよく知られているように、人は、人とのかかわりを通して自らの存在を確認する。会話やまなざしのなかで男児への**あたたかい関心**を表現し、日々の暮らしに**伴走するプロセス**そのものが、人の存在をそのまま肯定するソーシャルワーカーの重要なかかわりになる。

3 なぜ尊厳が侵されるのか

　前述したように尊厳の保持は、他者や環境とのかかわりのなかで生じる課題であると考えられる。事例の男児が元気を取り戻していったのは、自分に関心を寄せてもらえたことによる安心感とともに、自分らしさを発揮することで他者に受け入れられる経験をしたからである。自分らしさとは、「こう生きたい」という本人の**主体性**の表れである。

　自分らしさや、こうありたいと思う自己の理想が損なわれるのはどのようなときか考えると、尊厳を侵される事態が想像できる。自己の心身の衰えや、さまざまな形でもたらされる外圧によって自分ではコントロールできない状態に陥り、また意思を表明したり受けとめてもらうことができない状況がこれにあたると考えられる。加齢による心身の老化や、病気や障害は不可抗力であり回避しがたく、人のありようを変えていく。暴力を受けることはいのちをおびやかされ自己の存在を危うくする体験であり、長期的に受け続ければ生きる意欲さえ削がれてしまう。

　こうした状況や状態にある人が自分らしさを発揮するには、周囲の手助けや理解を必要とする。ソーシャルワーカーが、人を理解する際に現在の姿だけでなく出生からの歴史を含めて知ろうとするのは、その人らしさを多層的に見出し、今は発現されていない意思を尊重しようとし、本来は「こうありたい」という本人の希望を洞察し理解するためである。そして、このようなソーシャルワーカーの姿勢をみせることは、その相

Active Learning

なぜ「無関心」が「愛」の反対を意味するのか、無関心が引き起こす弊害について数人で意見交換してみましょう。

第**3**章　ソーシャルワークの基盤となる考え方

手のみならず周囲の人に対しても、尊厳の保持という重要な理念を伝えるための手段の一つとなる。

3 権利擁護

1 誰の権利か

前節で学んだように、権利擁護（アドボカシー）とは、人が生まれながらに有する人権の尊重を具現化する行動であり、個人や集団、地域の権利を守るために代弁したり介入や支援、助言等を行うことである。この守るべき権利について日本国憲法に照らせば、第11条で規定される**基本的人権**は「侵すことのできない永久の権利として、現在及び将来の国民に与へられる」とされている。なお、ここで国民と表現されているが憲法の逐条解説によると、外国人に対しても「権利の性質上適用可能な人権規定はすべて及ぶ」とされている[1]。

しかし、これはあくまで国内における規定であり、現代社会においても世界を見渡せば、戦争や内紛などでいのちを奪われたり、生命や健康の維持さえ保障されていない国や地域は存在する。ソーシャルワーカーはこうした世情にも目を向けることが必要である。

2 権利擁護はなぜ必要か

憲法で基本的人権について規定されているにもかかわらず、権利擁護が必要とされる実情は国内にも存在する。これは、権利として規定されているものの抽象度が高い場合や、権利保障の方法が法制度に明確に定められていない場合などに生じやすい。障害者、高齢者、児童、配偶者等に対する虐待や暴力の防止法が定められているように、家庭内や施設等における弱者に対する暴力等は密室であればあるほど発見されにくく、また、社会的に弱い立場に置かれている人の権利は侵害されやすい。なお、法制度上の取り決めがないことで、権利を侵害されている本人が気づけないこともあるし、気づいていても保障を求める方法を知らない場合もある。また、権利侵害している側さえ無自覚な場合もある。

第1章第4節の事例で考えてみると、母子ともに、どこかに監禁されたり思想や発言に対して制限を加えられているわけではないから、**自由権的基本権**とされている精神的自由や身体的自由は侵されていない。選挙が近づけば母親には投票用紙が送られてくるであろうし、男児の教

育を受ける権利も保障されている。

　一方、母親は心身を病みつつあり、経済的に困窮してこのまま生活が逼迫していけば、2人の生存そのものにリスクが及ぶ可能性もある。さて、この親子は、健康で文化的な最低限度の生活を営む生存権の保障を国や自治体に要求することのできる「社会権」を自分たちが有しているという自覚はあっただろうか。また、その権利保障を要求する方法を知っていただろうか。そして、この場合に権利侵害は誰によって引き起こされているのだろうか。

3 どのように権利擁護するのか

　権利擁護において重視すべきことは、当事者の意思の尊重である。それは、権利擁護が当事者の尊厳を尊重したうえでなされる行為だからである。つまり、当事者の存在をかけがえのないものとして大切にする姿勢を具体的行動に表したものであるから、ソーシャルワーカーは本人がどう感じ考えているかを起点として動かなければいけない。

　第1章第4節の事例に登場する3人のソーシャルワーカーは、それぞれのかかわりにおいて、母親が自分と息子の生存を維持するために積極的に支援を求めてよいことを伝えたり、情報提供や関係機関の紹介を行う過程で権利擁護の機能を果たしている。母親が制度や機関の利用に逡巡することがあったり、申し訳なさそうな態度や発言をしたら、よりよく生きるために支援を受けることは国民の権利であると伝える必要がある。また、未成年の息子の権利を守るのは母親の務めであるという自覚を促すことも考えられる。

　こうしたかかわりを通して、当事者が権利意識をもち、自分で自分の権利を守れるようになることもソーシャルワーカーは目的に据える。

4 自立支援

1 自立とはどういう状態か

　他者の世話にならず、自分で自分のことをすべて賄う状態を「自立」というとしたら、自立して生活している人は存在するだろうか。自立について考えるとき、精神的な自立や経済的な自立など、実際にはどの側面で自立しているかを考えることが多い。現実の生活は、自分以外の他者の支えによって多様な側面からニーズを満たすことで成り立ってい

る。前節でも学んだように、人は共同体を形成し相互に依存しあいながら生活している。そのなかで、各人が自分のことを自分で決定し自分らしく生きられる社会が目指されている。

　つまり、自立とは「人の助けを得ることができ、それを自分にとってふさわしい形で上手に活用できる状態」のことを表していると考えられる。このような考え方は、障害者の自立生活運動（Independent Living 運動：IL 運動）に端を発している。アメリカで 1962 年に大学に入学したエド・ロバーツ（Roberts, E.）は、介助サービス、車いす用学生寮、車いす修理サービス、障害者へのピアカウンセリング★など、重度障害のある自身の体験をもとに必要な障害学生支援を作り出していった。大学院を卒業し、1972 年には地元バークレー市で「自立生活センター（Center for Independent Living）」を設立した。彼の思想は次のように表されている。

　「人の手助けを借りて 15 分で衣服を着て仕事に出かけられる人間は、自分で衣服を着るのに 2 時間かかるために家にいるほかない人間より自立している[2]」。

　この運動は世界に広まり、日本では 1970 年代から 1980 年代にかけて展開されていった。

■2 ソーシャルワーカーは何をするか

　IL 運動の理念からもわかるように、支援を利用するのは上記のように「自立した生活」を送るためである。当事者は、支援の使い手になり、自分らしく生きることを目指し、そのために必要な支援を使う。ソーシャルワーカーがある人の支援者になるなら、当事者の自立支援を成り立たせるためには、上手に自分を使ってもらうようにする発想が求められる。つまり、ソーシャルワーカーは当事者に「してあげる」側ではなく、当事者から「してもらう」側になる。

　当事者が支援を上手に使うためには、何をどう判断し選択し決定するかがカギとなる。そのためには検討する時間や、何かを試したり失敗して後戻りしたりやり直す機会を必要とする。ソーシャルワーカーは、こうしたことを当事者ができるための手助けをし、当事者の必要に合わせて専門的な知識や情報の提供および助言を行う。

　このことを第 1 章第 4 節の事例に沿って考えると、ソーシャルワーカーは、母親や男児に困っていることは何か、何がつらいと感じるか、どうなれたらいいと思うかなどを丁寧に尋ねる。これは一度限りの面接

★ピアカウンセリング
自立生活運動で始められた取り組みであり、仲間（ピア）が相互に平等な立場で話を聞きあい、きめ細かなサポートによって、地域での自立生活を実現する手助けをする。精神的サポートと自立のための情報提供という二つの側面がある。ここでピアカウンセラーは、当事者のことを最もよく理解しているのは、その人自身であるという人間信頼、自己信頼に則った立場に立ち、平等に対等に力と時間を使い、仲間の自立生活の実現のサポートをする。

Active Learning

自分の「自立した生活」のためにどのような支援が必要か、書き出してみましょう。次に、隣の人と意見交換し、相手の自立のために自分ができる支援はあるか考えてみましょう。

の場合もあれば、何度も話しあったり一緒に何かをしながら会話のなかで投げかけることもある。離婚によって、世帯主だった夫であり父親が不在となった母子世帯の経済的自立は、いくつかの所得補償制度と母親の就職に向けた支援等により、困窮状態を脱することができた。一方、夫や父親の不在による精神的な喪失感、言い換えれば夫や父親に依存できなくなった2人の精神的な支えについては、ほかに相談できる人や機関をもつことや、支援の利用を通して知りあった人々との交流など今後にわたって続く人間的なつながり等のなかで、2人が母子関係を築き直したり新たな依存相手を見出すことも考えられる。

　ソーシャルワーカーがこのようにかかわるのは、当事者が自分をみつめて課題に向きあうことや、自分の意思や希望に基づき必要な情報を得たり、専門知識を借りて必要な支援を考えて選択し、決定できるようにすることを目指しているからである。つまり、本項で述べたような当事者の「自立」を支援するためであり、当事者が自分の人生の主人公として生きる「当事者主権」の理念に基づいている。

5　エンパワメント

1　エンパワメントによって何ができるか

第1章第4節の事例には以下の場面があった。

> **事例**
>
> 　学習支援をしているソーシャルワーカーのBさんは、男児が裏道に詳しいと知り、「裏道マップ」作りをもちかけた。男児を中心としたマップ作りの活動を子どもたちのなかで展開し、子ども食堂の利用者や自治会長に配布した。この取り組みが契機となって、男児には新たな友だちができ、子ども社会に居場所を見出す過程で元気を取り戻していった。

　このあらすじは、男児が町の裏道に詳しいという**特性**をソーシャルワーカーが見出し、その特技を活かせる機会を用意した結果、男児がそこで力を発揮し自らの世界を切り拓いていったというものである。

　では、男児はなぜ裏道に詳しいという特性を、最初から発揮できなかったのだろうか。

男児は、両親の離婚によって寂しさや父親から見捨てられた感覚をもったのではないだろうか。酒におぼれる母親の姿を見て、不安や孤独感とともに何もできない自分を過小評価したり、父親の代わりになれない無力感を覚えたかもしれない。アルコール依存症のリハビリテーションのために精神科病院に連日通う母親のことを同級生たちから揶揄され、羞恥心や怒りなどのネガティブな感情を抱いているとも考えられる。

　このように侮蔑されたり不当に扱われるなど周囲からの抑圧にさらされマイナスの感情を抱き続けることは、人間にとって大きなストレスとなり生きる力そのものが削がれ、無力な状態に陥らされる。この状態を改善するためのプロセスがエンパワメントというソーシャルワークの理念に基づくアプローチである。ソーシャルワーカーが関与することにより、無力な状態に陥っている人が自尊心を回復し、本来もっている力を発揮して自ら問題を解決するための道程を歩めるようになる。

■2 どのように力を引き出すのか

　エンパワメントは、アメリカの公民権運動にその源流があり、ソーシャルワークの領域ではアメリカのソーシャルワークの大学院で「黒人居住地域におけるソーシャルワーク実践」の授業を担当していた黒人女性のソロモン（Solomon, B）が、『黒人のエンパワメント』という著書において人種差別の問題に焦点を当て、エンパワメントを援助理念として位置づけたのが始まりとされている。

　エンパワメント（empowerment）という言葉は「力をつける」「力を与える」といった意味であるが、本人が本来もっている力が、否定的な評価や社会的な抑圧によって発揮できずパワーレス（powerless）な状態に陥っているとしたら、ソーシャルワーカーは、その力を引き出すためにどのような関与の仕方があるかを考えるべきである。

　第1章第4節の事例では、ほかにも以下のような場面があった。

> **事 例**
>
> 　精神科病院に勤めるソーシャルワーカーのCさんは、男児の母親がアルコール依存症の回復支援プログラムに取り組んでいる姿勢を肯定して活用の継続を勧めるとともに、男児と一緒に過ごす時間を大切にするよう助言し、焦って就職することをとどまらせた。

　ここでCソーシャルワーカーが行っているかかわりは、母親のプロ

グラムへの取り組み姿勢への**肯定的な評価**を伝えることや、母親が息子のことを心配し、なんとかして生活を安定させたいという親心を行動に表せるよう**励ます**ことである。

この支えにより、母親はプログラム参加を中断してしまったり、人目を避けるために自宅に閉じこもってしまうことなく社会との接点をもち続け、やがて就職という目標を達成することができた。

このように、当事者の潜在的な、または隠れていたり削がれてしまっている力を見出すことや、それを本人が気づいて強められるように**勇気づける**かかわりがソーシャルワーカーには求められる。なお、個人のみならずパワーレスな状態に置かれている集団に対するかかわりや、そういう状態を作り出している社会に向けた働きかけもソーシャルワーカーの重要な責務である。

3 社会に向けて何をするか

人や集団を差別し抑圧するのは、その社会を構成する「人」であるから、社会に働きかけるということは、そこにいる人々に働きかけ、仕組みを動かすことである。

第 1 章第 4 節の事例に沿って考えると、アルコール依存症を患う女性を蔑んだり息子を馬鹿にしてからかっている人々に対して働きかけ、変革をもたらすことをソーシャルワーカーは志向している。そのため、ソーシャルワーカーの A さんと C さんは協働して、アルコールに関する**調査研究**や普及啓発活動としての**講演会**を企画している。人々の価値観や社会の仕組みを短い期間で劇的に変化させることは難しくとも、こうした仕掛けを繰り返し行うことで、アルコール依存症に対する市民の正しい知識が浸透すれば、依存症に苦しむ人やその治療に専念する人を励ます**理解者**を増やすことができる。理解者が増えれば、差別や抑圧に遭っている人々が**社会参加**する機会を増やすことができ、そこに参加することで抑圧されていた人々は力を再獲得できる。

6 ノーマライゼーション

1 「ノーマライゼーション」とは何を表すのか

「ノーマライゼーション」は、デンマークにおいて社会省の知的障害者福祉課の行政職員が 1950 年代に初めて法律に使用した言葉である。

デンマーク語では Normaliserling（ノーマリセーリング）であり、当初は「ノーマリゼーション」と表記されていたが、現在はノーマライゼーションとするのが一般的であり、時に、正常化とか常態化ということもあるが、通常は日本語に訳さず用いられている。

知的障害者福祉を担当する行政官のバンク–ミケルセン（Bank-Mikkelsen, N. E.）は、クリスチャンの家庭に育ち、デンマークがナチス・ドイツに侵攻されていた時代に新聞記者として社会運動をしたことで強制収容所に入れられた体験をもつ。3か月間の収容生活において、人間の生と死、人間の生活のこと、また平和と戦争のことを深く考えさせられたという。収容所からの解放後に失業した彼は、望んで就いたわけではない社会省の知的障害者福祉課の仕事を通して、1950年代の知的障害者が1000人規模の巨大施設に隔離収容されている実態を知り、そこからの解放を求める知的障害者の親の会と出会い、政策実現に尽力した。

バンク–ミケルセンが、この「親の会」の願いを国に対する政策立案のための要望書として記す際に、ヒューマニゼーション（humanization）、ヒューマン・リレーション（human relation）、イクォーライゼーション（equalization）なども検討したが、親の会の願いを最もよく表す言葉として使用することにしたのが「ノーマリゼーション（normalization）」であった。当時のデンマークにおいて、知的障害のある人々は生まれ育った地域から隔絶された大規模施設に詰め込まれ、優生手術が無差別に実施されるような劣悪な処遇を受けている現実があった。これに対して、親たちが社会に向けて疑問を呈し、その改善を求めて展開している運動に深く共鳴したことがバンク–ミケルセンの原動力となっていた。

これは、障害の有無にかかわらず、すべての人は可能な限り同じ条件のもとに置かれるべきであり、その状況を実現するために生活条件の改善が必要であるという主張である。つまり、本章でここまで学んできた「すべての人に、人としての権利が実現する社会を創らなければならない」という理念を端的に表現する言葉であるといえる。

❷ ノーマル化のためにソーシャルワーカーは何をするのか

上記のように、ノーマル（正常）な状態の実現を目指すことは、社会全体が取り組むべき課題であり、障害という「異常な」状態を正常化するという意味ではないことに注意が必要である。つまり、人として普通

に生活する権利がすべての人にとって実現している社会こそノーマル（正常）なのであり、誰もがいわゆる「普通」の生活を送れるようにするために生活条件を整えることは、社会の義務である。ソーシャルワーカーは、こうした条件が整っているかどうか、整っていないとしたら何にどう働きかけるべきかを考え行動しなければならない。

　バンク-ミケルセンとほぼ同時代に活躍したスウェーデンのニィリエ（Nirje, B.）は「知的障害者が、1日、1週間、1年を普通のリズムで生活し、普通に成長し、自分の人生について自己決定し、普通の人生を送る権利がある」というノーマライゼーションの原理を打ち立て、その普及にも貢献した。当たり前のことのように思えるが、この原理に照らせば、施設や支援者の都合で、当事者の起きる時間や寝る時間、食事の内容や着る物、週間・月間・年間予定などが決められる状態はノーマルといえるだろうか。また、誰かを好きになったり欲しい物を自分で選んで買ったり、自分で選択した職業に就くといった世の中の人々が普通に行っていることを制限された生活や処遇等はノーマルだろうか。

　また、北米で活躍したドイツ人のヴォルフェンスベルガー（Wolfensberger, W.）は、「ノーマル」とは統計上の概念であり、ある社会において逸脱した状態にある人——たとえば、目立って背が高い、低い、色が白い、黒い、太っている、やせているなど、集団におけるマイノリティ——が差別的にラベリングされるとしたら、それは見る側が作り出す状態であると考えた。この考えに照らせば、少数者の特徴となる「違い」にマイナスの価値づけを行う他者によってアブノーマル（異常）が生み出されることをソーシャルワーカーは認識し、個人と社会との関係性のなかで問題を把握し、何を正常化すべきか考えなければならない。

　さらに、ヴォルフェンスベルガーは、このようにアブノーマルとされた側の人が、その「役割」を果たし続けることによって、逸脱状態が保持されてしまうという。たとえば、世話や支援を長年受け続けている人々は「〜してもらう」ことに慣れ、自らをその立場に押しとどめてしまい、自分の意思や希望を述べたりその実現のために支援を活用するという主体的な思考に至らなくなってしまう。実際、現在の日本における障害者の地域移行支援が進まない理由の一つは、こうした当事者の意欲喚起の難しさによっている。支援を活用する側の主体性の尊重や、当事者による選択と決定が当事者自身の希望の実現に向けて行われるようにソーシャルワーカーはかかわらなければいけない。

　なお、ノーマライゼーションは、知的障害者福祉に端を発しているが、

ソーシャルワーカーは、ノーマライゼーションの理念に基づき、障害者に限らず社会から逸脱し、排除され、孤立させられた状態にあるすべての人々の主体性を尊重し、意思決定を支えてその表明を促し、ほかの人と同じような「普通」の生活を送れるように当事者と周囲の環境の双方に働きかけなければならないのである。

7 ソーシャルインクルージョン

■1 何を「インクルージョン」するのか

　世の中は誰を中心にして動いているだろうか。たとえば、移動手段として多くの人々が使う電車やバスなどの公共交通機関は、車いすの人や全盲の人、高齢者や子どもにとって安心して使える手段だろうか。多くの企業や自治体が頻繁に用いる「詳しくは WEB で」という広報伝達の方法は、機材をもっておりインターネット接続の可能な環境にいることが前提となっている。大規模災害の発生時に、障害者や高齢者が避難所に適応できなかったり、ホームレスの人が避難所利用を断られたり、外国人が避難先に関する情報を得られなかったといった事態は、世の中の仕組みが、健康で一定の教育を受けているいわゆる「自立した」国民を中心にして設計されていることを示している。

　職業や健康状態、学歴や知的能力、ジェンダーや年代、家庭環境や地域環境や国籍などさまざまな要因に決定づけられた格差により、世の中の人々が「中心的位置を占める人」と「周縁に追いやられている人」とに峻別されているとき、周縁に追いやられることを社会的排除（ソーシャルエクスクルージョン）と表現する。多くの場合、社会的排除の対象となる人が社会的弱者であることは前節でも述べたとおりである。

　ソーシャルワーカーは、人権や社会正義の実現を志向し、このような人々を包摂（インクルージョン）する社会を創造するために人と環境や地域社会に働きかけなければいけない。

■2 どのような社会を目指すのか

　ここまで述べてきたように、ソーシャルワークは、一人ひとりのかけがえのないいのちが大切にされ、誰にとっても生きやすい社会の実現を目指す。それは、一人ひとりが自尊心をもって意思を示し、また他者への相互の関心と思いやりを基盤とした人々の協働がなければ達成できな

い。特に、社会から孤立し排除され社会的弱者の位置に置かれている人が、社会の一員として受け入れられるように問題解決を図らなければならない。「社会的包摂」とも訳されるソーシャルインクルージョンは、ノーマライゼーション同様に、社会福祉政策の重要な理念であり、誰もがともに生きる社会の創造を目指す考え方である。

第1章第4節の事例でみたように、現代の日本社会においても社会的に孤立しがちで、助けや支えあいにアクセスできない人が存在する。事例では、子ども食堂に集う人々のなかに貧困や障害、心身の病気をもつ者や外国人、ひとり親家庭の子などさまざまな形で社会的弱者といわれる状態にある人たちがいた。地域のなかに、事例の子ども食堂のような拠点を創出していくことや、すでにある「場」を活用して支援を届けることもソーシャルワークの重要な課題である。

このような「場」のことをギリシア語でトポスという。日本の精神医学ソーシャルワーク研究の草分け的な存在である柏木昭は、トポスを、「人が生きる場、帰属感を覚えることや誇りを持つことのできる場、人生や生活を語り合える場、そこで人々は何ができるのかを議論する場」だと述べ、「ソーシャルワーカーは、トポスにおいて当事者、関係者、まちの人々とかかわりをもつ[3]」という。

ソーシャルワーカーは、こうした場にともにいて、集う人々とのかかわりを通してその地域環境を見渡し、地域住民間の交流や専門職・機関等の支援につながっていない人の潜在する支援ニーズをも見出そうとしている。待っているだけでは、支援にアクセスできない人、地域社会の周縁に追いやられている人を見出すことはできない。ソーシャルワーカーが「ソーシャル」な目を見開き、自分の職場から出て地域に「場」を求め、また、時に「場」を創出することがソーシャルインクルージョンの理念を実現するうえで必要となる。

Active Learning

自分が住む地域には、どのような「トポス」があるか検索し、実際に足を運んでみましょう。

8 原理・理念に基づくソーシャルワーク

ソーシャルワークの理念について、前節の原理を関連づけながら論じてきた。キー概念となる言葉は、時代や社会情勢によっても変化し、またよりよいものを求めるソーシャルワーク実践と研究の蓄積によって進化している。そのため、ある時代には重要であり素晴らしいとされた考え方も、時を経てそれを越える新たな言葉・概念が生み出される。ソー

シャルワークの基本となる原理や理念を学ぶことは、時に抽象的であったり当たり前のことを復習するようなものでもあるが、普遍的に大切にすべきことは何度でも確認しなければならない。一方で、固執することによって新たな発想や展開を制約してしまうことのないよう、自らを成長させソーシャルワークを進化させる営みが欠かせない。そのためにはソーシャルワーカーと研究者が相互に知見を提供し研鑽^{けんさん}しあいながら、一人のいのちをかけがえのないものとして大切にし、その思想が社会全体に実現することを志向し続けなければならない。そして、そこではソーシャルワーカーと当事者を含む市民との協働が不可欠である。

ソーシャルワーカーには、ダイナミックで崇高な役割を果たすことが期待されている。ソーシャルワークの原理や理念に基づく実践は、職業生活のみならず人生そのものを豊かにし、人としての成長を促進してくれるようなさまざまな出会いと挑戦に満ちた歩みであるといえる。

◇引用文献
1）「日本国憲法逐条解説」 http://law.main.jp/kenpou/k0011.html
2）定藤丈弘・北野誠一・岡本栄一編『自立生活の思想と展望──福祉のまちづくりと新しい地域福祉の創造をめざして』ミネルヴァ書房，p.8，1993.
3）柏木昭「I-3 "トポス" の創造とソーシャルワーカー」柏木昭・佐々木敏明・荒田寛『ソーシャルワーク協働の思想──"クリネー"から"トポス"へ』へるす出版，p.87，2010.

◇参考文献
・中西正司・上野千鶴子『当事者主権』岩波書店，2003.
・太田義弘・中村佐織・安井理夫編著『高度専門職業としてのソーシャルワーク──理論・構想・方法・実践の科学的統合化』光生館，2017.
・定藤丈弘・北野誠一・岡本栄一編『自立生活の思想と展望──福祉のまちづくりと新しい地域福祉の創造をめざして』ミネルヴァ書房，1993.
・J. S. ミル，斉藤悦則訳『自由論』光文社，2012.
・E. O. コックス・R. J. パーソンズ，小松源助監訳『高齢者エンパワーメントの基礎──ソーシャルワーク実践の発展を目指して』相川書房，1997.
・F. J. ターナー，米本秀仁監訳『ソーシャルワーク・トリートメント──相互連結理論アプローチ 上』中央法規出版，1999.
・日本精神保健福祉士協会・日本精神保健福祉学会監『精神保健福祉用語辞典』中央法規出版，2004.
・新村出編『広辞苑 第七版』岩波書店，2018.
・花村春樹『「ノーマリゼーションの父」N・E・バンク−ミケルセン──その生涯と思想』ミネルヴァ書房，1994.
・中園康夫『ノーマリゼーション原理の研究──欧米の理論と実践』海声社，1996.
・B. ニィリエ，ハンソン友子訳『再考・ノーマライゼーションの原理──その広がりと現代的意義』現代書館，2008.
・榊原賢二郎『社会的包摂と身体──障害者差別禁止法制後の障害定義と異別処遇を巡って』生活書院，2016.
・柏木昭・佐々木敏明・荒田寛『ソーシャルワーク協働の思想──"クリネー"から"トポス"へ』へるす出版，2010.

第4章

ソーシャルワークの形成過程

　本章では、ソーシャルワークが歴史的にどのように形成され、今日に至るまで発展してきたのか、その過程について理解する。第1節では、ソーシャルワークの源流を探るとともに、ソーシャルワークの萌芽となった諸活動について学ぶ。続く第2節では、ソーシャルワークの発展期として、ケースワーク、グループワーク、コミュニティワークの発展をみていく。さらに第3節では、ソーシャルワークの展開期・統合化として、ライフモデルやジェネラリスト・ソーシャルワークの登場について学ぶ。そして第4節では、日本におけるソーシャルワークの形成過程として、救済から社会事業への展開、戦後のソーシャルワークの導入、そしてソーシャルワーカーの国家資格の誕生に至る経緯について学ぶ。

第1節 ソーシャルワークの源流と基礎確立期

学習のポイント

● 社会的に弱い立場にあった人たちの支援の歴史を理解する
● 産業革命とソーシャルワークの関係を理解する
● ソーシャルワークの萌芽について理解する

1 ソーシャルワーク前史

1 中世における慈善

ソーシャルワークはヒューマニズムに基づいた特徴ある価値をもっている。ソーシャルワークの源流をたどると、ソーシャルワークが組織的に展開される以前に、社会的に弱い立場にある人たちに支援の手を差し伸べたのは宗教的な価値観に突き動かされた人々であった。たとえば人の命に優劣はなく、人間は皆平等であるといった基本的な福祉の思想は、聖書の「ヘブライ人への手紙」にみることができる。それは神を父として、人々は誰もが等しく神の子であるという思想であり、慈善を神の喜びとした思想であった。

やがて中世封建社会が成立すると、慈善が組織的に行われるようになる。この時代、農民（農奴と呼ばれた）は荘園制度のもとで労働を強いられ（賦役）、生産物を納め（貢納）、さらに十分の一税として税を納め教会に対しても責任を負った。農奴は荘園領主のもちものとして保護の対象でもあり、村落の共同体として生活を保障しあった。そして、障害や病気等を理由として共同体からのつながりを失った人たちが慈善の対象となっていった。教会はピラミッド型の組織をつくり上げて、信者の寄付、領地の収入や十分の一税などの収入を四分し、「一つを司教、一つを他の聖職者、一つを教会建造物、残る一つを貧者のために充てる」[1] 慈善活動を行ったとされている。

2 産業革命と救貧活動
❶社会変動に伴う対応

資本主義は16世紀初頭までに事実上成立していたともいわれている。

★「ヘブライ人への手紙」
『新約聖書』の「ヘブライ人への手紙」には、「兄弟としていつも愛し合いなさい」「善い行いと施しを忘れないでください。このようないけにえこそ、神はお喜びになるのです」と書かれている。

その舞台となったのはイギリスで、当時は羊毛の輸出国であった。羊毛の値が上がればその産出元である牧羊が重要となり、牧羊のための土地を囲い込むといった新しい動きにつながった。土地を囲い込んだ地主と、囲い込まれた土地で賃金労働に従事する労働者がこの囲い込み運動のなかで生まれたのである。囲い込みや経済活動の変化で、多くの民衆が困窮を経験することになった。中世的な慈善による救済ではもはや対応しきれず、イギリスは救貧法による国家的な対策を発展させた。

1601 年の**エリザベス救貧法**では、貧民が有能貧民、無能貧民および児童と、労働能力の有無によって分類された。貧民はこの法によって救済されるのではなく、有能貧民は労働の義務を負わされた。そして、就労命令に違反すると犯罪者として刑罰の対象となり、慈善的目的のために充てられた土地や金品は救貧法を補足するものとされた。

産業革命[★]によってイギリスは「世界の工場」と呼ばれ、農業中心の社会から工業中心の社会となり、農村から人口が流出し都市化が進んだ。大規模な機械制工場が出現し、経営者である資本家が経済を左右するようになり、資本主義体制が確立した。このような動向は未熟な工業従事者の増加や低賃金労働、そして急激な都市化による衛生問題など、さまざまな社会問題も生み出した。

このような産業革命の結果として作り出された新しい社会問題にエリザベス救貧法で対応することは不可能であり、1834 年に**新救貧法**が制定されるに至った。新救貧法では救貧委員会が設置され、**ワークハウス**等の救貧施設を運営し、救済申請者と面接をして救済の決定にあたった。そして、❶救済は全国的に統一した方法でなされること、❷有能な貧民の居宅保護を禁止し、ワークハウスで救済すること、❸すべての救済を実質的にも外見的にも最下級の労働者の生活条件以下に抑えることが定められた。

❷実態を明らかにする社会調査

産業革命後のイギリスは、その負の結果として産業社会に伴う諸問題についても世界に先がけて経験することとなった。大きな問題の一つは貧困問題である。この時代の人々は、貧困の原因が社会にあるのではなく、怠惰や堕落といった個人的な要因が問題であると考えていた。

ブース（Booth, C.）はこの都市化の問題を明らかにするために1886 年からロンドンの労働者や貧困層の生活実態の調査に取り組み、17 巻にわたる『ロンドン民衆の生活と労働』を著した。この調査によって、人々が貧困状態に陥ってしまうのは個人的な原因にあるのではな

★産業革命
産業革命は世界に先がけてイギリスで起こった。産業革命とは、一般に資金と場所と労働力の三つの条件が必要とされる。この三つがいち早く整えられたのがイギリスであった。産業革命の重要な点は、革命が経済活動のみならず、人々の生活に直接的に影響を及ぼしたことであった。マンチェスターを中心に綿工業が機械化され、さらに蒸気機関が改良されると、生産の効率がよりいっそう高まった。

Active Learning

産業革命がなぜソーシャルワークと関係しているか考えてみましょう。

く、雇用の不安定性、低賃金など、社会・経済的原因によって貧困が発生することが明らかになった。また、ブースの調査の影響を受けてラウントリー（Rowntree, B. S.）は、ロンドンの北 300㎞の地方都市であるヨークで同様の調査を実施した。

■3 慈善組織協会とセツルメント運動
❶慈善組織協会

社会調査によって、貧困の原因が個人にあるのではなく、経済活動優先の社会が、貧困を生み出してしまうことが明らかになった。これまで感覚的に捉えられていた社会の問題が科学的な方法によって詳細に描き出され、貧困の状態にある人々の生活条件の改善が期待された。

1860 年代、ロンドンには相当数の慈善組織があり、それぞれが貧困層の救済のために活動をしていた。しかし、慈善組織相互の情報交換や協力体制がなく、当時の社会問題であった児童の危機的状況（浮浪児や貧困児、児童労働）や、犯罪者の増加などに効果的に対応できていなかった。このような状況で最初の**慈善組織協会**（Charity Organization Society：COS）が 1869 年にロンドンで設立された。

COS は**ロック**(Loch, C.)の指導のもと、要保護者の個別的訪問調査、ケース記録の集積、慈善団体の連携が徹底された。そして「協力に基づく慈善組織化」を課題とし、そのためにロンドンのすべての地区に地区委員会を設立して、一体化することを目指した。1875 年までに 39 地区委員会が設立され[2]、COS の地区内で活動している公私の救済活動の情報交換のセンター的役割を担った。そして生活困窮や傷病ケースの一般的申請の受付と調査、適切な救済機関への紹介を中心とする決定を行い、救済機関の分業を確立した。また、ケースの登録を行って救済の重複や不正受給の防止を行った。

COS は多くの公的、民間組織、または個人の慈善事業の組織化を進めたので、ソーシャルアドミニストレーション（社会福祉運営）の方法、技術を発展させることに役立った。さらにケースワークについても、その実践に基づく理論と方法、技術を体系化した。COS の活動がケースワークの源流となっているのである。

COS は早くから「慈善的救済援助に不可欠の要素として、パーソナルな訪問活動を位置づけていた[3]」。1874 年にはボーザンキット（Bosanquet, C.）がヒル（Hill, O.）らの協力を得ながら訪問員のためのハンドブックを作成している。このハンドブックでは戸別訪問につい

て、疾病などのケースではより頻繁に訪問することが記された。通常は2週間に1回、1か月以上の空白を生じさせずに実施することや、訪問にあたってかつての担当者から情報を受けることなどの訪問の条件が示されている。また訪問員としての条件として、貧困者の状態改善への社会的関心、コミュニティとケースの関係や個人のケースに関する情報をもつこと、コミュニティにおける職業、賃金水準、社会機関などの生活条件の具体的知識をもつことが挙げられた。さらにスーパーバイザーをもち、所属する機関のルールや原則を認識してケースの処遇に適用することなどが示された。

また、**友愛訪問**と呼ばれる戸別訪問活動の必要性を訴え、教師として訪問するのではなく、友人として訪問することと助言している。すなわち、訪問する側と訪問される側に上下の関係や、パターナリズムをもち込まず、友人としての対等な関係を築くことを重要視していたことがわかる。また、物質的な施しだけで支援を必要としている人たちが自立することは不可能であることに早くから気づき、対等な関係における人と人とのかかわりを活動のモットーとしていた。

❷セツルメント運動——バーネットとトインビー・ホール

セツルメント運動とは、知識や財産をもつものがスラム街に入り込み、社会的に弱い立場にある人たち、生活に困窮している人たちやその家族と生活をともにしながら、人間的な接触を通じて地域の社会福祉の向上を図ろうとする事業の展開である。セツルメントは、三つのR、すなわち「住み込み（residence）」「調査（research）」「改良（reform）」を中心として活動を展開した。

セツルメントの活動を組織的に行ったパイオニアは、イギリスのオックスフォード大学で法学と近代史を学び、後に司祭となったバーネット（Barnett, S.）である。バーネットは1875年に母校であるオックスフォード大学で講演し、イースト・エンドの労働者階級の物質的、精神的悲惨さを訴えた。そして大学人が直接的に果たすべき役割として、イースト・エンドに赴き、知識と教育の力で労働者階級に奉仕することを求めた。

産業革命という歴史的な用語を最初に用いた有名な経済学者であるト

---

i 〔Samuel A. Barnett〕1844-1913. バーネットはロンドンの貧民街ホワイトチャペルに住み込み、当初はヒルらとCOS委員会創設の活動をしていた。彼はイースト・エンドの貧困の問題は、労働者を精神的にも身体的にも痛めつける不規則で低賃金な労働の問題であることを認識し、COSから社会改良主義のセツルメントへ活動を転換させた。

インビー（Toynbee, A.）もバーネットの話を聞いた。彼も学生と一緒にホワイトチャペルを訪れ、生活困窮の状態にある人たちと生活をともにしながら経済学の研究を続けたが、31歳の若さでこの世を去った。

こうしたバーネットの働きかけによって、1884年に大学セツルメント協会が発足し、バーネットが居住しているセント・ユダ教会の隣地に最初の大学セツルメント会館が建設された。このセツルメント会館は、トインビーを記念し、トインビー・ホールと命名され、バーネットが初代の館長に推薦されたのであった。セツルメント運動を始めたバーネットは、スラムの人々のニーズは教育にあると確信し、広い人間教育を提供することからスラムの問題解決がみえてくると考えた。

トインビー・ホールの主な事業は、第一にクラブや講座などさまざまな形態での労働者、児童の教育、第二にセツラー（セツルメント運動に参加した大学関係者ら）の地域社会資源への参加と地域住民の組織化による公衆衛生、教育、救済などの社会資源の動員、第三に社会調査とそれに基づく社会改良の世論喚起[4]が挙げられる。教育を提供することから大学人らセツラー自身も現実を学ぶ機会を得た。また、セツルメントで実施されたクラブ活動やレクリエーション活動は後のグループワークの源流となった。

❸セツルメント運動——ジェーン・アダムスとハル・ハウス

イギリスで発祥したセツルメント運動は、大西洋を渡りアメリカでも根づくことになった。アメリカにおける最初のセツルメントはコイツ（Coit, S.）が1886年にニューヨークに設立した隣保館（Neighborhood Guild）であった。彼は、フンボルト大学ベルリンで博士号を取得したあと、ロンドンのトインビー・ホールを訪ね、ニューヨークに戻り隣保館を設立した。隣保館は後にユニバーシティ・セツルメントとして知られることになり、現在も地域住民を支えている。

1889年には、ジェーン・アダムス（Addams, J.）[ii]がシカゴにハル・ハウス（Hull House）を設立した。当時のシカゴのスラム街は移民が多く、その人々が貧困の状態から抜け出し、アメリカ社会に定着・定住することが課題でもあった。ハル・ハウスの活動の特徴は、子どもたちへの支援、そしてさまざまなグループ活動が展開されていたことであ

ii 〔Jane Addams〕1860-1935. ジェーン・アダムスは1860年、イリノイ州の裕福な家庭に生まれ、医者になろうとフィラデルフィア女子医大で学ぶが、病気のため医学の道を断念し、療養のためヨーロッパを遊学した。ヨーロッパを再訪した1888年にロンドンでトインビー・ホールを視察し、ここでの学習と体験から1889年シカゴにハル・ハウスを設立するに至った。

Active Learning
セツルメント運動がアメリカで広まった理由について考えてみましょう。

ハル・ハウスにて読み聞かせグループを実践するジェーン・アダムス
JAMC_0000_0029_0055, Special Collections and University
Archives, University of Illinois at Chicago Library

る。子どもたちや移民、そして労働の諸問題にグループの力を使いながら取り組み、社会改良の拠点となっていった。ハル・ハウスにはアクション・リサーチ★の祖とされるデューイ（Dewey, J.）も関与しており、実践と実証を同時に行っていた。社会的弱者としての生活困窮者や、移民に対する民主主義を尊重したグループ活動は、やがてグループワークへと発展していくことになった。

　ハル・ハウスはその開設 1 年目から 5 万人が利用したといわれており、世界最大のセツルメントとなっていった。ハル・ハウスの発展の特徴は、セツルメントの施設としてだけではなく、施設を拠点としてシカゴ市やイリノイ州において**社会改良運動**を展開したことにある。ハル・ハウスは 2012 年に閉館し、現在はジェーン・アダムス・ハル・ハウス博物館となっている。

★アクション・リサーチ
アクション・リサーチとは、実践的な課題解決と当該領域に有効な理論形成を同時に促進する社会調査のあり方を指す。ソーシャルワーカーとクライエント、調査対象者の協働により、調査によって当該実践領域の理解を深め、明らかになった課題を解決する。

2　ソーシャルワークの基礎確立期（〜 1930 年代）

1 ケースワークの確立

❶リッチモンドと COS

　COS の活動、特に個別訪問は、やがて大西洋を渡りアメリカでケースワークとして発展していくこととなった。その中心として挙げられるのが「ケースワークの母」と呼ばれるリッチモンド（Richmond, M. E.）であり、1889 年にボルティモア慈善組織協会で会計補佐の職の募集に応じ、新しい進路を拓いたのであった。

リッチモンドはCOSについて何の知識もなかったため、友人の勧めに従って新しい仕事が始まる前にボストン慈善組織協会で一週間COSについて学ぶことになった。やがて彼女のCOSでの仕事が始まると、任された仕事は会計の仕事だけにとどまらず、地区のケース会議に参加したり、直接友愛訪問をしたりと、幅広く活動した。このような経験をするなかで、彼女自身が友愛訪問員として学習することの必要性を強く実感した。そしてCOSの事業も未発達な部分が多く、訓練の欠如や、知識の欠如がこの発達を妨げているのでないかと認識するに至った。

　1897年、リッチモンドはトロントにおける全国慈善矯正会議で訓練学校の必要性について発表した。訓練学校のカリキュラムでは「アカデミックなものよりもむしろ実際的なものを強め[5]」、教室で学ぶだけではなく、現場での経験も進めていくことなどが含まれていた。そしてこの報告がきっかけとなり、1898年、ニューヨーク慈善組織協会によって「応用博愛夏期学校」が開設された。すなわちCOSの友愛訪問員を対象とした講習会の開催に至ったのであり、この講習会がやがて現在のソーシャルワーク専門職の教育システムに発展していくことになった。

　COSの仕事は、貧困層の救済のために活動している慈善組織や個人を組織化し、相互の情報交換や協力体制を強化することなどであった。リッチモンドは、友愛訪問が慈善組織運動において最も重要な役割であると考えていた。それは慈善組織化に関連する協力、調査、登録など、すべてのものが友愛訪問を通じて現場とつながっているからであった。

　ところで1900年前後のアメリカは、社会改良運動が広がっていく時代であった。産業革命後の経済発展や社会の変化は当然のように深刻な社会問題を生み出しており、雇用や労働に関する連邦法などが成立した。社会改良のための努力は立法によるものだけにとどまらず、セツルメント運動なども社会改良の場になっていったが、COSの活動は停滞することになった。それは社会の仕組みが変わっていくことで個人が力を取り戻し、友愛訪問のような個人を対象とするものは必要がなくなるだろうという風潮が作り出されたからであろう。しかし、リッチモンドはフィラデルフィア慈善組織協会の指導的な立場に立って活動を展開

Active Learning

1900年前後のアメリカ社会における人々の生活について調べてみましょう。

---

iii 〔Mary E. Richmond〕1861-1928. リッチモンドは1861年にイリノイ州に生まれ、両親を幼い時に亡くし、ボルティモアの祖母と叔母に引き取られて育った。16歳で高校を卒業した彼女はニューヨークで仕事をしていたが、マラリアに罹患しボルティモアに戻った。そしてボルティモアのホテルで会計の仕事をしていた。彼女のその頃の唯一の楽しみは読書であったという。そして文学から知的な世界へ関心を広げていった。

**「ケースワークの母」と
呼ばれるリッチモンド**
©Alamy Stock Photo/amanaimages

し、地域の社会改良への指導を進めていった。彼女は、この社会改良の原動力も個人への働きかけから始まり、そこに帰結していくとして、具体的な事実から進めていくことの重要性を説いた。

❷社会診断

リッチモンドは長年にわたり当時のケース記録を分析し、1917年に『社会診断』＊（*Social Diagnosis*）を発刊した。彼女は最初に家族に対するソーシャルワークについて記録を始め、障害のある野宿経験者、障害のあるホームレス、依存症の親をもつ被虐待児らの支援に共通する方法やねらいがみえてきた。そして、次世代のソーシャルワークを担う人たちがもつべき共通の知識とは何か考え始めたのであった。

リッチモンドが『社会診断』で成し遂げようとしたことは、ケースワーカーが共通に所有することのできる知識、方法を確立することであった。そのことによって、ケースワークを専門的な水準に高めようとすることであり、次世代のソーシャルワーカーを養成するために知識と方法を伝えることであった。そして彼女はケースワークを「社会的証拠」の収集から始め、「比較・推論」を経て、「社会診断」を導き出す過程として規定している。リッチモンドによる社会診断は「クライエントの社会的状況とパーソナリティをできる限り正確に定義する試みである」としている[6]。

萌芽期におけるケースワークは、リッチモンドに代表されるように社会的要因や社会的環境と個人との関連に重きを置いている。リッチモンドはその後ケースワークという用語にこだわり、ケースワークを定義することを試み、その結果として『ソーシャル・ケース・ワークとは何か』＊を執筆するに至った。ケースワークはイギリスで開始され、アメリカに渡って実践が続けられたCOSの友愛訪問から脱却し、支援のため

★『社会診断』
ケースワークが専門的な職業としての位置を獲得してきているにもかかわらず、その過程を批判的な分析に委ね、またそれを評定するための基準が欠けていた。そのためにケースワークの発達が著しく妨げられてしまっていた。リッチモンドは、それを克服し、前進せしめていくためには何よりも共通した専門的な知識の基準が必要であるという観点から、ケースワークの最初の段階である社会診断の過程を体系づけようとしたのであった。

★『ソーシャル・ケース・ワークとは何か』
このなかで彼女はケースワークを「ソーシャル・ケース・ワークは人間と社会環境との間を個別に、意識的に調整することを通してパーソナリティを発達させる諸過程からなり立っている」としている。

の科学的な枠組みを体系化、実践していった。慈善事業から専門職業へ向かう時代だったのである。

❸医療ソーシャルワークの萌芽

1895年、ロイヤル・フリー・ホスピタルにスチュワート（Stewart, M.）が迎えられ、イギリスではアルマナーと呼ばれる医療現場でのソーシャルワーカーが活躍していた。

1898年、キャボット（Cabot, R. C.）はアメリカのボストンにあるマサチューセッツ総合病院の外来診療部の医師になった。彼はそこで働くうちに、子どもが同じ疾病で再診を繰り返していることに気がついた。そしてこのような患者の場合は、患者と生活をしている母親に栄養や環境の教育をしなければ、また同じようなことの繰り返しになってしまうことがわかった。つまり多くの患者は、病状として現れていることの背後に、生活環境や社会環境といった病院では対応しきれない状況があることに気がついたのであった。そこでキャボットは1905年に社会事業の経験のある看護師であったペルトン（Pelton, G.）を採用し、結核患者に対する適切な治療が受けられるように生活環境を調整するという仕事を任せた。しかしペルトン自身も結核となって病院を去り、この仕事がキャノン（Cannon, I.）に引き継がれ、医療ソーシャルワークの先駆者となった。

Active Learning

病院や学校における
ソーシャルワークの
役割について考えて
みましょう。

もちろんキャノンのような仕事は多くの医療関係者に理解されたものではなかった。病院の医師たちのほとんどが保守的でキャボットのような発想が理解されていなかったのである。しかし、キャボットとキャノンらは、医師とソーシャルワーカーの協力がいかに正しい診断と適切な治療を可能にするかを発表し、多くの医師の理解を得ていった。また同年、マサチューセッツ総合病院では、精神科でもソーシャルワーカーが採用されている。そして、このような医療現場におけるソーシャルワークが拡大していくことになったのであった。

❹スクールソーシャルワークの萌芽

1906年から1907年にかけてボストン、ハートフォード、ニューヨークの学校に地域組織がスポンサーとなってソーシャルワークのサービスが提供されるようになった。やがて1913年にニューヨーク州ロチェスターで公的財源によるスクールソーシャルワークが創設され、拡大していった。

アメリカでスクールソーシャルワークの発展にはずみがついたのは、義務教育が法律化されたことに関係する。子どもたちが教育を受けられ

ていないことが問題視され、教育を受ける権利を保障するのは州の責務
であり、各州が義務教育の法律を制定した。しかし、法律が効果的に運
用されなかったために就学の担当者が必要になり、スクールソーシャル
ワーカーが任命された。

　さらに義務教育の法律が拡充すると、さまざまな子どもたちへの教育
経験を提供することの必要性が要求された。このような子どもたちの個
別性が認識されるようになり、個別性の知識が必要とされ、1920年代
は公立学校におけるスクールソーシャルワーカーの療法的役割の始まり
であった。訪問する教師たちが、子どもたちの個別性を認識し、問題行
動が精神保健的な原因で発生することを理解したことは、子どもたちが
学校に適応できなくなることの予防につながった。

２ 専門化するソーシャルワーク（1920年代）

❶ミルフォード会議（1923年）の影響

　セツルメントの活動やCOSの活動、そして医療ソーシャルワークが
発展してくると、ソーシャルワークが細分化、専門化する時代に入って
いくことになる。それぞれの場所でそれぞれの方法論を確立しながら、
またその方法論を教育していくための専門職化が求められていたのであ
る。

　専門職として専門化、細分化されようとする過程を経て、実践者から
は一つの専門職としてまとまりを求める動きも出てきた。その過程にお
いて重要な役割をもったのがミルフォード会議である。そして「すべて
のソーシャルワーカーは一つの専門職の一部分をなすという考え方を持
ち続けられるような、十分な共通認識がさまざまな専門性の間に存在す
るのか[7]」という中心的な関心ごとのもと、ソーシャルワークの諸問題の
有効な解明を目指した。

　このミルフォード会議の大きな成果は「"ジェネリック・ソーシャル・
ケースワーク"といわれるようになった基本的な概念は、異なったケー
スワーク分野のいかなる強調よりも、内容においてより本質的で、すべ
ての形態のソーシャル・ケースワークにとって、その意味するところは
より重要であるという、会議の参加者によって満場一致でもたれた強い
確信の出現であった[8]」とされている。

　会議で議論されたことは次の事柄であり、報告書でまとめられた。

❶　ジェネリック・ソーシャル・ケースワークとは何か？

❷　ソーシャル・ケースワークのための有用な機関とは？

★ソーシャルワークの
　細分化、専門化

たとえば、セツルメントの活動がグループワークを発展させ、その対象が移民や子どもたちであったことは、その分野での方法論を強化していくことになった。またCOSがケースワークとしての機能を強め、貧困の状態にある人たちや、障害のある人たちに対する訪問活動を重ね、その支援の方法論が強化されていった。そしてセツルメントの運営、COSの運営といったそれぞれの場にふさわしいアドミニストレーションの方法などが開発されていった。

★ミルフォード会議

1923年10月、ケースワークを展開していたアメリカ家族福祉協会、アメリカ病院ソーシャルワーカー協会、アメリカ児童福祉連盟、アメリカ精神医学ソーシャルワーカー協会、国際移住サービス、全米旅行者援助協会、全米訪問教師委員会、全米非行防止協会の関係者がペンシルベニア州ミルフォードに集まった。この会議はその後1928年まで引き続いて毎年開催され、ケースワークの専門化に貢献し、その成果は1929年に報告書として出版された。

❸　ソーシャル・ケースワークのための諸機関の分業

❹　ソーシャル・ケースワークのための訓練

　そして、合意を得たというジェネリック・ソーシャル・ケースワークについては、その内容として以下の局面を具現化したものとして考えられる。

①　社会生活で受け入れられている基準からの典型的な逸脱についての知識

②　人間としての生活の規範と、人間としてのかかわりの規範の使用

③　困窮にある人間を個別化するための基礎としての社会生活歴の重要性

④　困窮にある人間の研究と処遇についての確立された諸技法

⑤　社会的処遇における、確立された地域社会資源の使用

⑥　ソーシャル・ケースワークのニーズに対する科学的知識の適用と、経験の体系化

⑦　ソーシャル・ケースワークの目的、倫理、責務を決定する哲学の自覚

⑧　上述の事柄の社会的処遇への融合

　ミルフォード会議では、ケースワークをめぐる基本的な事柄が広範囲に体系化され検討された。本節では報告書の目次の主要な部分とジェネリック・ソーシャルワークの中心部分を列挙したのみであるが、現在にも通ずるソーシャルワークの普遍的な骨格が確認できる。1920年代までの総括として、実践が整理、体系化され、報告書としてまとめられたことはソーシャルワークの発展に大きな貢献をしたといえる。

❷諸科学からの影響

　1920年代の特徴として社会科学や医学などの諸領域から影響を受けたことが挙げられる。リッチモンドもケースワーカーという用語について検討するなかで、マッキーヴァー（MacIver, M. R.）の『コミュニティ』から「社会と個人の間の相互作用の概念」を学ぶことにより、「社会関係」が個人対個人の間だけではなく彼らの内部にも存在し、パーソナリティの発達と社会の発達は一つの事柄の二つの面であることを知るに至った[9]とされている。

　また、この時期にケースワークにおける科学的方法の二つの接近が始まったとされている。統計的方法によるクライエントの理解と事例研究的方法によるクライエントの理解である。このような調査研究の方法が確立し定着、拡大していくことはソーシャルワークの専門性を確立して

いくことにも寄与した。

　特にケースワークにおいては、精神医学の影響を受けた。社会的治療という方法は、精神医学においても一部の精神病の患者のみに限定されるものではなく、精神医学とソーシャルケースワークを結合させるものになっていった。精神医学におけるクライエントの理解に、個人の幼児期の経験や学習体験などが含まれるようになり、ソーシャルケースワークにおけるクライエントの理解にも応用されるようになっていったのである。

第4章
ソーシャルワークの形成過程

◇引用文献
　1）高島進『MINERVA 社会福祉基本図書11　社会福祉の歴史——慈善事業・救貧法から現代まで』ミネルヴァ書房，p.18，1995.
　2）高野史郎『イギリス近代社会事業の形成過程——ロンドン慈善組織協会の活動を中心として』勁草書房，pp.174-175，1985.
　3）同上，p.284
　4）前出１），p.112
　5）小松源助「ソーシャル・ワークの成立」右田紀久恵・高澤武司・古川孝順編『社会福祉の歴史——政策と運動の展開』有斐閣，p.116，1977.
　6）Richmond, M. E., *Social Diagnosis*, Russell Sage Foundation, p.51, 1917.
　7）全米ソーシャルワーカー協会編，竹内一夫・清水隆則・小田兼三訳『ソーシャル・ケースワーク——ジェネリックとスペシフィック——ミルフォード会議報告』相川書房，序文，1993.
　8）同上，p.3
　9）前出５），p.137

◇参考文献
　・一番ヶ瀬康子『アメリカ社会福祉発達史』光生館，1963.
　・Johnson, M. A., *The Many Faces of Hull-House*, University of Illinois Press, 1989.
　・小松源助『ソーシャルワーク理論の歴史と展開——先駆者に辿るその発達史』川島書店，1993.
　・中島さつき『医療ソーシャルワーク』誠信書房，1975.
　・仲村優一『ケースワーク 第2版』誠信書房，1980.
　・M. E. リッチモンド，小松源助訳『ソーシャル・ケース・ワークとは何か』中央法規出版，1991.
　・高野史郎『イギリス近代社会事業の形成過程——ロンドン慈善組織協会の活動を中心として』勁草書房，1985.
　・右田紀久恵・高澤武司・古川孝順編『社会福祉の歴史——政策と運動の展開』有斐閣，1977.
　・吉田久一『日本社会事業の歴史 改訂版』勁草書房，1966.

ソーシャルワークの発展期

学習のポイント

● 診断主義と機能主義について理解する
● グループワークの発展について理解する
● コミュニティオーガニゼーションの発展について理解する

1 世界恐慌の影響

　世界恐慌とは1929年にニューヨーク証券取引所で株価が大暴落したことをきっかけとした世界規模の恐慌である。アメリカでは1933年には1300万人といわれる失業者が出て、数百万人が救済を求めるという事態に民間の救済施設では対応しきれない状態となった。そこで公的な機関が救済措置を提供する必要が生じた。1933年に第32代大統領となった民主党のルーズベルト（Roosevelt, F. D.）により「ニューディール政策」が進められ、ケースワーカーが公的機関に雇用され、ケースワークの技術を形づくっていくことに寄与した。

　1935年に社会保障法が成立するとアメリカの社会福祉の歴史は大きく変化した。社会保障法は、社会保険制度、公的扶助制度、社会福祉事業の三つの柱からなり、社会保障委員会（Social Security Board）が創立された。ソーシャルワークの施設も民間から公立のものがしだいに増えて、民間の力によって支えられてきたソーシャルワークが公的な性格を帯びることとなった。これは単にソーシャルワークの担い手が公営化しただけではなく、社会福祉事業が社会化・国営化されたことでソーシャルワークは専門性を高め、また専門職として確立するうえでの追い風となった。

　また、この時期にケースワークほど専門化されていなかったがソーシャルグループワーク、コミュニティオーガニゼーションにも専門化の兆しが現われている。グループワークについてはセツルメント・ハウスにおけるグループ活動や青少年団体の活動にその源流を求めることができる。また、コミュニティオーガニゼーションについては、ケースワークを展開した慈善組織協会（COS）は、地域の慈善団体の組織化その

★ニューディール政策
100日間の臨時議会が開催され三つのR、救済（Relief）、復興（Recovery）、改革（Reform）を目標として対策を打ち出した。各州の救済を補助し、失業者の救済を援助、産業の復興等景気対策を実施し、公共事業による失業者対策や労働者の団結権と交渉権を認めた。

Active Learning

経済の浮き沈みと社会福祉の関係について考えてみましょう。

ものであり、社会福祉事業の拡大とともに発展していた。

1935年に開催された全国ソーシャルワーク会議ではソーシャルケースワーク、ソーシャルグループワーク、コミュニティオーガニゼーション、ソーシャルアクションの分科会が並列した[1]。ソーシャルワーカーたちが集まる会議においても、問題中心であった会議から技術中心の会議へと変化したのである。また、1937年からは会議に公的扶助行政の分科会が設定された[2]。そして社会保障法の運用のために州の職員を社会事業学校へ派遣する制度が認められ[3]、1938年の同会議では公的扶助におけるケースワークの必要性が論じられた。

2 診断主義と機能主義

1 診断主義と診断主義学派

世界恐慌から第二次世界大戦へと歴史が動きつつあるなか、アメリカ国民の心理的不安は徐々に増していった。そして公的機関におけるソーシャルケースワークが専門化してくるなか、民間の施設は救済からカウンセリングへ移っていた。

1920年前後からケースワークに対する精神分析学の影響が大きくなり、1930年以降には精神分析の影響を受けた力動的精神医学とケースワークの結びつきが著しくなった。精神分析を取り入れなければケースワークにならないような状況まで醸し出した時代であり、心理主義に傾倒していくケースワーカーは「小さな精神科医（little psychiatrist）」と呼ばれたこともあった。

フロイト（Freud, S.）[i]の精神分析理論をよりどころにした見解を「診断主義」、診断主義に基づいたクライエントの理解や実践を展開するケースワーカーや教育組織を「診断主義学派」と呼んでいる。「フロイト派」と呼ばれることもある。

診断主義学派は、リッチモンド（Richmond, M. E.）のケースワークを受け継ぎ精神分析論を取り入れたケースワークを提唱した。パーソ

---

i 〔Sigmund Freud〕1856-1939. フロイトはオーストリアの精神科医で、彼の精神分析論では意識の世界のほかに無意識の世界を考え、深層心理学というべきものを打ち立てた。そこには自我（エゴ）・原始的自我（イド）・超自我（スーパーエゴ）という分け方と、意識・下意識・無意識という分け方が並存している。そして無意識の通路として夢の分析を重要視し、また幼児期の体験がパーソナリティに影響すると考えた。

ナリティとクライエントとのかかわりの理解はフロイトの概念を用い、診断にあたってはリッチモンドの業績によった。リッチモンドによる社会診断は「クライエントの社会的状況とパーソナリティをできる限り正確に定義する試み[4)]」であった。すなわち、診断主義学派のケースワークは、問題を抱えているクライエントのパーソナリティは精神分析療法的なアプローチを通して理解、分析し、変容させることができると考え、また、クライエントをより正確に理解するためには、クライエントの置かれている社会的環境についても理解する必要があると考えた。

　このような診断主義学派ケースワークのあり方を提唱したのはハミルトン（Hamilton, G.）[ii]であった。彼女は、すべてのソーシャルワークのケースは、心理的、社会的な特徴をもっており、心理的視点と社会的視点を統合させることのケースワークへの応用を考えた。そして心理的要因と社会的要因を切り離すことなどは不可能であり、クライエントの精神的な洞察力が現実の事態に直面するうえで利用されることもあると考えた。診断主義の伝統は、やがて心理社会的アプローチを用いるソーシャルワーカーに受け継がれていった。

　精神分析を前面に押し出すと心理的な側面のみに重点が置かれてしまうが、クライエントの社会性にも着目をしている点は重要であった。それでも診断主義学派によるケースワークは、精神分析学の枠組みを使いながらパーソナリティに重きを置いていくことになり、ソーシャルワークがねらいとしていた社会改良の側面は徐々に薄れてしまった。ケースワークはこの時代の人々の不安に対応したことによって、結果的にリッチモンドが重要視した社会的環境に対する働きかけが欠如していった。そして、このような診断主義学派のケースワークに対して新しい理論と実践を開始しようとする学派が 1930 年代に現れることとなった。それが機能主義学派である。

■2 機能主義と機能主義学派

　機能主義学派は、フロイトの精神分析に影響を受けた診断主義学派ケースワークは心理・社会的な視点をもつとしても精神分析同様に機械的、決定論的な人間観が残ってしまうのではないかと考えた。そこで「人

---

ii 〔Gordon Hamilton〕1892-1967. ハミルトンは、『ケースワークの理論と実際』（*Theory and Practice of Social Case Work*）（初版は 1940 年発行、参考にしたのは第 2 版 4 刷の翻訳）を記し、「私自身の観点は『診断的な（Diagnostic）』接近法にもとづいている」ことを明確にした。

間のパーソナリティにおける自我の創造的統合力を認め、クライエント
をあくまでも中心において、クライエントに、ワーカーの属する機関の
機能を自由に活用させることをとおして、クライエントの自我の自己展
開を助けることこそ、ケースワークの中心課題[5]」としたのである。この
考えが**機能主義**であり、このような機能主義学派のケースワークは、タ
フト（Taft, J.）やロビンソン（Robinson, V.）らを中心に生まれ、台
頭してきたもので、その基礎理論をランク（Rank, O.）[iii]の所説に求め
ている。そのため、この学派を「ランク派」と呼ぶこともある。

　ガートン（Garton, N. R.）とオットー（Otto, H. A.）はこの派の特
徴を以下のように述べている。

　「この派は、治癒力や助力の源泉は、成長し変化し、体験を自己の目
的のためのみでなく、自己の意思の行使に対して選択的に使用する個人
の生得的な力の一部であることを強調した。機能主義者は、クライエン
トが援助を求めている問題についての問題意識を、クライエントの＜状
況＞とクライエントの関係に集中させるべきであると信じていた。クラ
イエントは、自分の状況におけるこの＜特定の問題＞に関連した意思決
定や行為のために利用できる能力のすべてを使うように支持し、刺激す
るような仕方で援助された。基本的な力動は、ソーシャル・ケースワー
クの援助過程において、ケースワーカーが代表している社会福祉施設に
重点を置いた力動であった[6]」。

　ところで機能主義の「機能」とは何を意味するのであろうか。ケース
ワークの支援の場面を考えると、精神療法と異なり、心理的な問題や
パーソナリティのみに注意を払うだけではなく、ケースワーカーが所属
している機関の責任においてケースワークを展開する。つまりケース
ワークは、その社会福祉の事業を展開する機関の機能をその時点で代表
しているという意味が存在するのである。

　アプテカー（Aptekar, H. H.）は、機能主義学派のケースワークに
ついて、こういった社会福祉の事業を展開する機関の機能がケースワー
クの場面において重要であると考え、以下のように述べている。

　「この機能、つまり、ワーカーが実施する社会的サービスは、機関が
ワーカーに委託したものであるが、この機能は、ワーカーに、ケース
ワークの手段とその限界を与えている。収容保護や、保護費の支給など

---

iii 〔Otto Rank〕1884-1939. ランクはフロイトの弟子で、ランクの心理学とは、人
　間を生物学的な人間観のみではなく、精神性と創造性に着目し、フロイトが過去に
　注目した部分を否定し、現在に焦点を当てた。

特定の社会的サービスを実施することは、ワーカーの責任（精神療法家なら絶対もっていない責任）である。クライエントは、ケースワーカーが問題の社会的サービスを効果的に提供することを期待する権利をもっている。このことは、ケースワーカーは、必然的に、精神療法家の役割（精神療法家は、患者からケースワーク的なサービスを自ら行うことを要求されることはない）とはまったく違った役割を演ずるということを意味する[7]」。

　このように機能主義学派のケースワークは、クライエントの力をソーシャルワーカーの所属する機関の機能とすり合わせながら、クライエントの成長や問題解決力を支援するという道筋を選んでいくこととなったのである。

▌3 両学派の相違

Active Learning

診断主義学派と機能主義学派の相違を表でまとめてみましょう。

　機能主義学派は診断主義学派のケースワークとは異なる視点を提供することを試みたので、両学派は激しく対立することになった。診断主義学派と機能主義学派の論争と呼ばれるものである。そこで1949年、アメリカ家族サービス協会（Family Service Association of America）は、診断主義学派と機能主義学派のケースワークの対立に関連して、ケースワーク実践の基礎概念を検討する委員会を発足させたのであるが、結果として双方の学派をうまく統合させることはできなかった。

　両学派ともクライエントを理解するためにパーソナリティという概念を用いるが、パーソナリティの捉え方に違いがあった。また、ケースワークを進めるにあたっての理念と方法も重要な要素で、診断主義学派では、調査、診断に基づき目標が立てられ、その目標を目指して治療を進める。これに対して、機能主義学派では、このような支援の過程を執拗に追うようなことはせず、ケースワークそのものを、クライエントが自分自身を新しくかつ建設的に用いていけるような援助過程として捉えた。

　両学派はそれぞれの立場からケースワークの専門性を高めることに寄与し、また広がりを作り出した。しかし、いずれの学派も環境に働きかけることや、社会を変えていこうとするソーシャルワークの機能を十分に捉えていなかった。

3 ▶ グループワークの発展

1 グループワークの源流

　前節ではセツルメントのグループ活動がグループワークへ発展したことを述べた。グループ活動はほかの団体でも行われており、それらもグループワークの源流となった。イギリスでは 19 世紀後半から青少年の団体が設立されている。世界中に広まった組織として、キリスト教青年会（以下、YMCA）、キリスト教女子青年会（以下、YWCA）、ボーイスカウト、ガールガイド（ガールスカウト）がある。

　YMCA は、祈祷会や聖書研究会の活動を目的にウィリアムズ（Williams, G.）によって 1844 年に創設された。YMCA の初期の目的はキリスト教の伝道であった。やがてメンバーが増えると語学や算数のクラスが始められ、1888 年にロンドン YMCA に体育館が設置され、身体活動などもプログラムに取り込まれていった。「精神（spirit）」「知性（mind）」「身体（body）」の調和による全人的な成長のねらいは現在の YMCA にも引き継がれている。

　YWCA は、YMCA とは関係なく二つの団体が合併して創設された。一つは、1855 年にエマ・ロバーツ（Robarts, E.）によって始められた女性の祈祷者組合であり、もう一つは、同じ 1855 年にキナード（Kinnaird, M. J.）によって設立された看護婦ホームである。ロバーツにより始められた祈祷者組合は、定期的に集まり礼拝をささげ、キリストへの献身とキリスト者としての奉仕生活の習得を目的としていた。キナードは女子青年の保護に関心をもっており、ロンドンの看護婦ホームは地方から都会へ職を求めて移住してくる若い女性のために設立された。YWCA では聖書研究会や宗教集会、さまざまな勉強会、社会活動、職業安定所、そしてクラブ活動などが行われていた。

　ボーイスカウトは、1907 年にベーデン - パウエル（Baden-Powell, R.）がロンドンの南西約 100 キロにあるブラウンシー島で 20 名の少年たちを対象に実験的にキャンプをしたことから始まった。当初は 11 歳から 14、15 歳の少年たちをよい市民に育てること、騎士道的なふるまいと、さまざまな野外活動の技術を成長させることがねらいであった。少年たちは 6 人から 7 人のパトロール（班）に分かれて、そのなかの 1 人がリーダーとなり、追跡や偵察遊び、地図作り、信号送りなどをキャンプや野外活動で実施した。四つほどのパトロールで構成され

るトループ（隊）に大人たちがついて間接的に指導するスタイルは、少年たちの自発性や自主性を育てることに有効であった。

　ガールガイドは、ボーイスカウトから派生した活動である。1909年にボーイスカウトの大会に数名の少女たちが参加し、自分たちがガールスカウトであると宣言した。そしてボーイスカウトのベーデン‐パウエルは、少女たちのプログラムを提供することを決断した。当初は少女たちをよい母親にすること、次世代の子どもたちへのよいガイドになることが活動の目的であった。後にベーデン‐パウエルの妹（Baden-Powell, A.）が組織の代表となり、ボーイスカウトと同様の活動を展開した。ガールガイドはアメリカや日本ではガールスカウトと呼んでおり、世界的な組織はガールガイド・ガールスカウト世界連盟（World Association of Girl Guides and Girl Scouts）である。

❷ グループワークの理論

グループでのレクリエーションの効用について調べてみましょう。

　グループによる活動はソーシャルワークの現場に限定されるものではない。青少年団体の活動、レクリエーション、教育、医療の現場等でもグループ活動が行われた。これらのグループワークの理論は、デューイ（Dewey, J.）の進歩主義教育、レヴィン（Lewin, K.）のリーダーシップ理論やモレノ（Moreno, J. L.）のソシオメトリーなどの理論に支えられていた。また、グループワークはそこに参加する人たちが主体となる活動であり、民主主義、民主的過程の経験、学習の場としても活用された。

　1923年にオハイオ州のウェスタン・リザーブ大学（現・ケース・ウェスタン・リザーブ大学）の大学院でグループワークの教育が開始された。当初は、プレイグラウンドでの指導者（レクリエーションの指導者）養成が目的であり、年間を通じて実習が実施された。学生たちは、セツルメントなどに配属され実習を経験しながら、子どもの心理や遊びに関する理論を学んだ。これ以降、教育機関でグループワークの教育が提供されるようになった。しかしケースワークが精神分析に傾倒していく状況において、参加者主体のグループワークはソーシャルワークのなかでも異質なものとみられていた。

　コイル（Coyle, G. L.）は、グループワークを理論化した「グループワークの母」と呼ばれる。彼女は『組織されたグループにおける社会的過程』（*Social Process in Organized Groups*）を執筆し、社会的環境における組織されたグループについて述べ、グループ形成のプロセ

スに言及した。またグループに参加するメンバー、グループの構造、リーダーシップについても論じられた[8]。その後、彼女は1934年にウェスタン・リザーブ大学の教員となっている。

1935年にモントリオールで開催された全国ソーシャルワーク会議でグループワークの部会が設けられた。コイルは「グループワークとソーシャルチェンジ」と題した論文でグループ過程がソーシャルアクションの重要な形態であると報告し、その年の会議で最も大きな貢献をした発表者に贈られるパグスリー賞を受賞した[9]。同会議では、ウェスタン・リザーブ大学のグループワークの責任者であったニューステッター（Newstetter, W. I.）が「ソーシャルグループワークとは何か」というプレゼンテーションをした。彼はグループワークという言葉のもつ意味の多様性を整理すべく、フィールドとしてのグループワーク、過程としてのグループワーク、技術としてのグループワークを区別することの必要性を指摘した。そして、グループワークを「教育的過程であり、（1）自発的なグループ関係を通じた個人の発達と社会適応、（2）その関係をさらに社会的に望ましい帰結にする手段として活用することを強調する[10]」と定義した。

3 治療分野におけるグループワーク

グループワークはこの時期に治療グループワークとしても発展した。1930年代から児童相談の分野でグループワークが用いられており、1940年代には不可欠なサービスとなっていった。個人的な面接の場面で語られることより、実際に子どもたち同士で遊ぶなかで起こってくることは、子どもの状況を把握することに有効であり、子どもたちもグループ経験を通じて学ぶことができた。

軍隊では集団心理療法を用いるグループワーカーが活躍した。個人を対象とした心理療法よりもはるかに適用範囲が広いものであると認められ、治療的なグループワークを展開したのである。軍隊でのグループワークの展開は、退役軍人病院でのグループワーク実践をもたらすことになった。退役軍人病院では身体的な疾患と精神的な疾患を併せもつ患者が多く、社会復帰へ向けた取り組みにグループワークが不可欠であっ

iv 〔Grace L. Coyle〕1892-1962. 彼女はジェーン・アダムスの影響を受けソーシャルワークの道に進み、ペンシルベニアのセツルメント、ピッツバーグのYWCAで働いた。YWCAでの成人教育やデューイの進歩主義教育の仕事を通じてグループに興味をもち『組織されたグループにおける社会的過程』を博士論文としてまとめて1930年に出版し、多くの人に読まれた。

たと考えられる。

　精神病院でレクリエーションが行われた歴史は非常に古く、1820年代にさかのぼることができる。当時のレクリエーションはバックギャモンのようなボードゲームや個人の趣味を中心としていたので、グループワークとはいえなかった。戦後、州立、私立の精神病院でグループワーカーが採用され、患者会の運営や、特定の問題に焦点を当てたグループが発展した。

■4 グループワーク専門職団体の発足

　1935年の全国ソーシャルワーク会議でグループワークの部会が設けられたのは、その前々年にペンシルベニア州リゴニアで開催された会議の出席者が部会設置を申請したからであった。この会議の参加者によって1936年に全国グループワーク研究協会（National Association for the Study of Group Work）が発足した。研究会の名称は後にアメリカグループワーク研究協会（American Association for the Study of Group Work）となった。

　1939年に第二次世界大戦が始まった。多くの男性が戦場へ向かったため、女性が産業を担い、仕事をする母親の帰りを待つ子どもたちのためにYMCAなどの青少年団体はレクリエーションを提供し、グループ活動が積極的に行われた。戦地での兵士たちにとってグループで行うレクリエーションやグループワークは、身体的にも精神的にも厳しい状態が要求される戦場でのよい気分転換や癒しとなった。また、民主主義の重要性を小集団の経験から体験的に学ぶためにもグループワークは重要な役割を担った。

　1946年にアメリカグループワーク研究協会が、アメリカグループワーカー協会（American Association of Group Workers）として改組され、グループワーカーの専門職団体となった。しかしながら、理論に対立はあったものの体系化を進めながら専門職化してきたケースワークと比較すると、グループワークの理論や体系は遅れていたといえる。そのため、専門職の団体となったことが契機となってグループワークに関する論文や教科書が発表された。グループワークはソーシャルワークの一部門であるという前提で、社会的な目標に向かうグループワークが確立していくことになったのである。

4 ▶ コミュニティオーガニゼーションの発展

1 コミュニティオーガニゼーションの源流

コミュニティオーガニゼーションはCOSによる慈善団体や個人の組織化、社会資源の管理や分配といった機能から発展した。また、セツルメントにおける社会改良運動や地域開発などもコミュニティオーガニゼーションの源流となった。さらに戦時中には募金団体が組織化され、コミュニティオーガニゼーションにつながっている。

世界恐慌の影響で国民生活が混乱し、ニューディール政策が実施されたことは先に述べた。また1935年には労働者の団結権と団体交渉権が認められ、労働組合の結成が助長され、1938年に産業別組織委員会（Congress of Industrial Organization：CIO）が成立した。そして、社会福祉事業や共同募金などが発達してくると施設の協議会や連合会も発達してきた。組織化、社会改良といった背景の差異は、コミュニティオーガニゼーションの目的や機能にも影響を及ぼすことになった。

2 コミュニティオーガニゼーションの理論

1935年の全国ソーシャルワーク会議では、一般部会にコミュニティオーガニゼーションの部会も設置された。1939年の同会議において、レイン（Lane, R. P.）がボストン、バッファロー、シカゴ、デトロイト、ニューヨーク、ピッツバーグの6都市でコミュニティオーガニゼーションの過程と目的を評価し、以下の五つの点に同意し、報告した[11]（レイン報告）。

❶ 「コミュニティオーガニゼーション」という用語は過程を指して使われ、またほかの職業と同様に一つの分野を指す。

❷ コミュニティを組織する過程、あるいはその一部の過程は、ソーシャルワークの一般的分野の内部と同様にその外部でも適用できる。

❸ ソーシャルワークという領域のなかで、コミュニティオーガニゼーションの過程は、一次的な機能として、いくつかの組織によって遂行される。すなわちそれを遂行するというはっきりした目的をもった組織によってなされる。

❹ ソーシャルワークという領域のなかで、コミュニティオーガニゼーションの過程は地域や近隣、地方にとどまらず、州、国家のレベルで遂行される。

❺　第一の機能がコミュニティオーガニゼーションである組織は通常、クライエントには直接援助の手は差し伸ばさない。

ニューステッターは1947年の全国ソーシャルワーク会議でソーシャルインターグループワーク*のプロセスを紹介した。[12]　彼によれば、ソーシャルインターグループワークのプロセスにおける第一の焦点は個人のニーズではなく、グループ間の調整可能な関係を取り扱うこと、第二の焦点はコミュニティと社会のニーズに応えることにあるとした。そして、ソーシャルインターグループワークにおけるソーシャルワーカーの実践の機能を以下の七つのカテゴリーに整理した。

①　代表者やグループ代表者を理解しソーシャルワーカーとしての広範な一般的機能を扱う。

②　インターグループのグループを扱う。

③　インターグループの各代表の機能を扱う。

④　各代表のグループの機能を扱う。

⑤　インターグループ全体、委員会など全体をなす部分を扱う。

⑥　活動や目的と関連するインターグループ以外のグループを扱う。

⑦　インターグループにより解決できない場合は、サービスが提供できる機関を扱う。

第二次世界大戦後のコミュニティオーガニゼーションは、戦争によって脆弱になったコミュニティの再組織化、新たな社会目標に向かう組織的な活動まで含むようになった。ロス（Ross, M. G.）はコミュニティオーガニゼーションでは、「共同社会活動においては、本来全く性質のちがう多くの方法を便宜的に一括して取り上げたり、かなりよく似た多くの方法をそれぞれ別箇のものとして取り扱う傾向があった[13]」と述べている。そしてコミュニティオーガニゼーションの理論・原則を検討し、地域の問題解決のために計画を立案することと、地域共同社会の調和が不可欠であると考えた。彼は、コミュニティオーガニゼーションを以下のように定義した。

「共同社会みずから、その必要性と目標を発見し、それらに順位をつけて分類する。そしてそれを達成する確信と意志を開発し、必要な資源を内部外部に求めて、実際行動を起す。このようにして共同社会が団結協力して、実行する態度を養い育てる過程が、共同社会組織化事業（コミュニティ・オーガニゼーション）である[14]」。

ロスのコミュニティオーガニゼーションでは、地域共同社会の団結、協力が不可欠であるため小地域での適用が限界となる。しかし、コミュ

ニティオーガニゼーションにはより広範囲な社会のニーズに応える役割
があった。

　ロスマン（Rothman, J.）はコミュニティオーガニゼーションには、
地域開発、社会計画、ソーシャル・アクションの三つのモデルがあると
整理した。コミュニティオーガニゼーション実践の三つのモデルとされ
ているものである[15]。

① 地域開発モデル

　目標の決定や活動のなかに、コミュニティの住民の多くが参加するこ
とを通してなされ得る伝統的 CO（コミュニティオーガニゼーション）。

② 社会計画モデル

　社会問題の解決のための専門技術的な過程を重視し、合理的・慎重に
計画され、統制された変革。

③ ソーシャル・アクション・モデル

　社会正義ないし民主主義の理念に基づき、搾取された人々のための諸
資源の増大や待遇の改善を目指して、より大いなるコミュニティに要求
を行っていく活動であり、他者と連帯して組織化を図っていくことが第
一義的に重視される。重要な諸制度やコミュニティの諸実践を基本的に
変革していく。

　ロスマンによってコミュニティオーガニゼーションはその実践の枠組
みを得ることができた。ロスマンはその後の出版物で三つのモデルを修
正し、地域介入のコア・モード[16]となった。

第4章　ソーシャルワークの形成過程

Active Learning

コミュニティオーガ
ニゼーションと地域
福祉の関係について
考えてみましょう。

◇**引用文献**

1）一番ヶ瀬康子『アメリカ社会福祉発達史』光生館，p.214，1963.

2）同上，p.214

3）同上，p.213

4）Richmond, M.E., *Social Diagnosis*, Russell Sage Foundation, p.51, 1917.

5）仲村優一『ケースワーク 第 2 版』誠信書房，p.32，1980.

6）N. R. ガートン・H. A. オットー，本出祐之・黒川昭登訳『社会福祉学双書 4 ケースワークの発展』岩崎学術出版社，p.111，1969.

7）H. H. アプテカー，黒川昭登訳『社会福祉学双書 1 機能主義ケースワーク入門』岩崎学術出版社，p.7，1968.

8）Coyle, G. L., *Social Process in Organized Groups*, Richard R. Smith, 1930.

9）Coyle, G. L., 'Group work and social change (Pugsley Award)', *Proceedings from the 62nd Meeting of the National Conference on Social Work*, pp.393–405, 1935.

10）Newstetter, W. I., 'What is social group work?', *Proceedings from the 62nd Meeting of the National Conference on Social Work*, pp.291–299, 1935.

11）Lane, R. P., 'The field of community organization', *Proceedings from the 66th Meeting of the National Conference on Social Work*, pp.496–511, 1939.

12）Newstetter, W. I., 'The social intergroup work process', *Proceedings from the 74th Meeting of the National Conference on Social Work*, pp.205–217, 1947.

13）M. G. ロス，岡村重夫訳『コミュニティ・オーガニゼーション――理論と原則』全国社会福祉協議会，p.4，1963.

14）同上，p.51

15）高田真治『アメリカ社会福祉論――ソーシャル・ワークとパーソナル・ソーシャル・サービス』海声社，pp.153–154, 1986.

16）Rothman, J., 'Approaches to community intervention', *Strategies of Community Intervention*, 5, pp.26–63, 1995.

◇**参考文献**

・一番ヶ瀬康子『アメリカ社会福祉発達史』光生館，1963.

・G. ハミルトン，四宮恭二監，三浦賜郎訳『ケースワークの理論と実際 上巻』有斐閣，1960.

・木村靖二・岸本美緒・小松久男ほか『詳説世界史 改訂版』山川出版社，2019.

・小松源助『ソーシャルワーク理論の歴史と展開――先駆者に辿るその発達史』川島書店，1993.

・黒川昭登『臨床ケースワークの基礎理論』誠信書房，1985.

・仲村優一『ケースワーク 第 2 版』誠信書房，1980.

・大利一雄『グループワーク――理論とその導き方』勁草書房，2003.

・K. E. リード，大利一雄訳『グループワークの歴史――人格形成から社会的処遇へ』勁草書房，1992.

・高田真治『アメリカ社会福祉論――ソーシャル・ワークとパーソナル・ソーシャル・サービス』海声社，1986.

・武田建・荒川義子編著『臨床ケースワーク――クライエント援助の理論と方法』川島書店，1986.

・右田紀久恵・高澤武司・古川孝順編『社会福祉の歴史――政策と運動の展開』有斐閣，1977.

第3節 ソーシャルワークの展開期と統合化

学習のポイント

- ソーシャルワークのすそ野の広がりについて理解する
- ソーシャルワークにおける生活モデルを理解する
- ジェネラリスト・ソーシャルワークへの移行について理解する

1 ソーシャルワークの広がり

1 社会不安とソーシャルワーク

第二次世界大戦中の 1942 年、イギリスでベヴァリッジ（Beveridge, W. H.）により「ベヴァリッジ報告」が出された。「ベヴァリッジ報告」とは「ゆりかごから墓場まで」という福祉国家の構想を明らかにした「社会保険および関連サービス」（Social Insurance and Allied Services）の通称である。1945 年の選挙で労働党のアトリー（Attlee, C.）が首相になり、「ベヴァリッジ報告」による社会保障制度を実施し、イギリスでは、「ゆりかごから墓場まで」という福祉国家の生活保障が確立した。

1950 年代のアメリカは、第二次世界大戦の本土への被害もなく、戦勝国として大量生産、大量消費の経済が復活した。しかし、現在も GDP 世界一の経済大国でありながら深刻な貧困の問題が根強いアメリカは、当時も経済的な繁栄の裏で貧困状態が蔓延していた。当時の様子について、後にアメリカ民主社会党（Democratic Socialists of America）を創設するハリントン（Harrington, M.）が『もう一つのアメリカ』（The Other America）を著し、相当数の人々が貧困状態に落ち込んでいくように生まれ、落ち込んだまま抜け出せない状況にあることを指摘した。

1954 年に連邦最高裁判所で公立学校での人種隔離が憲法違反であるとの判決が下され、その後、アフリカ系住民の公民権運動が広がった。1955 年、アラバマ州で路線バスでの人種差別に反対するバスのボイコット運動が起こった。キング（King, Jr. M. L.）牧師はこの運動の計画者で、牧師をしながら全米各地で人種差別条例等の撤廃を求める公民権運動を指導した。アフリカ系住民に対する人種差別、人権侵害が根強

★第二次世界大戦
第二次世界大戦は 1943 年 7 月にイタリア、1945 年 5 月にドイツ、そして 8 月に日本が降伏して終結した。第二次世界大戦はさまざまな形で家庭基盤を脆弱にした。家庭基盤の脆弱さはソーシャルワークを必要とし、ソーシャルワークはそれに応えるために発展した。

★『もう一つのアメリカ』
ハリントンは、アメリカは世界で最も高い生活水準にある豊かな社会でありながら、1959 年当時アメリカ国民の 20％から 25％にあたる 4000 万から 5000 万人の住民が貧困状態にあったことを指摘した。この人たちの住居、医療、食べ物、そして機会が不十分であると述べている。そして、この人たちが見えない状況に置かれており、それが悪循環となった貧困文化に陥っているとした。

い時代であった。

　経済的不平等や人種差別などの社会問題は社会不安を増大させる。1961年、労働や税金などの経済問題、教育や医療、公民権などの社会問題に対応すべくニューフロンティア政策を掲げて当選したケネディ（Kennedy, J. F.）大統領が1963年に暗殺され、副大統領のジョンソン（Johnson, L. B.）が1964年に大統領に就任した。彼は、投票権の保証、公共施設や雇用における人種差別を禁止する公民権法を成立させ、「偉大な社会（Great Society）」と称した一連の内政計画で「貧困との闘い（War on Poverty）」を推進した。社会問題に対し、積極的に政治が関与した時代にクライエントの心理的問題に傾倒していたソーシャルワークは、社会の変革というソーシャルワークが担ってきた伝統的な使命を思い起こすことになった。

■2 ソーシャルケースワークの問題解決

　この時期ソーシャルワーク、特にケースワークは二つの問題を抱えていた。一つは、前節で取り上げたソーシャルケースワークにおける診断主義学派と機能主義学派の対立の問題である。もう一つは、人々の心理的問題に傾倒していたソーシャルケースワークがソーシャルアクションや社会の変革を目標とした実践を展開できるかという問題である。

　1950年当時、ソーシャルワーカーの41％が公的扶助（public assistance）、17％が児童福祉（child welfare）の分野で雇用されていた[1]。心理的問題に対応しつつ、公的扶助や児童福祉分野での問題を解決するためには社会への働きかけが必要である。トール（Towle, C.）は、公的扶助の分野で働くソーシャルワーカーのために『コモン・ヒューマン・ニーズ』を社会保障庁の要請で1945年に著した。

　本書でトールは権利としての公的扶助、人間に必要な共通のニーズを公的扶助のワーカーが理解していることの必要性、ニーズを充足するための政府の役割を記した。ところが、公的扶助の受給者を依存させてしまうような不十分な制度に対する批判、本書に記されている「社会化された状態（socialized state）」が社会主義という意味に解釈されるなどの批判が政府に突きつけられ、1951年に本書が焚書（ふんしょ）となった。

　これに対し、アメリカソーシャルワーカー協会（American Association of Social Workers）は、本書が「人間に共通な欲求との関連においてソーシャルワークの基本となる概念、実践、哲学を解説し、それらが広く受け入れられるようになってきている[2]」として、政府によ

る出版、配布の終結に対し抗議した。そして本書は、1952年には同協会によって、1957年には全米ソーシャルワーカー協会（National Association of Social Workers）によって再版され、ソーシャルワークの古典となり、1987年には日本語も含めた11か国語に訳されている。

1955年、トールは「ソーシャルワークにソーシャルを取り戻そう[3]」というスローガンを紹介し、個人の心理的な側面を重要視するケースワークから、個人とその家族が、それぞれの環境を生産的に活用できるような援助のあり方を重要視する動向を著した。ソーシャルワーカーの役割として、個人とその人に近い関係者を援助するために、社会からのストレスや個人的な限界による問題解決の機会で、関係者を含めた彼ら自身をより生産的に用いるようにすることを挙げた。そして大きな課題に向き合う際に、再び個人の存在を全体性で位置づけ、完全な生物として捉え援助するとした。

1954年、マイルズ（Miles, A.）は『アメリカン・ソーシャルワーク理論』（*American Social Work Theory*）を著し、この時期のソーシャルワークの問題は、多少なりとも実践のためのアメリカの知識基盤の欠如の結果であるとした[4]。また、精神分析学をケースワークの実践理論の基盤としたことによって、ケースワークがソーシャルワークのほかの分野から知的に孤立した。人間の心理的な側面に傾倒したケースワークに対して、社会科学とのつながりから「リッチモンドに帰れ」（原点回帰）を主張した。多くのソーシャルワーカーが社会科学の進歩に心を閉ざしてしまい、リッチモンド（Richmond, M. E.）の偉大な業績である柔軟な社会的・科学的思想を継続させることができなかったと述べている[5]。本のタイトルにも表れているように彼は「アメリカン」であることを重要視し、アメリカの社会背景に文化的に関連している理論を自分たちの実践経験、社会調査から生み出すことを提案している。

パールマン（Perlman, H.）[i]は1957年に『ソーシャル・ケースワーク——問題解決の過程』（*Social Casework: A Problem-solving Process*）を著し、診断主義学派と機能主義学派の論争に対して、折衷主義と呼ばれるかもしれないけれども、真理を求めようと欲していることだけは確かであると述べている。そして彼女は、ケースワークの仕事

---

i 〔Helen H. Perlman〕1905-2004. パールマンはシカゴのユダヤ系ソーシャルサービスで働いたあと、コロンビア大学でソーシャルワークを学び、シカゴ大学で長く教鞭をとった。パールマン自身は実践、専門職教育、信念において、精神分析、診断に方向づけられ、また機能主義学派の存在が彼女に重要な機会を与えたとしている。

は、本質的に**問題解決**の過程であるとし、ソーシャルケースワークを以下のように定義づけた。

「ソーシャル・ケースワークは、人びとが社会的に機能するあいだにおこる問題をより効果的に解決することを助けるために福祉機関によって用いられる過程である⁶⁾」。

そして、彼女はこの定義が不完全なものであったとしても相互に関係をもつ、ケースワークの四つの基本的内容、「問題（Problem）」「人（Person）」「過程（Process）」「場所（Place）」を含んでいることを指摘している。これらが後に「**四つのP**」として知られる基本的内容であり、彼女はケースワークの核心は、「ある問題をもてる人が、ある専門家がある過程によって彼を助ける場所にくる⁷⁾」ことであるとしている。この問題解決の過程をケースワークの核心とする考えは、**問題解決アプローチ**として発展した。

ホリス（Hollis, F.）は、診断主義学派の流れを汲みつつも1964年に『ケースワーク——心理社会療法』（*Casework: A Psychosocial Therapy*）を著し、**心理社会的アプローチ**を提唱した。彼女は利用者の個人的な側面だけにとどまらず、社会的側面への援助を取り入れるために「状況のなかの人（person-in-his-situation）」（ここではホリスの表現方法のままハイフンで単語をつないでいるが、この考えは後にperson in the situationと表されるようになる）という視座からケースワークを捉えた。診断主義学派でありながらも社会環境が無視できない要因であることを明確にしている。

1967年、パールマンは「ケースワークは死んだ[★]」というタイトルのエッセイを『ソーシャル・ケースワーク』に掲載している。このエッセイで彼女は、小学校の教員をしている友人から受け取った手紙に記された母子家庭の生活の厳しさを紹介している。そして手紙の内容はこのケースだけの問題ではなく、同じような状況の多くの家族がいることを考え、そのニーズを以下のようにリストアップした。

・快適な住宅に対するニーズ
・経済的安定に対するニーズ
・子どもの養育に対するニーズ
・医療援助に対するニーズ
・地域サービスセンターに対するニーズ

パールマンはこのようなニーズに対応するには、社会的な措置と予防、制度変革とその計画が必要であることを述べ、そういった働きに

ケースワークが対応していないことを指摘している。それでもケース
ワークは個別支援の必要なケースにかかわり、社会問題への対応の一部
を担っているとして、その意義を確認しようとしたエッセイであった。

　このようにソーシャルケースワークが抱えていた問題を解決するため
の努力が続けられた。そして人と環境の両方へかかわるソーシャルワー
クの特性が再確認され、ソーシャルケースワークが拡大していった。

◼️3 ソーシャルケースワークの広がりと生活モデルへの転換

❶ソーシャルケースワークの広がり

　パールマンによる問題解決アプローチ以降、ほかのアプローチやモデ
ルが登場し、ソーシャルケースワークのすそ野が広がり始めた。1969
年5月にトールを記念したケースワーク実践の理論的アプローチ比較
のシンポジウムが開催され、その成果をロバーツ（Roberts, R. W.）
らが編集し、『ソーシャル・ケースワークの理論』（*Theories of
Social Casework*）として1970年に出版した。当時のソーシャルケー
スワークで用いられていた次の七つのアプローチ、一般的（ジェネラル）
アプローチとして「**心理社会的アプローチ**」「**機能主義的アプローチ**」「**問
題解決アプローチ**」「**行動変容アプローチ**」、中範囲のアプローチとして
「家族・集団療法」「危機に方向づけられた短期処遇」「成人の社会化」
が取り上げられている。

　これらのアプローチの特徴の詳細は共通⑫『ソーシャルワークの理論
と方法』で解説されるため、ここでは一般的（ジェネラル）アプローチ
として取り上げられた四つのアプローチがどのように形成されたのか紹
介しておく。心理社会的アプローチは、リッチモンドの考えを源流とし
て精神分析の理論の影響を受け発展し、体系化された。機能主義的アプ
ローチはフロイトの弟子であったランクの成長の心理学を取り入れ、援
助の基礎としてソーシャルワーカーの属する機関の機能の活用を導入し
た。問題解決アプローチは、診断主義学派と機能主義学派の論争に折衷
主義の立場から形成され、人間が生きることは問題解決の過程であり、
ソーシャルケースワークの問題解決の過程を重視した。行動変容アプ
ローチは学習理論に基づいている。1950年代に伝統的な精神療法の効
果が疑問視され、行動変容と行動療法は1960年代に治療的な領域に入
り込み発展してきた。

　このようにソーシャルケースワークは、個人か社会か、診断主義か機
能主義かという二元論の対立を克服し、多様化、複雑化する生活問題に

対応し広がった。

❷生活モデルへの転換

　1970年、バートレット（Bartlett, H. M.）はソーシャルワーク実践を課題にした全米ソーシャルワーカー協会（NASW）のプロジェクトから『ソーシャルワーク実践の共通基盤』（*The Common Base of Social Work Practice*）を著した。そしてケースワーク単独の理論化にとどまらず、グループワーク、コミュニティオーガニゼーションとの関連において、個人や集団、地域へのかかわりなど、一次的な対象が異なりつつもソーシャルワークとしての共通基盤を明らかにした。

　図4-1に示されているようにバートレットはソーシャルワークの特質として「中心をなす焦点としての社会生活機能」を挙げ、状況のなかに巻き込まれている人々に対する関心を「志向」とした。そして「価値の総体」と「知識の総体」を位置づけ、価値が人々に対する専門的態度に移しかえられ、知識は人々を理解する仕方になると述べた。そして、これらが実践の際には調整活動へ導かれソーシャルワーク実践が展開されるというものであった。

　人と環境、そしてその相互作用の三つの側面に働きかけるソーシャルワークの独自性が明らかになってくると、システム論や生態学（エコロジー）に基づくソーシャルワークのあり方が考えられ始めた。これは、特に伝統的な診断主義学派に特徴的であった医学的なクライエントの捉え方、医学モデルによる援助から、社会環境とそこに存在する人との相

図4-1　ソーシャル・ワーク実践の共通基盤

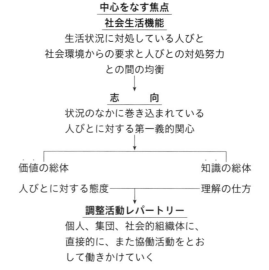

中心をなす焦点
社会生活機能
生活状況に対処している人びと
社会環境からの要求と人びとの対処努力
との間の均衡

志　　　向
状況のなかに巻き込まれている
人びとに対する第一義的関心

価値の総体　　　　　　　　　　知識の総体
人びとに対する態度　　　　　　　理解の仕方

調整活動レパートリー
個人、集団、社会的組織体に、
直接的に、また協働活動をとお
して働きかけていく

出典：H. M. バートレット，小松源助訳『社会福祉実践の共通基盤』ミネルヴァ書房，p.141, 1978.

互作用から問題が発生すると考えるような全体性を捉える生活モデル（ライフモデル）への転換の時代でもあった。

医学モデルと生活モデルでは、問題の捉え方とその対応が異なる。医学モデルは、診断によってクライエントの問題を引き起こす原因を突き止め、その原因に働きかける。このモデルでは原因と結果で結ばれた直線的な関係でクライエントとその問題を捉え、原因に働きかけることで結果としても問題を改善しようと考える。これに対して、生活モデルは、クライエントが置かれている状況は多様であり、問題が発生している単独の原因を突き止めるのは容易ではなく、問題はさまざまな要因によって引き起こされていると考える。そのため、クライエントの生活やクライエントが置かれている社会環境を総合的に理解して、問題を発生させている複雑な状況を理解しなければならない。たとえば、一つの要因に働きかけることで、別の要因を変化させる。その変化がクライエントの置かれている状況の変化となり問題が軽減し、同時に別の要因に働きかけることが問題解決につながるといった働きかけとなる。

このような生活モデルの考え方は1973年にジャーメイン（Germain, C. B.）によって生態学的視座（ecological perspective[8]）として紹介された。やがてジャーメインとギッターマン（Gitterman, A.）は共著による『ソーシャルワーク実践の生活モデル』（*The Life Model of Social Work Practice*）を著した。エコロジカル・アプローチは生態学が起源として形成された。それは、人とその人の環境との交互作用に焦点を当て、両者の調和を目指すものであり、人と環境の適応バランスを引き上げることによる問題の解決をねらいとしている。エコロジカル・アプローチはやがてエコロジカル・ソーシャルワークへと発展し、その後ジェネラリスト・ソーシャルワークの形成に強い影響力を与えることになる。

2 ▶ 実践の統合化から ジェネラリスト・ソーシャルワークへ

今日の我が国のソーシャルワークはジェネラリスト・ソーシャルワークが基礎理論となっている。ケースワーク、グループワーク、コミュニティオーガニゼーションとして発展してきたソーシャルワークがどのように一体化されてジェネラリスト・ソーシャルワークとして成立したのか、明らかにする。図4-2は、各ソーシャルワークの知識・技術分野

Active Learning

医学モデルと生活モデルの違いについて整理しておきましょう。

第4章 ソーシャルワークの形成過程

図4-2 ソーシャルワークの統合化とジェネラリスト・ソーシャルワークの成立

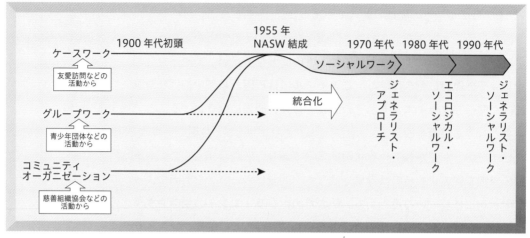

出典：岩間伸之「講座 ジェネラリスト・ソーシャルワーク(1)」『ソーシャルワーク研究』第31巻第1号，p.54，2005．を一部改変

の発祥からジェネラリスト・ソーシャルワークの成立までの過程を示している。

■1 統合化

あるクライエントを支援するために、クライエント本人にかかわりながら、同様の問題を抱えたクライエント同士の交流が有効であれば、グループを活用したかかわりを模索する。また、クライエントの問題がクライエントを取り囲む環境的な要因、たとえばクライエントが住む地域的な要因から発生していれば、その地域にも働きかけなければならない。ソーシャルワーカーにはケースにかかわりつつ、グループを活用し、コミュニティへも働きかける知識基盤と技術が求められる。「私はケースワーカーだからケースを担当」「私はグループワーカーなのでグループを」というようにソーシャルワーカーの対象を限定することが、実践の分断につながるかもしれない。すなわちケースワーク、グループワーク、コミュニティオーガニゼーションを統合してクライエントに届けることはその責任を果たすためにも必然である。このような実践のあり方はコンビネーションアプローチと呼ばれる統合化の形態である。図4-3のAに示されているようにケースワーク、グループワーク、コミュニティオーガニゼーションが単純に合体され、クライエントの状況に合わせて最も適切な方法を組み合わせて提供するアプローチである。

ところで、1935年の全国ソーシャルワーク会議でグループワークの部会とコミュニティオーガニゼーションの部会が設けられたことを前節

Active Learning
ソーシャルワーク実践の統合化の必要性について考えてみましょう。

152

図4-3 ソーシャルワークの統合化の段階とジェネラリスト・ソーシャルワーク

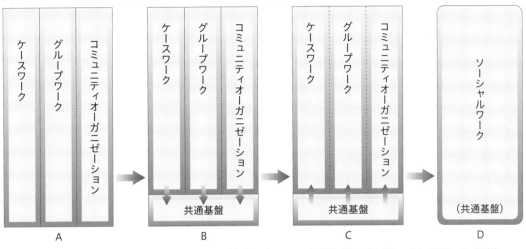

出典：岩間伸之「講座 ジェネラリスト・ソーシャルワーク(1)」『ソーシャルワーク研究』第31巻第1号，p.54，2005．を一部改変

で記した。やがてアメリカソーシャルワーカー協会、アメリカ医療ソーシャルワーカー協会、アメリカ精神科ソーシャルワーカー協会、全国スクールソーシャルワーカー協会、アメリカグループワーカー協会、コミュニティオーガニゼーション学会、ソーシャルワーク・リサーチグループの7団体は、1955年に全米ソーシャルワーカー協会を結成した。実践スタイル、実践分野が統合された専門職団体の誕生であり、これが統合化の契機となった。

　ソーシャルワークへのシステム理論の導入は、統合化へ理論的影響を与えた。人は家族や学級などに内包され、家族は地域に、学級は学校、地域に内包されている。個人はシステムの最小単位であり、個人、グループ、コミュニティは連続したシステムであるという考え方は、クライエントを「状況のなかの人」と捉えるものであった。対象が連続性をもつなら、援助も連続性が不可欠となり、ケースワーク、グループワーク、コミュニティオーガニゼーションが統合化される必然性を帯びた。

　また、コンビネーションアプローチと同じ認識に立ちながらも、各援助方法に共通する原理や記述を抽出することで共通基盤を確立させようとしたものがマルチメソッドアプローチである。図4-3のBに示されているように、各方法論から共通基盤を探る統合の形態であり、先に記したバートレットらの共通基盤を明らかにしようとした時代の統合形態である。

2 ジェネラリスト・アプローチ

　一般にジェネラリストとは、幅広い知識をもち多方面での仕事ができる人を指し、ジェネラリストはジェネリックな知識基盤をもつ。ここでのジェネリックとは一般的、包括的であることを意味する。これに対してスペシフィックは具体的、特定的を意味し、対象や方法が限定的となる。すなわち、ソーシャルワークにおけるジェネラリスト・アプローチは、ソーシャルワークの共通基盤によりさまざまなクライエントを対象にアプローチする実践である。

　このような実践のあり方は、ミルフォード会議の報告書でジェネリック・ソーシャル・ケースワークの枠組みとして示されていた。しかし、この時代はその内容がソーシャルワーク全体にかかるものであったとしても、ジェネリックの対象がケースワークに限定されていた。また、1970年の『ソーシャル・ケースワークの理論』においても、「心理社会的アプローチ」「機能主義的アプローチ」「問題解決アプローチ」「行動変容アプローチ」がジェネラル・アプローチとして紹介されていた。

　ジェネリック・ソーシャル・ケースワークからジェネリック・ソーシャルワークへ拡大したのは、ソーシャルワークの共通基盤が明らかになり、ソーシャルワークにシステム論、生態学的な考えが導入され、ライフモデルが確立したことによる。ケースワークという枠組みのみでは複雑化、深刻化するクライエントの生活問題に対応しきれない状況が発生する。対象や分野特有の専門的知識に加えて、状況に応じた適切な援助形態を選択し、提供することが求められた。

　ジェネリック・ソーシャルワークは、ケースワーク、グループワーク、コミュニティオーガニゼーションに分けることができない実践のあらゆる形態の基本となるものである。[9]ジェネリック・ソーシャルワークを実践するソーシャルワーカーがジェネラリストであり、ジェネラリストが用いるアプローチをジェネラリスト・アプローチと位置づける。図4-3のCで示されているように、ジェネラリスト・アプローチは、専門職としてのソーシャルワークを包括的に捉えていくための共通基盤を確立し、そこから全体を特質づけるソーシャルワークのシステムを再構築する援助形態である。

3 ジェネラリスト・ソーシャルワーク

　ジェネラリスト・ソーシャルワークは、1990年以降に確立した現在のソーシャルワーク理論の構造と機能の体系である。専門的な意味合い

の強いスペシャリストに比べると、ジェネラリストは入門的な意味合い
で捉えられるかもしれないが、そうではない。ジェネラリスト・ソーシャ
ルワークは統合化以降のソーシャルワークを構成する知識・技術・価値
を一体的かつ体系的に構造化したものであり、日本における社会福祉
士・精神保健福祉士の知識・技術・価値の基盤となっている。

　図4-3のCからDへの移行は、ジェネラリスト・アプローチからジェ
ネラリスト・ソーシャルワークへの展開を示している。統合化が始まっ
た当時のアメリカ社会は、公民権運動やベトナム戦争、またその反戦運
動といった社会情勢を背景に、個人の価値観も激しく揺さぶられ、それ
に呼応するソーシャルワークもその存在意義を問われる[10]ような時代で
あった。そうした状況下にありながらもソーシャルワークのアプローチ
が生み出され、すそ野を広げていった。しかし、それらの多くは隣接す
る諸科学からの影響を受けたものであり、ソーシャルワークの独自性が
問われた時代でもあった。

　そのようななか、先に述べた生活モデル（ライフモデル）としてのエ
コロジカル・ソーシャルワークはソーシャルワークに多くの新しい概念
と視座をもち込み、特に「人と環境の関係性」はジェネラリスト・ソー
シャルワークの内容にも深く影響を及ぼした。心理社会アプローチにお
いて確立された「状況のなかの人（person-in-his-situation）」とい
うクライエントの捉え方は、エコロジカル・ソーシャルワークにおいて
「環境のなかの人（person in the environment）」と表現されるよう
になった。

　1990年代に入ると**図4-2**にあるように「エコロジカル・ソーシャル
ワークの流れをくみながら、ジェネラリスト・ソーシャルワークとして
の体系化[11]」が進んだ。そして**図4-3**のDのように3方法がソーシャル
ワークとして融合し、共通基盤をも取り込んでいる。ジェネラリスト・
ソーシャルワークでは、価値を基盤に置きつつ、人と環境との関係性、
環境のなかの人の理解、問題の捉え方やその解決方法などが、単独のア
プローチの枠を超えた体系として見出されるようになった。

　アメリカのソーシャルワーク教育協議会（Council on Social Work
Education：CSWE）は、学部レベルや大学院修士レベルにおいて教
育の使命やゴールが、ジェネラリストの実践に適合しているかどうかを
認可基準にしている。ソーシャルワークが、人と環境とその相互作用に
かかわる実践であるがゆえに、社会の変化に伴い、実践もその基盤とな
る理論も変化する。未来のソーシャルワークを予測することは困難であ

るが、ジェネラリスト・ソーシャルワークは今日のソーシャルワークの
到達点である。

◇引用文献
1）Miles, A., *American Social Work Theory: A Critique and a Proposal*, Harper & Brothers, p.74, 1954.
2）C. トール，小松源助訳『コモン・ヒューマン・ニーズ──社会福祉援助の基礎』中央法規出版, p.222, 1990.
3）Towle, C., 'New developments in social casework in the United States', *British Journal of Psychiatric Social Work*, 3（2），pp.4-12, 1955.
4）前出1），p.1
5）同上，p.215
6）H. H. パールマン，松本武子訳『ソーシャル・ケースワーク──問題解決の過程』全国社会福祉協議会，p.4, 1967.
7）同上，p.4
8）Germain, C. B., 'An ecological perspective in casework practice', *Social Casework*, 54（6），pp.323-330, 1973.
9）Northen, H., *Clinical Social Work*, Columbia University Press, ix, 1982.
10）岩間伸之「講座 ジェネラリスト・ソーシャルワーク(1)」『ソーシャルワーク研究』第31巻第1号，p.56, 2005.
11）同上，p.57

◇参考文献
・Harrington, M., *The Other America*, Simon and Schuster, 1997.
・岩間伸之「講座 ジェネラリスト・ソーシャルワーク(1)」『ソーシャルワーク研究』第31巻第1号, 2005.
・C. ジャーメインほか，小島蓉子訳『エコロジカル・ソーシャルワーク──カレル・ジャーメイン名論文集』学苑社，1992.
・佐藤豊道『ジェネラリスト・ソーシャルワーク研究──人間：環境：時間：空間の交互作用』川島書店，2001.
・H. M. バートレット，小松源助訳『社会福祉実践の共通基盤』ミネルヴァ書房，1978.

日本におけるソーシャルワークの形成過程

学習のポイント

● 救済から社会事業への流れ、社会事業の展開についてを理解する

● 戦後のソーシャルワークの導入とその後の展開について理解する

1 日本における社会事業前史

1 農民の苦しみと仏教思想

　奈良時代に律令国家が形成され、民衆に租・庸・調などの負担が課せられると、困窮化する農民が現れた。当時の農民の苦しみは、万葉集に収録された山上憶良の「貧窮問答歌」からうかがい知ることができる。

　本章第1節では、ヨーロッパにおけるキリスト教の慈善による農民の救済を紹介したが、日本では仏教の慈悲がこの役割を果たした。当時仏教は政府から厳しく活動が制限されていたにもかかわらず、民衆への普及活動をしながら社会的な事業や救済活動を行った僧侶に行基らがいた。善行を積むことが福徳を生むという仏教思想に支えられた活動であった。行基は民衆とともに農地に池を築き、橋を架け、堀や溝を掘り、農業用の灌漑施設を建設した。

　道元は慈悲を仏法のためと考え、困窮状態の人たちの救済を仏の供養のためとして行った。また、一遍も諸国を遊行しながら病人や乞食の救済にあたった。

2 中世・近世における救済

　中世に入ると、自然災害や、飢饉により生活に困窮する者が現れた。封建領主たち、たとえば北条泰時は飢饉の際に窮民に米を支給し、上杉謙信は凶作に備えた施策を行った。また、山梨県甲斐市竜王の釜無川に残る信玄堤は、武田信玄によって築かれ、釜無川と笛吹川の治水につと

Active Learning

「貧窮問答歌」を現代語に訳してみましょう。
「人並に　吾も作るを　綿も無き布肩衣の　海松の如　わわけさがれる　襤褸のみ　肩に打ち懸け伏廬の　曲廬の内に直土に　藁解き敷きて　父母は　枕の方に　妻子どもは　足の方に　囲み居て憂へ吟ひ　竈には火気ふき立てず　甑には　蜘蛛の巣懸きて　飯炊く　事も忘れて　鵼鳥の　呻吟ひ居るに　いとのきて　短き物を　端截ると　云へるが如く楚取る　五十戸良が声は　寝屋戸まで来立ち呼ばひぬ……」

---

i　行基　668-749.奈良の大仏造立に尽力したとして知られる行基は、各地を周遊しながら仏教の教えを説き、民衆に重い負担を強いた律令制のもとで困窮していた民衆の生活再建に尽力した僧侶である。灌漑施設建設のような共同作業を通じて人々は共同体の絆を深めた。また、行基は布施屋という宿泊施設を開設し、労役や兵役のために地方から集められた人が病気になった場合の救済を行った。

行基像

めるなどの対策を講じ、生活を守ろうとした。

　徳川家康により確立された幕藩体制[＊]下の社会を支えていたのは、中世からの長い歴史で成熟した共同体としての村であった。村は村方三役を中心に運営され、村内の社会基盤である用水や道の管理や整備を行い、自主的に治安や防災の仕事を担った。幕府や諸大名らは村の自治に依存して年貢や諸役を収納し、村民を把握した。村民は五人組制度により編成され、年貢の納入など連帯責任を負わされた。五人組制度や村の範囲を超えるような困窮には、各藩の封建支配者による慈恵政策が儒教的理念のもとで家父長的立場から行われた。

　江戸時代は自然災害の多かった時期でもあり、凶作、飢饉が発生した。農村から窮乏した人たちが江戸などの封建都市に流入し、幕府が救済対策を講じた。救済対策としては、貸付、窮民収容施設の設立、七分積金制度による備荒や貧民孤児の救済が挙げられる。また、窮民救済の基礎となる窮民調査等が江戸や大阪で実施された。享保年間に幕府が江戸町奉行に命令して報告させた窮民の条件は、「江戸在住者で自身又は父母妻子が疾病に罹り、産業に従事できず餓死に迫る者（但し一時他より往来する者を除く）、および現在産業に従事するも他日火災にあった場合糊口の資を失って飢餓に逼るべき状態にあるもの[1]」とされた。これらの人たちは官簿に記録され、濫救の防止になった。

■3 明治維新・産業革命期における救済と慈善事業

　江戸幕府が崩壊し新政府が成立、1868（慶応４）年には明治天皇が即位礼を挙げた。新政府は廃藩置県を断行し、国内を統一し、封建的身分制度の撤廃を進めた。農工商の百姓や町人は平民となり、苗字が許され、四民平等が実現した。しかし、これに見合う十分な施策が行われな

かったため、人々の生活はかえって苦しくなった。地租改正条例が公布され地価による課税、貨幣による納税に変更された。また、徴兵制度や学制に基づく小学校設置の負担が民衆を苦しめ、血税一揆が起こった。

　明治政府は 1874（明治 7）年に**恤救規則**を制定し、貧困者に対する一般的救済法を成立した。恤救規則による救済の基本原則は、家族や親族、地縁関係などの相互扶助であり、無告の窮民（誰にも頼ることができない困窮者）に限って公費で救済するとした。救済の実施にあたっては政府にうかがいを出させるものであり、制限的な救済であった。

　政府は欧米諸国に追いつくために富国強兵、殖産興業に力を注いだ。そして、近代産業技術を導入、資本主義的な生産方法を育成し日本でも産業革命が始まった。工業に比べると農業の発展が遅れたため、農業生産の停滞、農村での困窮が問題となり、農村から出稼ぎに行く者が増えた。このように工業化の進展に伴って賃金労働者が増大したが、新たな問題を発生させた。当時の工場労働者の大半は女性で、農村から出稼ぎにきた子女たちが、劣悪な労働環境のもと、低賃金で労働に従事させられていたのである。

　横山源之助は、このような状況を丹念に調査し、1899（明治 32）年に『日本之下層社会』を著した。東京など都市の貧民や職人、製糸業、紡績業、製造業などの労働者、また小作農民の労働と生活の実態を調査してまとめ、日本でも欧米並みの貧困問題が発生していることを明らかにした。また「農商務省商工局の工務課工場調査掛が、1901（明治 34）年に行った調査を 1903（明治 36）年 3 月、活版印刷したもの[2]」が『職工事情』*である。当時の労働条件を赤裸々に記録した資料で、工場法制定の基礎資料作成のために実施された調査報告書であった。これらの社会調査は困窮者や労働者の生活実態を詳細に報告することで、貧困の原因が個人の側にあるのではなく、社会問題として取り扱うことの必要性を明らかにした。

　このように産業革命が進展する裏側で貧富の格差が広がった。公的な救済制度による対策は不十分であり、貧困や児童に関する問題に対して、キリスト教思想に基づく民間の慈善事業が創始されている。代表的な事業として、石井十次による**岡山孤児院**（1887（明治 20）年）、石井亮一による弧女学院（現・滝乃川学園、1891（明治 24）年）、**留岡幸助**による**家庭学校**（1899（明治 32）年）などがある。**山室軍平**は 1895（明治 28）年に**救世軍**を組織し、釈放者の保護、廃娼運動、婦人保護、無料宿泊所などの活動を展開した。

★『**職工事情**』
『職工事情』は戦前の専制政治下には、活版復刻・公刊が許されなかったが、現在は 1998（平成 10）年に岩波文庫から復刻された『職工事情（上・中・下）』で読むことができる。

Active Learning
これらの事業で現在でも続いているものはないか調べてみましょう。

また、海外からセツルメント運動が紹介され、アダムス（Adams, A. P.）によって1891（明治24）年に岡山博愛会が設立された。片山潜はトインビー（Toynbee, A.）から影響を受け1897（明治30）年、神田三崎町にキングスレー・ホールを設立した。具体的な事業は幼稚園、職工教育会、青年クラブ、大学普及講演会、渡米協会、日本料理人組合、社会主義協会や都市問題研究会、および日曜礼拝やクリスマス集会であったとされる[3]。

４ 感化救済事業

日露戦争に勝利したものの、戦費調達、軍事費増大、また1907（明治40）年にアメリカで起こった恐慌の影響により国民の困窮が深刻化した。賃金労働者の貧困化が進み、下層労働者も救済の対象となった。このような人たちは細民と呼ばれ、1911（明治44）年には内務省が細民調査を実施している。第1回細民調査の調査項目は、細民戸別調査、細民長屋、木賃宿戸別調査、細民金融機関、職業紹介所、職工家庭調査であった[4]。

政府は増税、財政削減で財政再建を図り、1908（明治41）年には恤救規則の国庫支出も削減された。先に述べたように、恤救規則による救済の基本原則は、家族や親族、地縁関係などの相互扶助であり、政府はこの相互扶助を強調した。さらに政府は国民を支配するために天皇を中心とした家族国家観、天皇制イデオロギーを普及した。このような対策は感化救済事業と呼ばれた。家族制度や共同体での相互扶助を強調し、救済は天皇の恩恵として位置づけられた。

感化救済事業の特徴として、1908（明治41）年には感化法が改正され感化院が増加し事業が発展し、感化事業思想普及のため感化救済事業講習会が開催された。また、1911（明治44）年に明治天皇から施薬救療の勅語が下され施薬救療事業★が発展した。さらに、内務省主導による民間の慈善事業も含んだ救済事業の組織化が進んだ。

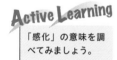

Active Learning
「感化」の意味を調べてみましょう。

★施薬救療事業
生活が苦しく医療を受けられない人たちに対して無料で医療を受けられるようにするため、天皇が150万円を下賜され、恩賜財団済生会が設立された。

２ 日本における社会事業の基礎確立期

１ 社会事業の成立

第一次世界大戦が勃発すると、日本はヨーロッパに軍需品、アジアに綿織物、アメリカに生糸を輸出し、財政危機を乗り越えた。資本家が潤

い、消費が拡大した一方で、物価が高騰し民衆が苦しみ、資本家と労働
者という社会関係ができあがった。また急激な経済発展によって工業労
働者が増加し、都市へ人口が集中した。このときも農業生産が停滞し、
米の価格が上昇したため、都市の労働者や下層農民の生活が困窮に陥っ
た。経済的貧困や生活の困窮は、個人的要因から発生するのではなく、
社会的要因により発生することが認識され、**社会事業**の必要性が高まっ
ていった。

　1918（大正 7 ）年には、投機的な米の買い占めが起こり、さらに米
の価格が急騰すると米の安売りを求めた民衆の買い占めの反対運動が激
化し、富山で始まった米騒動※が全国に伝播した。また賃上げ要求を掲げ
た労働運動も高揚し、労働争議件数も増加した。1912（大正元）年に
組織された友愛会は 1919（大正 8 ）年に大日本労働総同盟友愛会と改
称され、1920（大正 9 ）年に第 1 回メーデーを主催することになる。
社会運動が組織化された時代であった。

　国民のこのような行動に対し、立憲政友会の原敬による政党内閣が成
立した。原内閣で小選挙区制が導入され、民主主義が一定の範囲で容認
されたものの、社会問題や生活問題に対する政策対応が社会体制を維持
するために必要となり、「『社会連帯』『社会改良』『労使協調』などの言
葉をスローガンとして社会政策、社会事業が登場すること」[5]になった。

　日本における社会事業は大正中期から後期にかけて成立した。内務省
に 1917（大正 6 ）年に救護課が設置され、社会課（1919（大正 8 ）年）、
社会局（1920（大正 9 ）年）へ発展した。また、1921（大正 10）年
には救済事業調査会が社会事業調査会となった。中央慈善協会も 1921
（大正 10）年に社会事業協会に改称されている。政府の動きと同調し都
市の社会事業も成立し、大阪、横浜、東京、神戸、名古屋に市の社会事
業部局が設置されていた。また同時期に府県でも社会課が設置された。
1925（大正 14）年には**地方社会事業職員制**により社会事業主事、主事
補が制度化され、社会課などに配置された。

　この時期は病院でも社会事業が開始された。1919（大正 8 ）年には、
泉橋慈善病院に婦人相談員が配置され、**中野療養所**、**全生園**等の施療病
院で相談活動が行われた。また 1929（昭和 4 ）年には、聖路加国際病
院に社会事業部が開設され、キャノン（Cannon, I.）から専門的なトレー
ニングを受けた**浅賀ふさ**が採用された。

　社会事業の成立には専門職の養成が必要となる。そのため、この時期
に養成機関が開設され、社会事業教育が始まった。

★**米騒動**
米騒動はこれまでの農
民による一揆とは異な
り、漁村の主婦が米倉
庫前に押しかけ米の移
出阻止を求めたことが
きっかけとなり、工場
労働者、炭鉱夫、中小
の商工業労働者、日雇
い労働者らによる社会
運動につながった。

2 方面委員制度の成立

　社会事業制度が整備されつつも救貧制度は恤救規則体制のままであり、**方面委員制度**がこの不備を補った。方面委員の先駆となったのは岡山県済世顧問制度（1917（大正6）年）であり、地域の有力者が済世顧問となり、貧困者を調査して相談にあたり組織的救済が開始された。1918（大正7）年には東京府慈善協会による救済委員制度、大阪府方面委員制度が開始されている。方面委員制度は現在の**民生委員制度**のもとになっている。

　大阪府方面委員制度は、大阪府知事の林市蔵により考案された。この制度はドイツのエルバーフェルト制度を参考とし、大阪府嘱託の小河滋_{しげ}次郎_{じろう}が推進した。方面委員による援助は、社会測量（アセスメント）による、細民階級者の生活実態の解明と個別的救護が中心となった。方面委員には細民階級の人たちと接する機会が多いと考えられた中産階級の人たちが選ばれ、無報酬であった。方面とは小学校区で、一校区を15名から20名の方面委員が担当した。調査においては、第一種（独身で自活ができないもの、独身ではないが支えてくれる人がいないため自活ができないもの、また疾病や事故等により自活ができない困窮者）と第二種（家族の人数、職業の安定、生活の状態等を考え、家計に余裕がないもの）とに分類され、こうした住民の生活実態をカードに記入した。

　方面委員は専門職業人ではないため対象者からの抵抗感が少なく、生活の些細な部分まで調査が可能であった。方面委員制度は救貧行政の効率化が図られ、濫救、漏救にも効果があった。大阪府方面委員制度がモデルとなり各地方に方面委員制度ができあがり、1936（昭和11）年には方面委員令が公布された。

　1929（昭和4）年に恤救規則に代わる救護法が成立したが、財源確保が難しく、実施が困難になった。全国の方面委員を中心とした救護法実施促進運動が展開され、1932（昭和7）年に実施された。このときの全国の方面委員による活動は、戦前におけるソーシャルアクションの成功事例であった。

Active Learning

自分の住む地域の民生委員について調べてみましょう。

---

ii　社会事業を成立させるためには専門職の養成を欠かすことができない。1918（大正7）年には宗教大学（現・大正大学）に社会事業研究室が開設され、1921（大正10）年に社会事業科が創設された。1919（大正8）年に東洋大学に感化救済科が設置され、1921（大正10）年に社会教育社会事業科となった。同年、日本女子大学でも児童保全科と女工保全科が創設されている。1928（昭和3）年、明治学院高等学部に社会科が設置され、同志社大学には1931（昭和6）年、神学科に社会事業学専攻が設置された。

3 セツルメント運動

　セツルメント運動は日本においても 1890 年代に開始されていた。セツルメント運動は、公立セツルメント、民間セツルメント、大学セツルメントの三つの流れで発展し、セツルメントの時代と呼ばれた。

　日本で最初の公立セツルメントは大阪市立市民館（1921（大正 10）年設立）であり、1926（大正 15）年に大阪市立北市民館と改称されたが、1982（昭和 57）年まで地域を支えた。民間セツルメントは 1917（大正 6 ）年に大阪で石井記念愛染園が設立され、現在も隣保事業を展開している。また 1919（大正 8 ）年、北米からの宣教師たちがハル・ハウスを参考にして東京で興望館を設立し、現在も保育園や地域活動部の活動にその理念が継承されている。大学セツルメントは関東大震災を契機として東京帝国大学セツルメントが設立され、全国の大学セツルメントのモデルとなった。

　日本でもイギリスやアメリカでのセツルメント運動と共通の優れた活動が展開され、隣保館、市民館、社会館と呼ばれた。セツルメントには労働問題解決の補助作用、経済保護事業、デモクラシー実行の手段としての教育的効果、ボランティア活動の中心など、さまざまな期待が寄せられた。セツルメントは、このようにこの時期に重要な役割を担い、理念的混乱は見受けられるが、昭和恐慌期にかけて発展した。

4 農村社会事業

　これまでに述べてきたように、どの時代においても農村では困窮が発生した。年貢の重圧、自然災害や飢饉や農業生産の停滞など、形を変えて農民を苦しめた。昭和初期には、農村の窮乏と小作争議が社会問題となった。

　1929（昭和 4 ）年に海野幸徳が『農村社会事業指針』を著した。海野は農村社会事業について「農村の困窮を軽減除去し、福利を維持増進することを目的とするものである。農村は国家や都市と異つた事情、形態をもつて居るから、それに応じて、国家及都市社会事業に異つた特殊形態たる農村社会事業なるものが現出するのである[6]」とした。1922（大正 11）年に杉山元治郎らと日本農民組合を結成した賀川豊彦は、1933（昭和 8 ）年に『農村社会事業』[*]を著している。

　当時の日本は農業人口が有業者の半数を占めている時代であり、農村の社会問題の対策は必須であった。1932（昭和 7 ）年に政府は農村救済決議を行い、農村救済策として 1932（昭和 7 ）年度から 3 年間の時

★『農村社会事業』
賀川豊彦はキリスト教の伝道者であり、社会事業家である。彼は本書で次のように著した。「協同組合組織による農村運動のほか村を救ふべき道のないことを考へてゐる。この協同組合は押し廣めて社會事業にも適用することが出来る。社會事業は今や慈善事業の領域から脱して、協同組合の基礎を持たなければならぬことになってゐる。私はかうした立場を農村に応用して、絶大なる効果のあることを見たものだから、その立場から新しき農村社会事業の行くべき道を書いた」。

『農村社会事業』を著した
賀川豊彦
© 共同通信社／アマナイメージズ

局匡救事業の実施を決定した。時局匡救事業は土地改良、道路・水利の
改善を通じた農業生産を高めるための救農土木事業と、農林省に経済更
生部を設置し、農山漁村経済更生計画樹立方針に基づく農村経済更生運
動であった。実態のある土木事業とは異なり、農山漁村経済更生計画樹
立方針は、隣保共助の精神を活用するといった精神論的なものであった。

3 ▷ 日本におけるソーシャルワークの展開

■1 戦後の改革とソーシャルワークの導入

❶ GHQ による改革

1945（昭和 20）年日本はポツダム宣言を受諾し、太平洋戦争が終了
した。日本は事実上アメリカ軍による占領下に置かれ、マッカーサー
（MacArthur, D.）を最高司令官とする連合国軍最高司令官総司令部
（GHQ）の指令・勧告に基づいて日本政府が政治を行う間接統治の時
代に入った。

GHQ は憲法の自由化と五大改革を指示し、民主化政策が進められ、
日本国憲法が公布された。五大改革は、女性参政権、労働組合の結成奨
励、教育制度の自由主義的改革、秘密警察の廃止、経済機構の民主化で
あった。GHQ のなかで福祉に関する責任を負ったのは指令第 7 号に
よって設置された公衆衛生福祉局であり、公衆衛生福祉局に置かれた福
祉課であった。福祉課は最小限の福祉水準を維持することから、社会秩
序の混乱を避けること、ソーシャルワークの訓練計画の推進、日本赤十
字の改組も担当した。

1946（昭和21）年11月、日本国憲法が公布された。新憲法は、国民主権、平和主義、基本的人権の尊重の3原則を明らかにし、特に基本的人権の尊重★は、戦後の社会福祉のあり方の基礎となった。憲法第13条は個人の尊重、幸福追求権、公共の福祉を規定し、第25条第1項は「健康で文化的な最低限度の生活を営む権利を有する」という生存権を規定している。さらに第25条第2項では「国は、すべての生活部面について、社会福祉、社会保障及び公衆衛生の向上及び増進に努めなければならない」と規定し、戦後の日本における社会福祉諸制度の出発点となった。

当時の国民生活は、窮乏の状態にあり、特に戦災者、海外からの引揚者、遺族、帰る家を失った戦傷軍人等は生活の場を確保することさえも困難であった。このような社会情勢に対応するため1945（昭和20）年に生活困窮者緊急生活援護要綱が決定され、世帯を単位として宿泊施設・医療・食料の給与、生業の指導あっせんが行われた。そして、1946（昭和21）年には生活保護法（以下、旧法）が制定され、最低生活の維持・無差別平等・政府責任が原則とされた。旧法では、保護の種類が、生活扶助、医療、助産、生業扶助、葬祭扶助の5種類であり、その費用は国が8割、都道府県が1割、市町村が1割を負担した。しかし、勤労の意思のない者、勤労を怠る者、素行不良な者にはこの法律による保護が実施されなかった。また方面委員が民生委員へと改編され、保護行政の補助機関となり、救護法体制はそのまま維持された。GHQによる民生委員の専門化や民生委員制度の民主化が図られたものの、成果は上がらなかった。

戦災による孤児や浮浪児の保護は、戦後の生活困窮の問題と同じように重要な課題であった。1947（昭和22）年に福祉という言葉をもつ最初の法律として、児童福祉法が成立した。児童福祉法は子どもの健全育成を目的とし、国と地方公共団体の責任が明記された。そして児童福祉司、児童委員、児童相談所が規定された。また退役傷病軍人、戦災による障害者の生活困窮に対応するために1949（昭和24）年に身体障害者福祉法が成立し、知事のもとに身体障害者福祉司が置かれ、必要な訓練や補装具の支給が規定された。これによって福祉三法体制が成立したことになる。

1950（昭和25）年、新憲法の精神を受け継いだ生活保護法（現法）が制定され、教育扶助、住宅扶助が追加された。保護を受けることが権利であり、また不服申し立ての仕組みも導入された。そして保護の実施

★基本的人権の尊重
憲法第11条で「国民は、すべての基本的人権の享有を妨げられない。この憲法が国民に保障する基本的人権は、侵すことのできない永久の権利として、現在及び将来の国民に与へられる」とされ、第97条で「この憲法が日本国民に保障する基本的人権は、人類の多年にわたる自由獲得の努力の成果であって、これらの権利は、過去幾多の試錬に堪へ、現在及び将来の国民に対し、侵すことのできない永久の権利として信託されたものである」とされている。

第4章　ソーシャルワークの形成過程

★社会福祉主事
社会福祉主事は社会福祉法第18条第1項で「都道府県、市及び福祉に関する事務所を設置する町村に、社会福祉主事を置く」とされ、市町村の社会福祉主事は、福祉事務所で、生活保護法、児童福祉法、母子及び父子並びに寡婦福祉法、老人福祉法、身体障害者福祉法および知的障害者福祉法に定める援護、育成や更生の措置に関する事務を行っている。

にあたる有給の専門職として、1950（昭和25）年に社会福祉主事の設置に関する法律が制定され、都道府県、市町村に社会福祉主事が置かれた。これにより、生活保護法、児童福祉法、身体障害者福祉法に関する事務を社会福祉主事が引き受け、民生委員は協力者となった。

❷ソーシャルワークの導入

福祉三法等、共通の基本的事項を規定する法律が必要になり、社会福祉事業法が1951（昭和26）年に制定された。この法律によって福祉行政を担う福祉事務所が規定された。GHQは公的福祉の領域にケースワークという概念を確立しようと考え、ケースワークが社会福祉主事を通じて導入された。また、「日本社会事業協会」「同胞援護会」「全日本民生委員連盟」の三団体が統合し中央社会福祉協議会が発足し、これが後の全国社会福祉協議会となった。

GHQは社会福祉行政施策においては、訓練されたソーシャルワーク専門職が必須と考えており、1946（昭和21）年、東京に日本社会事業学校が開校し、1年間の上級カリキュラムと3年間のカリキュラムが開設された。教授陣には社会政策担当の大河内一男、ケースワーク担当の竹内愛二らがおり、公衆衛生福祉局の専門職もいた。この短期間での教育訓練が成果を上げたため、1948（昭和23）年には大阪社会事業学校が設置されている。

GHQはソーシャルワーク教育を行う4年制大学の設置を決定し、GHQの教育専門家、日本の教育関係者、厚生官僚による委員会が設置された。この委員会で作成されたカリキュラムには、ケースワーク、グループワーク、コミュニティオーガニゼーション、ソーシャルワークの経営と管理、社会調査、公的扶助、薬学の基礎、精神医学の八つの核となるコースが含まれており、学生はそれぞれの領域から一定の単位を取得することになっていた。しかし4年制社会事業大学設置は困難であり、時間がかかった。その間にも専門的な訓練が必要であり、厚生省、日本社会事業協会やその他の機関が現任訓練、特別講習会などを実施した。

1949（昭和24）年10月に日本社会事業学校で開催された現任訓練講習会は公衆衛生福祉局と厚生省が後援し、都道府県の福祉係の長を対象として、ケースワークから行政管理に至る理論的・実践的知識がある人たちが参加した。講習会では、面接技術からコミュニティオーガニゼーションまでのソーシャルワークの広範囲な領域が講義された。また、講義のあとに小グループに分かれた討論が実施され、セミナー形式

で講習会が進められた。

2 ソーシャルワークの発展と停滞

　このようにケースワークにとどまらず、日本におけるソーシャルワークはGHQによる占領期に導入された。またこの時期には、アメリカの文献が紹介され、日本の研究者による著作が出版された。ケースワークについては1949（昭和24）年には谷川貞夫が『ケース・ウォーク要論』を、竹内愛二は1938（昭和13）年に『ケース・ウォークの理論と實際』を著した。グループワークについては、竹内愛二が1951（昭和26）年に『グループ・ウォークの技術』、永井三郎が1949（昭和24）年に『グループ・ワーク——小團指導入門』を著している。

　またこの時期に社会福祉のあり方、公的扶助ケースワークをめぐる論争（「社会福祉本質論争★」「岸・仲村論争★」）が起こった。これらの論争はいずれも明確な結論が出ることはなかったが、後の社会福祉論、ソーシャルワーク実践・研究の発展に影響を与えた。

　1958（昭和33）年には、新しい国民健康保険法が成立し、国民皆保険が成立した。また翌1959（昭和34）年には、すべての国民を被保険者とする国民年金法が法制化された。この頃18歳以上の知的障害者への福祉施策の必要性が顕著となり、1960（昭和35）年、精神薄弱者福祉法（現・知的障害者福祉法）が成立し、精神薄弱者更生相談所、精神薄弱者福祉司が置かれた[iii]。また、1963（昭和38）年には、老人の心身の健康の保持と生活の安定を目的とした老人福祉法が成立した。さらに、高度経済成長期の母子家庭の経済的問題と児童の健全育成という母子一体の対策が必要となり、1964（昭和39）年に母子福祉法（現・母子及び父子並びに寡婦福祉法）が成立した。これにより福祉六法体制が確立し、福祉事務所の社会福祉主事の現在の職務範囲につながっている。

　大学でも社会福祉教育が始まり、研究者、教育者が増加した。そして1954（昭和29）年には日本社会福祉学会が設立され、学会設立大会のあとに日本社会事業学校連盟設立準備会が設置された。そして翌1955（昭和30）年に日本社会事業学校連盟が設立された。1953（昭和28）年には日本医療社会事業家協会が創設された。1958（昭和33）年、東京で国際社会事業会議が開催され、1960（昭和35）年に日本ソーシャルワーカー協会が結成された。これによってソーシャルワークの研究

★社会福祉本質論争
孝橋正一は、社会福祉の本質は、資本主義の構造的要因によってもたらされる社会問題に対応するものであり、社会政策を補完する社会的方策が社会事業であるとした。これに対して、社会制度と個人の関係を調整する独自の専門的機能として社会福祉実践の技術的側面を挙げた岡村重夫らがいた。

★岸・仲村論争
公的扶助ケースワークにおいては、公的扶助制度のもとにおいて、ケースワークの民主的運営が可能であるとした仲村優一と、そうした考えが制度を固定化し、ケースワークが社会保障制度の補完となると批判した岸勇の間の論争である。

★日本社会事業学校連盟
1955（昭和30）年14校によって設立された。カリキュラム、教育内容、教育方法の検討、また資格向上の国へのソーシャルアクション、教育セミナーを開催してきた。2017（平成29）年に「日本社会福祉士養成校協会」「日本精神保健福祉士養成校協会」「日本社会福祉教育学校連盟」の三団体が合併して日本ソーシャルワーク教育学校連盟となった。

iii 「精神薄弱者」は当時の名称であり、現在では知的障害者という表現になっている。

者、教育機関、専門職のそれぞれが全国組織をもつに至った。

また、1948（昭和23）年に国立国府台病院に社会事業婦が配置された。1960年代に、全国の精神科病院で精神科ソーシャルワーカーが採用された。そして1964（昭和39）年、日本精神医学ソーシャル・ワーカー協会が設立された。

社会福祉主事等によるケースワーク、社会福祉協議会によるコミュニティオーガニゼーションが導入されながらも、日本においてはソーシャルワークが必ずしも十分に根づいてこなかった。その理由としては、日本の社会福祉サービスの提供が措置制度に基づくものであったことや、社会的弱者と呼ばれる保護者のいない児童や重度障害のある人たちへのサービス提供が入所施設においてなされていることが挙げられる。入所施設では集団生活が基本であり、結果的に生活が管理的になり、民主的なグループワーク実践も発展しなかった。さらに、福祉六法体制による縦割り構造がソーシャルワーク実践を領域別のものとしたことも、ジェネリックなソーシャルワークが根づかなかった要因であった。

■3 社会構造の変化とソーシャルワーカー国家資格制度の制定

日本の高齢者人口は、1950（昭和25）年には総人口の5％に満たなかったが、1970（昭和45）年に7％を超えると、1994（平成6）年には14％を超えた。高齢者の単独世帯や高齢の夫婦のみの家族が増加して、高齢者の介護問題が深刻化した。

また、日本の年間の出生数は、第一次ベビーブーム期の約270万人をピークに、1975（昭和50）年に200万人を割り込み、減少傾向が続いている。2016（平成28）年の出生数は、97万6978人となり、1899（明治32）年の統計開始以来、初めて100万人を割った。すでに学校単位でのクラブ活動が成立しなくなるなど、子どもたちの活動が制約されてきている。

さらに、生産年齢人口（15〜64歳）をみると、1995（平成7）年に8716万人でピークを迎え、その後減少に転じ、2013（平成25）年には7901万人と8000万人を下回った。世代間で支えあう社会保障制度において、現役世代の負担が増加し、世代間格差が生じている。

1987（昭和62）年には、社会福祉の国家資格について定められた**社会福祉士及び介護福祉士法**が制定された。資格制度の法制化の必要性として、高齢化と福祉ニードへの専門的な対応（多様な福祉ニードへの適切なサービス選択の援助と在宅介護体制整備）、国際化と福祉専門家養

成の必要性、シルバーサービスの動向と資格制度の必要性が挙げられた。そして社会福祉士は括弧書きで（ソーシャルワーカー）とされていた。

　1997（平成9）年には、精神保健福祉の国家資格について定められた**精神保健福祉士法**が成立した。長期入院を余儀なくされている精神障害者の地域移行が進まず、地域移行を促進することは精神保健福祉行政の課題であった。退院を促進するためには環境整備が必要であり、精神障害者の視点に立って社会復帰の支援を行う人材が求められた。

　時代のニーズを反映して、社会福祉士及び介護福祉士法は 2007（平成 19）年に改正された。社会福祉士は地域福祉の推進という潮流のなかで、総合的かつ包括的な相談援助を展開することが期待された（第1章参照）。

■4 ソーシャルワークを支える理念

　最後に、ソーシャルワーク実践の理念を、歴史から振り返っておきたい。1948 年の国際連合総会において採択された世界人権宣言第 1 条「すべての人間は、生れながらにして自由であり、かつ、尊厳と権利とについて平等である」という文は、個人の尊厳を尊重するソーシャルワークの価値、権利擁護の機能を明確にしてきた。

　日本では、1981 年の国際障害者年を契機に**ノーマライゼーション**の思想が障害者福祉分野で広がり始めた。誰もが当たり前にありのままで住み慣れた地域で暮らすという思想は、障害者福祉分野を超えて広がり、施設から地域へという流れをつくり、インクルーシブな地域づくりの理念となっている。そして地域福祉の潮流は、コミュニティを基盤とするソーシャルワークの理念につながっている。個人と地域を一体化して支援することで、双方を同時にエンパワーし、社会構造の変化に伴って脆弱化した地域のつながりを新たに再構築する役割等がソーシャルワーカーに求められている。

Active Learning

ソーシャルワークの国際定義（2000 年）からソーシャルワーク専門職のグローバル定義（2014 年）になった歴史的背景について考えてみましょう。

◇引用文献

1）吉田久一『日本社会事業の歴史 改訂版』勁草書房，pp.86-87，1966.
2）犬丸義一校訂『職工事情 上』岩波書店，p.3，1998.
3）前出1），p.187
4）内務省社会局編『細民調査統計表』内務省社会局，pp.1-5，1912.
5）菊池正治・清水教惠・田中和夫・永岡正己・室田保夫編著『日本社会福祉の歴史──制度・実践・思想』ミネルヴァ書房，p.82，2003.
6）海野幸徳『農村社会事業指針』内外出版印刷，pp.1-2，1929.

◇参考文献

・福祉関係三審議会企画分科会「福祉関係者の資格制度について（意見具申）」1987.
・賀川豊彦『戦前期社会事業基本文献集 36 農村社会事業』日本図書センター，1996.
・金子光一『社会福祉のあゆみ──社会福祉思想の軌跡』有斐閣，2005.
・菊池正治・清水教惠・田中和夫・永岡正己・室田保夫編著『日本社会福祉の歴史──制度・実践・思想』ミネルヴァ書房，2003.
・児島美都子『新医療ソーシャルワーカー論──その制度的確立をもとめて』ミネルヴァ書房，1997.
・笹山晴生・佐藤信・五味文彦ほか『詳説日本史 改訂版』山川出版社，2019.
・高島進『MINERVA 社会福祉基本図書11 社会福祉の歴史──慈善事業・救貧法から現代まで』ミネルヴァ書房，1995.
・T. タタラ，菅沼隆・古川孝順訳『占領期の福祉改革──福祉行政の再編成と福祉専門職の誕生』筒井書房，1997.
・吉田久一『日本社会事業の歴史 改訂版』勁草書房，1966.

第5章

ソーシャルワークの倫理

　本章では、ソーシャルワークが専門職による実践であるために、欠かすことのできない倫理について学ぶ。第1節では、専門職倫理とは何かということ、そしてソーシャルワーカーが専門職であるために、なぜ倫理が必要なのかについて理解する。続く第2節では、ソーシャルワーカーの倫理綱領について、その意義や構成要素および機能や活用の仕方を学ぶ。具体的に、アメリカのソーシャルワーカー協会の倫理綱領や日本のソーシャルワーカーの職能団体が公表している倫理綱領も取り上げる。さらに第3節では、ソーシャルワーク実践において生じる倫理的ジレンマについて、その内容およびジレンマにおける判断過程を、事例を取り上げながら学ぶ。

第 1 節 専門職倫理の概念

学習のポイント

● ソーシャルワーカーの専門職倫理とは何かを理解する
● ソーシャルワークにおける専門職倫理の必要性について理解する

1 専門職の価値と倫理

1 専門職倫理

　人は多様な経験を通じて、社会的に受け入れられる行為が何かといった道徳観を身につけている。しかしながら、この道徳観だけではソーシャルワーカーという専門職に要求される判断や行動は成し得ない。そこで、ソーシャルワークの価値に基づいた具体的な実践にソーシャルワーカーを導くための指針を示すことになった。これが**専門職倫理**である。

　たとえば、経済的問題をもつ友人Ａをどうにか助けられないかと、友人Ｂと居酒屋で相談することは社会的に受け入れられる行為だろう。ところが、この友人Ａがクライエントならどうだろうか。このクライエントの尊厳は守られているだろうか。このような行動を防止するために、クライエントのプライバシーの尊重と秘密の保持という専門職倫理がある。

2 ソーシャルワークの価値と倫理の関係

　ソーシャルワークは価値を基礎とした専門的活動である。このソーシャルワークの根源的な価値である社会正義、人権、集団的責任、多様性の尊重等を実現するために、ソーシャルワーカーの行為を方向づけるのが専門職倫理だ。それらをソーシャルワーカーが行うべき倫理基準として明文化したものが**倫理綱領**である。ソーシャルワーカーの倫理綱領には、すべてのソーシャルワーカーが志すべき原理が示され、それらに基づく倫理基準が定められている（p.183参照）。

Active Learning

ソーシャルワーカーの倫理綱領に記載されている原理の一つである「多様性の尊重」が実践されている例を探してみましょう。

2 ▶ 専門職倫理の必要性

ウェルビーイングの増進を目指すソーシャルワーカーの実践が倫理的でないはずがないと考えるかもしれない。しかし、ソーシャルワークの価値や倫理に沿った行動がなされないこともあり得る。残念ながら、これまでにもクライエントからの遺産の受領や法外な手数料の徴収など、倫理に反した行動が明らかになり、倫理違反として懲戒されたソーシャルワーカーは存在している。このような明白な倫理違反でなくとも、ソーシャルワーカーが自分の立場を優先した行動をとることや、クライエントの利益を考えて行ったつもりの支援が、ソーシャルワーカーの倫理に反することもあり得るのである。このようなことからも、ソーシャルワーカーにとって専門職倫理が必要なのは明白であるが、次の点からソーシャルワーカーは特に倫理を重要視しなければならないといえる。

■1 クライエントが影響を受けやすい状態にあること

クライエントは自分またはインフォーマルなソーシャルネットワークでは解決できない何らかの問題を抱えている。そのため、支援を求めるという点からも、また自分にない知識や権限などをソーシャルワーカーがもっているという点からも、ソーシャルワーカーとクライエントに上下関係が生じる可能性は高い。

加えて、クライエントは本来の能力を発揮できない状況にあることが多いため、ソーシャルワーカーからの影響を受けやすい状態にあるといえる。つまり、問題への対応に疲れ果てたクライエントが、自分を支援してくれるソーシャルワーカーに絶大なる信頼を寄せ、その関係の継続を希望した結果、ソーシャルワーカーの意向に添った判断（たとえば、必要性が低いにもかかわらず、ソーシャルワーカーの所属機関のサービスを利用する）を行う可能性があると考えられる。

■2 クライエントの個人情報を把握すること

ソーシャルワークを実践するためには、クライエントの個人情報を把握する必要がある。これは、ソーシャルワーカーがクライエントの個人情報を私的に利用できる立場にいることを意味する。

■3 ソーシャルワーク実践には倫理的ジレンマが伴うこと

　ソーシャルワーカーになったからといって、個人的価値観がソーシャルワークの価値とすべて一致するとは限らない。常に自分の価値観がソーシャルワーク実践にどのような影響を与えるかを認識して、ソーシャルワーカーとしての判断をしなければならないが、ジレンマを感じることも多い。

　また、クライエントの意向があいまいで、適切な対応を明確にできないときがある。同様に、ソーシャルワーカーや協働する専門職等はそれぞれの価値や義務があるため、これら複数の要素があるなかで、「これが正しい」と誰もが同意する判断を下せないことも多い。このようなジレンマでの判断指針となるのが、専門職倫理である。

◇参考文献
・川村隆彦「ソーシャルワーク実践の価値と倫理」日本社会福祉学会事典編集委員会編『社会福祉学事典』丸善出版，2014.

第2節 倫理綱領

第2節 倫理綱領

学習のポイント

● ソーシャルワーカーの倫理綱領の意義を理解する

● ソーシャルワーカーの倫理綱領の内容について理解する

● ソーシャルワークの実践において倫理綱領を活用できるようになる

1 倫理綱領の意義

1 倫理綱領とは

　倫理綱領は専門職にとって不可欠なものであり、ソーシャルワーカーが倫理的判断を行う際の指針となる。価値を理解していても、実際の行動のレベルでそれを体現することは難しい。倫理綱領はそれを可能にする基準を提示したものといえる。これは同時に、専門職としての行動を規制するとともに、その実践を評価するための基準でもある。

2 倫理綱領の構成要素

　国や団体によって倫理綱領の形式や内容は異なるが、次の七つがソーシャルワーカーの倫理綱領に共通する内容であることが明らかになっている。[1)]

❶　その専門職にとって中心的な目的もしくはサービス理念の表明

❷　専門職の性質や属性についての表明

❸　専門職が基盤としている価値についての表明

❹　倫理的原則：仕事を支える倫理原則の一般的表明

❺　倫理的規則：そうあるべきか否かについてのいくつかの通則

❻　専門職の実務原則：いかにしてサービス利用者の利益に沿って仕事をするかについての一般的な表明

❼　専門職の実務規則：専門職の実務に関する具体的な指示

3 倫理綱領の機能

　倫理綱領の主な機能として次の4点が挙げられる。

❶ソーシャルワーク実践の質の担保

ソーシャルワークの具体的実践内容は多様であったとしても、その基盤となる人権尊重や社会正義などの価値は、どのソーシャルワーカーも同様に理解していなければならない。そして、それらの価値に基づいた実践をすべてのソーシャルワーカーが行うことができるように、倫理基準を明示して教育することで、実践の質を担保する。

同時に、ソーシャルワーカーが価値からはずれた実践を行わないように管理する。これを徹底するために、倫理綱領には苦情対応や懲戒システムがつくられている場合が多い。このように、ソーシャルワーク実践の質を担保する機能は、利用者を保護する機能ともいえる。

❷社会的信用の確保

一般の人々に対してソーシャルワーカーの倫理基準を提示することは、専門職としての説明責任を果たし、社会的認知を得るとともに社会的信用を高めることになる。これは、倫理綱領の存在が専門職として認知される条件と考えられていることにも関係している。

❸倫理的判断の指針

ソーシャルワーク実践において倫理的判断を行うことは、たやすいことではない。そして、倫理的ジレンマを経験することも多いと考えられるなかで、何らかの判断指針が必要となる。

❹外部規則に対する防備

ソーシャルワーカーは何らかの組織に属して活動することがほとんどであるが、その組織の価値とソーシャルワークの価値が異なることもあり得る。また、組織に限らず社会福祉以外の法律や制度などでも、価値が相容れないことがある。このような場合、ソーシャルワーカーの活動に根拠を与える機能が倫理綱領にはある。

■4 倫理綱領の限界

このような機能を果たす倫理綱領はソーシャルワーカーにとって不可欠なものであるが、たとえば以下のような限界がある。そのため、倫理綱領の限界を認識したうえで、活用する必要がある。

❶抽象的な表現

倫理綱領は一般的な表現であるためにさまざまな解釈ができてしまう。また、複数の倫理基準が矛盾する場合には明確な指針にはなり得ない等の限界が認識されている。このような限界に対応するために、具体的状況においてソーシャルワーカーが従うべきルールや具体的な行動で

ある実践基準や**行動規範**を作成することもある。ただ、これらは実践で活用しやすいという利点がある一方で、それに頼ることによってマニュアル的対応しかできなくなる危険性があるとも考えられている。

❷**実践環境との乖離**

実際の現場では、いくらソーシャルワーカーが倫理綱領の基準を満たす実践をしようと考えても、それを環境（政策、制度、組織、サービス、人材等）が阻害することが多々ある。このような状況があるにもかかわらず、倫理綱領はソーシャルワーカーを主体として記載されているため、ソーシャルワーカー個人に実践の責任を求める傾向がある。

そのため、最近の倫理綱領の多くが、「資源の制約、経済と効率性への要求、政府の政策の後退が、ソーシャルワーカーの倫理的な不正を引き起こす要因[2]」だと説明している。

2 国際ソーシャルワーカー連盟・国際ソーシャルワーク学校連盟の倫理表明

各国のソーシャルワーカーの専門職団体が倫理綱領を採択しているが、その基準になっているのが、日本も含めて世界中のソーシャルワーカーによる専門職団体が加盟している**国際ソーシャルワーカー連盟**（International Federation of Social Workers）および**国際ソーシャルワーク学校連盟**（International Association of Schools of Social Work）による倫理表明である。

ソーシャルワーカーが直面する倫理的課題等は国の特殊な事情によるものもあるが、それ以外のものは共通しているとして、2004（平成16）年に「ソーシャルワークの倫理——原理についての表明」を承認している。

ここでは、次の4点が世界中のソーシャルワーカーに共通する問題領域だとしている[3]。

❶ ソーシャルワーカーのロイヤリティーがしばしば対立する利害のまんなかにあるという実態

❷ ソーシャルワーカーが支援者と統制者の両方になって機能する実態

❸ ソーシャルワーカーが対象にしている人々の利益を守る義務と効率性・実用性を求める社会の要請の間で苦しむ葛藤

❹ 社会の資源には限界があるという実態

その後、**ソーシャルワーク専門職のグローバル定義**の採択を踏まえ

て、2018（平成30）年に倫理原則に関するグローバルソーシャルワークの声明を発表している。これは次の九つの原則で構成されている。[4)]

① 人類の固有の尊厳の認識
② 人権の促進
③ 社会正義の推進
  ③-1　挑戦的な差別と制度的抑圧
  ③-2　多様性の尊重
  ③-3　公平なリソースへのアクセス
  ③-4　不当な方針と慣行への挑戦
  ③-5　連帯の構築
④ 自己決定権の促進
⑤ 参加する権利の促進
⑥ 守秘義務とプライバシーの尊重
⑦ 人を人として扱う
⑧ テクノロジーとソーシャルメディアの倫理的使用
⑨ プロフェッショナルな誠実さ

このような表明に準じて、各国のソーシャルワーカーの団体がそれぞれの倫理綱領を採択するように呼びかけている。

3　全米ソーシャルワーカー協会の倫理綱領

日本のソーシャルワークに影響を与え続けている世界一大規模なソーシャルワーカーの専門職団体である**全米ソーシャルワーカー協会**（National Association of Social Workers）は、独自の倫理綱領を最も早く制定し、ケースマネジメント、保健医療領域、スクールソーシャルワークなどのあらゆる専門分野における実践基準を設けている。

1　全米ソーシャルワーカー協会倫理綱領の歴史
❶道徳期（1880〜1920年代）

19世紀末の慈善組織協会（COS）の頃には、ソーシャルワーカー自身の倫理よりもクライエントの道徳観の向上が注目されていたが、セツルメント運動の広がりや大恐慌の経験等により、クライエントの道徳観よりも環境への働きかけを重視するソーシャルワーカーが増えてきた。最初の倫理綱領の草案は、1920年にリッチモンド（Richmond, M. E.）

によって試験的に作成されたものだといわれている。

❷価値期（1920 〜 1970 年代）

　ソーシャルワークの専門職の価値や使命が最も活発に議論された時期である。同時に、個人的価値と専門職としての価値についての研究も重視された。そして、1960 年に全米ソーシャルワーカー協会が 14 の宣言を記した初の倫理綱領を採択した。これは協会が結成されてから 5 年後のことである。その後、無差別という価値を加えた 15 の宣言を1967 年に採択したが、実践で活用するには抽象的過ぎると評価された。

❸倫理理論と倫理的判断期（1970 〜 1980 年代）

　1970 年代後期以降、ソーシャルワークに限らずあらゆる専門分野で倫理的課題検討が盛んになる。これは、尊厳死や臓器移植など倫理的に検討しなければならない課題が増加したことや、ウォーターゲート事件*を契機とする専門職に対する一般市民の不信感の増大などによるものだと考えられている。倫理的ジレンマやそれに対応するための倫理的判断方法などが研究されるとともに、倫理コンサルテーションのガイドラインなどが整えられていった。そして、ソーシャルワーカー養成教育において、倫理関連の科目が加えられた。このような状況下、実践で活用可能な倫理綱領を作成すべく、1979 年に新たな倫理綱領が採択された。その後、 2 回改訂が加えられた。

❹倫理基準とリスクマネジメント期（1980 年代〜現代）

　クライエントによるソーシャルワーカーに対する苦情や訴訟が増加するなかで、倫理に反する実践への対応およびそれを予防するリスクマネジメントが主要な検討課題となった。それらを受け、全米ソーシャルワーカー協会は、倫理綱領を改訂するとともに、より具体的な実践基準を策定していった。

2 全米ソーシャルワーカー協会倫理綱領の内容

　現在の倫理綱領は、1996 年に採択され、2017 年に改訂されたものである。この倫理綱領は、❶ソーシャルワーカーの使命や倫理綱領の目的等をまとめた前文、❷倫理原則、❸倫理基準から成り立っている。最新の改訂では、テクノロジーの使用における倫理的責任が加えられている。倫理綱領は多様な専門分野のソーシャルワーカーによって、その妥当性が継続的に検証されている。

　❸倫理基準は、ソーシャルワーカーの実践や倫理的判断の指針となる具体的な基準を提示している。この倫理基準はクライエント、同僚、実

★ウォーターゲート事件
民主党選挙対策本部のあるウォーターゲート・ビルに、ニクソン再選委員会の関係者が盗聴器を仕掛けようとして逮捕されたことから、ニクソン大統領および側近の関与や不祥事等が明るみに出て、大統領が辞任した事件。

第5章 ソーシャルワークの倫理

践現場、専門職、専門職業、社会全般の六つに分類されている。

　最も詳細に提示されているのがクライエントに対する倫理的責任である。クライエントのウェルビーイングの増進がソーシャルワーカーの第一義的責任であるが、社会に対する責任あるいは法的義務を優先させる場合があることが記載されている。そのほかに、自己決定、インフォームド・コンセント、利益相反、プライバシーと守秘義務、記録の開示、サービスに対する支払い、サービスの終結などについて明示されている。

　同僚に対する倫理的責任では、同僚とのいさかい、性的関係、同僚の力量不足、倫理に反する同僚の行動などがまとめられている。また、実践現場における倫理的責任では、スーパービジョンや雇用主への働きかけなどが、専門職としての責任では私的な問題による影響の防止やクライエントへの勧誘の禁止など、専門職業に対する責任では評価と調査など、そして、社会全般に対する責任ではソーシャル・ポリティカルアクションなどが、提示されている。

■3 全米ソーシャルワーカー協会倫理綱領を補完するシステム

　全米ソーシャルワーカー協会会員による倫理綱領の遵守のために、会員による検証プロセスが整備されている。倫理綱領への違反に関する全米ソーシャルワーカー協会会員への苦情については、調停または制裁がなされる。これは、全米ソーシャルワーカー協会の倫理委員会と支部会員とが協働で実施する。ソーシャルワーク実践の改善や向上が目的であり、必要に応じて継続研修の受講や専門家によるコンサルテーションなどが課せられる。

　また、この対応とは別に、資格認定委員会による資格取消しも含めた検証プロセスが存在する。一方、倫理的ジレンマなどで倫理的判断が困難な場合には、コンサルテーションを受けることができるようになっている。

4　日本におけるソーシャルワーカーの倫理綱領

　日本におけるソーシャルワーク専門職の団体である**日本社会福祉士会、日本精神保健福祉士協会、日本医療社会福祉協会、日本ソーシャルワーカー協会**の４団体は、国際ソーシャルワーカー連盟に加盟する際の調整団体として、社会福祉専門職団体協議会（現・**日本ソーシャルワー**

カー連盟）を組織した。この組織が国際ソーシャルワーカー連盟の倫理原則に準拠した倫理綱領を 2005（平成 17）年に策定し、2020（令和 2）年に改定している。つまり、これら 4 団体は共通の倫理綱領を採択しているわけである。

1 日本におけるソーシャルワーカーの倫理綱領の歴史

社会福祉士の国家資格が誕生する前の 1961（昭和 36）年に、我が国最初の倫理綱領「医療ソーシャルワーカー倫理綱領」が日本医療社会事業協会（現・日本医療社会福祉協会）によって採択された。その後、日本ソーシャルワーカー協会が、各国の倫理綱領を検証するとともに多方面からの専門家の意見聴取や議論を行い、1986（昭和 61）年に体系的な「日本ソーシャルワーカー協会の倫理綱領」を採択した。また、1988（昭和 63）年に日本精神保健福祉士協会の前身である日本精神医学ソーシャル・ワーカー協会が「日本精神医学ソーシャル・ワーカー協会倫理綱領」を制定している。

このような状況下、2000 年に国際ソーシャルワーカー連盟国際会議において「ソーシャルワークの定義」が採択されたことに合わせて、日本ソーシャルワーカー協会の呼びかけで、日本社会福祉士会とともに倫理綱領策定に向けた作業が開始された。その後、日本医療社会事業協会と日本精神保健福祉士協会が参加し、社会福祉専門職団体協議会として各団体および諸外国の倫理綱領をもとに検討がなされ、2005（平成 17）年に「ソーシャルワーカーの倫理綱領」として公表された。この倫理綱領を、日本社会福祉士会や日本精神保健福祉士協会等の各団体が採択している。

2014 年 7 月の国際ソーシャルワーカー連盟国際会議において、「ソーシャルワーク専門職のグローバル定義」が採択されたことを受けて、2018（平成 30）年から日本ソーシャルワーカー連盟倫理綱領委員会にて、改定作業が続けられてきた。そこでは、国際ソーシャルワーカー連盟のグローバル定義および倫理原則に関するグローバルソーシャルワークの声明等との整合性を検証し、パブリックコメントの意見等を取り入れながら進められた。そして、2020（令和 2）年に、現在の倫理綱領が完成し、各団体が採択している。

2 日本におけるソーシャルワーカーの倫理綱領の内容

日本ソーシャルワーカー連盟によるソーシャルワーカーの倫理綱領

は、ソーシャルワーク専門職のグローバル定義を含む前文、原理、倫理基準から構成されている。前文では、ソーシャルワーカーとしての使命を明言し、ソーシャルワーク専門職のグローバル定義をよりどころとしてソーシャルワークを実践すること、そしてソーシャルワークの専門性および倫理性の維持向上が専門職の責務であることを認識したうえで、倫理綱領を遵守することを誓約している。

原理では、グローバル定義に示された原理を中心として、ソーシャルワーカーの六つの倫理原則を示している。倫理基準は、クライエントに対する倫理責任、組織・職場に対する倫理責任、社会に対する倫理責任、専門職としての倫理責任からなっている。ここでのクライエントとは、ソーシャルワーカーに支援を求める人々、ソーシャルワークが必要な人々および変革や開発、結束の必要な社会に含まれるすべての人々を指している。

旧倫理綱領からの変更点に注目すると、利用者をクライエントと表現することで幅広い概念とするとともに、クライエントの参加の促進を追加している。また、クライエントの自己決定に関する倫理的ジレンマにおける倫理基準も加えられた。さらに、近年の現状を踏まえた情報処理技術の適切な利用に関する基準が追加されるとともに、組織・職場における虐待等の予防や組織改革など、踏み込んだ内容となっている。

ソーシャルワーカーの倫理綱領

前文

われわれソーシャルワーカーは、すべての人が人間としての尊厳を有し、価値ある存在であり、平等であることを深く認識する。われわれは平和を擁護し、社会正義、人権、集団的責任、多様性尊重および全人的存在の原理に則り、人々がつながりを実感できる社会への変革と社会的包摂の実現をめざす専門職であり、多様な人々や組織と協働することを言明する。

われわれは、社会システムおよび自然的・地理的環境と人々の生活が相互に関連していることに着目する。社会変動が環境破壊および人間疎外をもたらしている状況にあって、この専門職が社会にとって不可欠であることを自覚するとともに、ソーシャルワーカーの職責についての一般社会および市民の理解を深め、その啓発に努める。

われわれは、われわれの加盟する国際ソーシャルワーカー連盟と国際

ソーシャルワーク教育学校連盟が採択した、次の「ソーシャルワーク専門職のグローバル定義」（2014 年 7 月）を、ソーシャルワーク実践の基盤となるものとして認識し、その実践の拠り所とする。

〈ソーシャルワーク専門職のグローバル定義〉

ソーシャルワークは、社会変革と社会開発、社会的結束、および人々のエンパワメントと解放を促進する、実践に基づいた専門職であり学問である。社会正義、人権、集団的責任、および多様性尊重の諸原理は、ソーシャルワークの中核をなす。ソーシャルワークの理論、社会科学、人文学、および地域・民族固有の知を基盤として、ソーシャルワークは、生活課題に取り組みウェルビーイングを高めるよう、人々やさまざまな構造に働きかける。

この定義は、各国および世界の各地域で展開してもよい。

(IFSW;2014.7) ※注 1

われわれは、ソーシャルワークの知識、技術の専門性と倫理性の維持、向上が専門職の責務であることを認識し、本綱領を制定してこれを遵守することを誓約する。

原理

Ⅰ （人間の尊厳）　ソーシャルワーカーは、すべての人々を、出自、人種、民族、国籍、性別、性自認、性的指向、年齢、身体的精神的状況、宗教的文化的背景、社会的地位、経済状況などの違いにかかわらず、かけがえのない存在として尊重する。

Ⅱ （人権）　ソーシャルワーカーは、すべての人々を生まれながらにして侵すことのできない権利を有する存在であることを認識し、いかなる理由によってもその権利の抑圧・侵害・略奪を容認しない。

Ⅲ （社会正義）　ソーシャルワーカーは、差別、貧困、抑圧、排除、無関心、暴力、環境破壊などの無い、自由、平等、共生に基づく社会正義の実現をめざす。

Ⅳ （集団的責任）　ソーシャルワーカーは、集団の有する力と責任を認識し、人と環境の双方に働きかけて、互恵的な社会の実現に貢献する。

Ⅴ （多様性の尊重）　ソーシャルワーカーは、個人、家族、集団、地域社会に存在する多様性を認識し、それらを尊重する社会の実現をめざす。

Ⅵ （全人的存在）　ソーシャルワーカーは、すべての人々を生物的、心理的、社会的、文化的、スピリチュアルな側面からなる全人的な存在として認識する。

倫理基準

Ⅰ　クライエントに対する倫理責任

　1．（クライエントとの関係）　ソーシャルワーカーは、クライエントとの専門的援助関係を最も大切にし、それを自己の利益のために利用しない。

　2．（クライエントの利益の最優先）　ソーシャルワーカーは、業務の遂行に際して、クライエントの利益を最優先に考える。

　3．（受容）　ソーシャルワーカーは、自らの先入観や偏見を排し、クライエントをあるがままに受容する。

　4．（説明責任）　ソーシャルワーカーは、クライエントに必要な情報を適切な方法・わかりやすい表現を用いて提供する。

　5．（クライエントの自己決定の尊重）　ソーシャルワーカーは、クライエントの自己決定を尊重し、クライエントがその権利を十分に理解し、活用できるようにする。また、ソーシャルワーカーは、クライエントの自己決定が本人の生命や健康を大きく損ねる場合や、他者の権利を脅かすような場合は、人と環境の相互作用の視点からクライエントとそこに関係する人々相互のウェルビーイングの調和を図ることに努める。

　6．（参加の促進）　ソーシャルワーカーは、クライエントが自らの人生に影響を及ぼす決定や行動のすべての局面において、完全な関与と参加を促進する。

　7．（クライエントの意思決定への対応）　ソーシャルワーカーは、意思決定が困難なクライエントに対して、常に最善の方法を用いて利益と権利を擁護する。

　8．（プライバシーの尊重と秘密の保持）　ソーシャルワーカーは、クライエントのプライバシーを尊重し秘密を保持する。

　9．（記録の開示）　ソーシャルワーカーは、クライエントから記録の開示の要求があった場合、非開示とすべき正当な事由がない限り、クライエントに記録を開示する。

　10．（差別や虐待の禁止）　ソーシャルワーカーは、クライエントに対していかなる差別・虐待もしない。

　11．（権利擁護）　ソーシャルワーカーは、クライエントの権利を擁護し、その権利の行使を促進する。

　12．（情報処理技術の適切な使用）　ソーシャルワーカーは、情報処理技術の利用がクライエントの権利を侵害する危険性があることを認識し、その適切な使用に努める。

Ⅱ　組織・職場に対する倫理責任

　　1．（最良の実践を行う責務）　ソーシャルワーカーは、自らが属する
　　　組織・職場の基本的な使命や理念を認識し、最良の業務を遂行する。

　　2．（同僚などへの敬意）　ソーシャルワーカーは、組織・職場内のど
　　　のような立場にあっても、同僚および他の専門職などに敬意を払う。

　　3．（倫理綱領の理解の促進）　ソーシャルワーカーは、組織・職場に
　　　おいて本倫理綱領が認識されるよう働きかける。

　　4．（倫理的実践の推進）　ソーシャルワーカーは、組織・職場の方針、
　　　規則、業務命令がソーシャルワークの倫理的実践を妨げる場合は、
　　　適切・妥当な方法・手段によって提言し、改善を図る。

　　5．（組織内アドボカシーの促進）　ソーシャルワーカーは、組織・職
　　　場におけるあらゆる虐待または差別的・抑圧的な行為の予防および
　　　防止の促進を図る。

　　6．（組織改革）　ソーシャルワーカーは、人々のニーズや社会状況の
　　　変化に応じて組織・職場の機能を評価し必要な改革を図る。

Ⅲ　社会に対する倫理責任

　　1．（ソーシャル・インクルージョン）　ソーシャルワーカーは、あら
　　　ゆる差別、貧困、抑圧、排除、無関心、暴力、環境破壊などに立ち
　　　向かい、包摂的な社会をめざす。

　　2．（社会への働きかけ）　ソーシャルワーカーは、人権と社会正義の
　　　増進において変革と開発が必要であるとみなすとき、人々の主体性
　　　を活かしながら、社会に働きかける。

　　3．（グローバル社会への働きかけ）　ソーシャルワーカーは、人権と
　　　社会正義に関する課題を解決するため、全世界のソーシャルワー
　　　カーと連帯し、グローバル社会に働きかける。

Ⅳ　専門職としての倫理責任

　　1．（専門性の向上）　ソーシャルワーカーは、最良の実践を行うため
　　　に、必要な資格を所持し、専門性の向上に努める。

　　2．（専門職の啓発）　ソーシャルワーカーは、クライエント・他の専
　　　門職・市民に専門職としての実践を適切な手段をもって伝え、社会
　　　的信用を高めるよう努める。

　　3．（信用失墜行為の禁止）ソーシャルワーカーは、自分の権限の乱
　　　用や品位を傷つける行いなど、専門職全体の信用失墜となるような
　　　行為をしてはならない。

　　4．（社会的信用の保持）　ソーシャルワーカーは、他のソーシャル
　　　ワーカーが専門職業の社会的信用を損なうような場合、本人にその
　　　事実を知らせ、必要な対応を促す。

第5章　ソーシャルワークの倫理

5．（専門職の擁護）　ソーシャルワーカーは、不当な批判を受けることがあれば、専門職として連帯し、その立場を擁護する。

6．（教育・訓練・管理における責務）　ソーシャルワーカーは、教育・訓練・管理を行う場合、それらを受ける人の人権を尊重し、専門性の向上に寄与する。

7．（調査・研究）　ソーシャルワーカーは、すべての調査・研究過程で、クライエントを含む研究対象の権利を尊重し、研究対象との関係に十分に注意を払い、倫理性を確保する。

8．（自己管理）　ソーシャルワーカーは、何らかの個人的・社会的な困難に直面し、それが専門的判断や業務遂行に影響する場合、クライエントや他の人々を守るために必要な対応を行い、自己管理に努める。

注1．本綱領には「ソーシャルワーク専門職のグローバル定義」の本文のみを掲載してある。なお、アジア太平洋(2016年)および日本(2017年)における展開が制定されている。

注2．本綱領にいう「ソーシャルワーカー」とは、本倫理綱領を遵守することを誓約し、ソーシャルワークに携わる者をさす。

注3．本綱領にいう「クライエント」とは、「ソーシャルワーク専門職のグローバル定義」に照らし、ソーシャルワーカーに支援を求める人々、ソーシャルワークが必要な人々および変革や開発、結束の必要な社会に含まれるすべての人々をさす。

5　社会福祉士の倫理綱領

1　日本社会福祉士会倫理綱領の内容

　前述のように、社会福祉士の専門職団体である日本社会福祉士会は、日本ソーシャルワーカー連盟による「ソーシャルワーカーの倫理綱領」を「社会福祉士の倫理綱領」として採択しているが、それに加えて、具体的な社会福祉士の行動として明記した行動規範とそれから導いた「私たちのやくそく」等の行動指針を策定している。ただし、これらは2005（平成17）年採択の倫理綱領に基づき作成されたものであり、現在改訂中である。

2 社会福祉士の倫理綱領を補完するシステム

　日本社会福祉士会はすべての会員の倫理の維持および向上に資することを目的として、苦情対応システムなどを構築している。苦情対応システムは、日本社会福祉士会が示したガイドラインに沿って、都道府県社会福祉士会が運用している。受け付けた苦情については、都道府県社会福祉士会の綱紀委員会が審査の必要性を判断し、必要に応じて調査委員が調査を行い、理事会にて懲戒が審議される。ガイドラインに示された懲戒には厳重注意、戒告、除名があるが、各都道府県社会福祉士会で定められている。最も重い除名については、厚生労働省に報告される。

　そして、社会福祉士及び介護福祉士法第45条（信用失墜行為の禁止）および第46条（秘密保持義務）に違反していた場合には、厚生労働大臣が社会福祉士の登録を取り消す、または一定期間の名称使用禁止を命ずる（第32条第2項）とされている。また、秘密保持義務に違反した場合には、1年以下の懲役または30万円以下の罰金に処する（第50条）とされている。

6　精神保健福祉士の倫理綱領

1 精神保健福祉士の倫理綱領の内容

　前述のように、我が国のソーシャルワーカーは共通の倫理綱領を採択しているため、日本の精神保健福祉士の専門職団体である日本精神保健福祉士協会も、同様の倫理綱領を採択している。同時に、精神保健福祉士独自の倫理綱領も採択している。つまり、精神保健福祉士は二つの倫理綱領をもっていることになる。また、精神保健福祉士業務指針も作成している。

　日本精神保健福祉士協会の前身である日本精神医学ソーシャル・ワーカー協会が制定した倫理綱領を2003（平成15）年に全面的に改訂して、現在の「精神保健福祉士の倫理綱領」を2013（平成25）年に採択し、2018（平成30）年に改訂している。精神保健福祉士の使命を示した前文、倫理綱領の目的、倫理原則、倫理基準から成り立っている。倫理基準として、クライエント、機関、社会に対する責務と専門職としての責務を明示している。その内容は、たとえば、クライエントの金銭および貴重品の管理を行っているといった精神障害者への支援における実態を踏まえ、「機関が定めた契約による報酬や公的基準で定められた以外の

Active Learning
「精神保健福祉士の倫理綱領」の内容を確認しましょう。

金品の要求・授受をしてはならない」責務や「自己の業務におけるクライエントからの批判・評価を受けとめ、改善に努める」責務などを明記している。

業務指針については、日本精神医学ソーシャル・ワーカー協会が1989（平成元）年に採択した精神科ソーシャルワーカー業務指針を踏まえ、経年的に実施している精神保健福祉士の業務実態調査の結果をもとに、現状に合うように改訂を繰り返し、『精神保健福祉士業務指針』として刊行している。

■2 精神保健福祉士の倫理綱領を補完するシステム

日本精神保健福祉士協会では、構成員の倫理の維持および向上に資することを目的に、苦情処理のシステムを構築している。国内外の個人または団体から倫理綱領に反する不当な行為等に対する苦情が申し立てられると、倫理委員会にて審査開始の判断がなされる。調査委員によって申立人および被申立人からの事情聴取がなされ、それらをもとに倫理委員会にて検討されたあと、理事会にて注意、厳重注意、戒告、除名の審議がなされる。なお、除名および厚生労働省への登録取消しに関する意見具申等の決定は総会で決議される。

7 ソーシャルワーク実践における 倫理綱領の活用

すべての人が一つのことを倫理的に正しいと考えるわけではないという意味で、倫理は複雑だといえる。また、倫理的義務と法的義務とが一致しない場合があるという意味でも、**倫理的判断**は難しい。加えてソーシャルワーカーの場合、ソーシャルワークの倫理に従ったとしてもソーシャルワーク実践の効果が伴うとは限らないことがあるという意味でも、倫理的判断を下すのには困難を伴う。

そのため、ソーシャルワーカーとして倫理綱領を十分に理解することは不可欠であるが、理解のみならずそれを実践において適切に活用しなければならない。倫理的判断が必要な際には、次のようなステップで倫理綱領を活用することができる。

■1 ステップ1：倫理的課題に関するキーワードを考える

自分が体験している倫理的判断が必要な事柄に関して、それを表すと

思われるキーワードを考える。

> **事例**
>
> 　ソーシャルワーカーのAさんはクライエントBさん宅での訪問面接の際に、お茶とお菓子を勧められ、いただいた。この行動が倫理的によかったのかどうか気になるとともに、今後同じようなことが起きたらどのように対応すべきか考えたいと思った。そこで、まずキーワードとして、クライエント、物品、関係を考えた。

2 ステップ2：キーワードに関連する倫理基準を見つける

　キーワードに関連すると思われる倫理基準を読んでみて、適用できると考えられるものを選ぶ。

> **事例**
>
> 　Aさんはまずソーシャルワーカーの倫理綱領の倫理基準を見て、クライエントに対する倫理責任が関連すると考えた。そして、「I-1.（クライエントとの関係）」と「I-2.（クライエントの利益の最優先）」が適用できると判断した。

3 ステップ3：関連する倫理綱領以外の社会資源を活用する

　所属組織の方針、法律、制度などで関連すると考えられるものについて、情報を収集する。また、必要に応じて、上司、同僚、専門家などに相談する。

> **事例**
>
> 　Aさんの所属する機関にはクライエントからの物品の受領に関する方針はなかったので、上司に相談してみた。上司によると、原則として物品は受け取ってはならないが、お茶はクライエントとの対等な信頼関係の構築を促すという点からも考慮した判断をしなければならないとのことであった。これまで確認した倫理基準と上司の意見などを踏まえて、クライエントからのお茶やお菓子の提供への対応を検討した。

Active Learning

社会福祉士や精神保健福祉士による非倫理的な実践を調べてみましょう。

　あってはならないことだが、現実に倫理基準に反するソーシャルワーク実践は存在する。最も許されないのが、意図的にソーシャルワーカーの立場を利用して自分の利益のために行う行動である。たとえば、クライエントからの報酬以外の金銭や物品の受領、保険報酬の詐欺、クライエントとの性的関係などである。これらに対しては、職能団体の苦情対応システムなどを活用しながら、ソーシャルワーカー同士で予防および対応に努めなければならない。

　意図的でない場合にも、倫理基準をよく理解していない結果として倫理違反の実践をしてしまうことがあるので注意が必要である。たとえば、作業所を利用したいというクライエントに対して、地域で最も評判の高い作業所のみを紹介したらどうだろうか。クライエントの利益を考えての行為だったとしても、倫理基準のクライエントに対する倫理責任における「Ⅰ-4.（説明責任）」や「Ⅰ-5.（クライエントの自己決定の尊重）」を遵守しておらず、パターナリスティックな対応になっているといえる。常に倫理綱領に則した実践をするためには、スーパービジョンや職場内外の研修等が欠かせない。

　また、ソーシャルワーカーの身体的および精神的状態によっては、判断ミスや失敗をしやすくなってしまう。この結果として、倫理に反する実践をしてしまうことがある。バーンアウトなどの状態では、専門職として適切なソーシャルワーク実践ができないのは当然のことだろう。このような点からも、専門職としての倫理責任の「Ⅳ-8.（自己管理）」にあるように、ソーシャルワーカーにとって日頃からの自己管理が非常に重要だといえる。

◇引用文献

1) S. バンクス, 石倉康次・児島亜紀子・伊藤文人監訳『ソーシャルワークの倫理と価値』法律文化社, p.123, 2016.
2) 同上, pp.134-135
3) 国際ソーシャルワーク学校連盟・国際ソーシャルワーカー連盟『ソーシャルワークの定義, ソーシャルワークの倫理：原理についての表明, ソーシャルワークの教育・養成に関する世界基準』相川書房, p.13, 2009.
4) IFSW, 'Global social work statement of ethical principles' https://www.ifsw.org/global-social-work-statement-of-ethical-principles/

◇参考文献

・Reamer, F. G., *Ethical Standards in Social Work: A Review of the NASW Code of Ethics*, 3rd edition, NASW Press, 2018.
・Reamer, F. G., *Ethics Education in Social Work*, Council on Social Work Education, 2001.
・日本精神保健福祉士養成校協会編『新・精神保健福祉士養成講座 3 精神保健福祉士相談援助の基盤（基礎・専門）第 2 版』中央法規出版, 2015.
・日本ソーシャルワーカー協会「日本ソーシャルワーカー協会会報──倫理綱領特集号」第126号, 2020.
・日本社会福祉士会編『改訂 社会福祉士の倫理──倫理綱領実践ガイドブック』中央法規出版, 2009.
・NASW, 'Professional Review' https://www.socialworkers.org/About/Ethics/Professional-Review
・NASW, 'Free Ethics Consultation for NASW Members' https://www.socialworkers.org/About/Ethics/Ethics-Education-and-Resources/Ethics-Consultations

第3節 倫理的ジレンマ

学習のポイント

● ソーシャルワーカーが経験する倫理的ジレンマについて理解する
● ソーシャルワーカーによる倫理的判断過程を学ぶ

1 倫理的ジレンマの内容

1 倫理的ジレンマ

　倫理的ジレンマとは、相反する複数の倫理的根拠が存在し、どれもが重要だと考えられる場合、ソーシャルワーカーがどうすればよいのかと葛藤することである。

　ソーシャルワークの実践は、クライエントに対する責任を果たせばよいというような単純なものではなく、クライエント、所属組織、行政、同僚、専門職、社会すべてに対して責任を負っていることを考えると、当然のことだともいえる。

　これらの倫理責任が相反する場合、どの倫理責任を優先するのかといった倫理的ジレンマが生じる。ここでは、どの倫理責任を優先することが正しいという正解は存在しない。どれもが果たさなければならない責任なのである。そのため、一つの倫理責任を優先すれば、それに相反する倫理責任を果たすことが困難になる可能性が高くなる。

　このような倫理的ジレンマへの対応は難しいものだが、これらを経験しながらクライエントのウェルビーイングの増進を目指して支援するプロセスが、ソーシャルワークの醍醐味であり、ソーシャルワーカーのやりがいにつながっているともいえる。

2 ソーシャルワーカーが経験する倫理的ジレンマ

　ソーシャルワーカーはさまざまな場面で倫理的ジレンマを体験するが、悩むことが多いと考えられるものとして次の六つが挙げられる。
❶クライエントに対する責任
　クライエントの利益を最優先しなければならないことは明白だが、クライエントは1人とは限らず、それぞれの利益が関連している場合に

はジレンマが生じることがある。たとえば、児童養護施設の入所児童3人が習い事をしたいと希望したのに対して、2人分の予算しかなかったらどうするだろうか。また、特別養護老人ホームのショートステイに、収容人数を超えて複数が同時に申し込んできたらどうするだろうか。ソーシャルワークは日々判断の連続であるが、複数のクライエントのそれぞれの利益を最優先する責任において思い悩むことが多々あるだろう。

Active Learning

あるクライエントが冷房をつけてと言い、ほかのクライエントが切ってと言った場合、どうするか考えてみましょう。

❷自己決定の尊重とクライエントの保護責任

クライエントの自己決定は尊重されるべき重要な価値だが、クライエントの自己決定がクライエントに脅威を与えると考えられる場合にはジレンマが生じる。たとえば、公園で暮らすホームレスの男性が見ず知らずの若い男性に棒でいきなり殴られ、顔が青く腫れ上がり普通に話ができないような状態であっても、病院での治療を断るような場合である。クライエントへの脅威の内容や程度を検討することはもちろんのこと、クライエントの判断能力を確認したうえで、自己決定に必要なあらゆる情報に基づき、かつ、他者からの強要によるものではない真の自己決定であるかどうかを検討しなければならない。また、他者の権利や利益の侵害にならないかどうかの確認も必要になる。

❸秘密の保持と第三者の利益を守る責任

秘密の保持は倫理綱領にも明示されているソーシャルワーカーの明確な倫理責任の一つであるが、状況によってはジレンマを生じることがある。たとえば、ドメスティック・バイオレンス（DV）加害者への支援をしているソーシャルワーカーが「妻子の住所をつきとめた」とクライエントから聞いたらどうすべきか。クライエント以外の人（この例ではクライエントの妻子）に悪い影響がある情報に関して、クライエントが開示を拒否した場合、クライエントのプライバシーを尊重し、秘密にする責任と他者の権利や利益を守る責任が相反することになる。

ほかにも、クライエントがHIV感染症である事実をその配偶者や恋人に伝えるべきかどうかや、ソーシャルワーカーの家族への危害をクライエントが予告した場合にはどうかなど、秘密の保持と第三者の利益を守る責任が相反する場合が多く考えられる。どの場合も、個人情報保護法等の法規を確認したうえで、第三者への影響の度合いや情報の信憑性などを考慮しなければならない。

❹秘密の保持と社会に対する責任

15歳のクライエントがマリファナを使用し、友人に販売していることを誰にも言わないように懇願し、情報を開示するなら支援は受けない

と迫るような場合、クライエントのプライバシーを尊重し、秘密にする責任と社会に対する責任が相反することがある。クライエントが違法なマリファナを使用および販売していることは法律に違反した行為であり、それを警察に通告するという社会人としての責任がある。また、クライエントは未成年者であるため、保護者に情報を伝える責任も生じる。同時に、所属組織およびクライエントの属する中学校への報告義務も考えられる。しかしながら、原則として秘密の保持の対象となるクライエントのプライバシーであることに変わりはない。これら複数の責任のなかでどれを優先するのか、またどのようにそれを行うのかといったジレンマが生じる。

❺クライエントに対する責任と所属組織に対する責任

　ソーシャルワークの価値と所属組織の価値が一致しているのが理想であるが、たとえ示す理念は同じであっても個々の判断では異なることがある。たとえば、グループホームで利用者がけがをして治療を受けたことを、その家族に伝えるのを組織的に止められるような場合である。ほかにも、病院の稼働率を上げるための過度の退院促進あるいは退院抑制やサービス利用率向上のための不必要なサービス利用の強要など、相反することが多くあり得る。

　特に、社会福祉以外の価値を主とする組織ではこのような矛盾が生じる可能性が高い。このような場合、ソーシャルワーカーはクライエントに対する責任と所属組織に対する責任との板挟みになる。クライエントに対する責任を選択すると、所属組織からの解雇や減給などがなされることも考えられる。なかでも、公務員の場合には、国家公務員法および地方公務員法の遵守が課せられているため、ソーシャルワーカーの倫理と矛盾する場合に大いなるジレンマが生じる。組織に内緒でクライエントの利益を優先した行動をとるというような一時しのぎの対応ではなく、日頃から所属組織がソーシャルワークの価値を理解するよう試みる必要がある。

❻クライエントに対する責任と制度・政策の遵守

　ソーシャルワーカーの実践において制度の活用は不可欠なものであるが、同時に制度・政策によって実践が規定される。なかでも、制度によるサービス提供を担っている場合には、ソーシャルワーカーとしての自律性が限定される可能性が高くなる。その結果、制度・政策の価値とソーシャルワークの価値が矛盾する場合に、倫理的ジレンマが生じる。たとえば、生活保護における自立助長や介護予防による介護保険サービスか

らの「卒業」などが過度に重視されるならば、ソーシャルワーカーはジレンマを感じるだろう。

そもそも、ソーシャルワークは福祉的機能のみならず、社会統制的機能を有しており、それらが矛盾することは必然だともいえる。このようなジレンマは、サービスの「効率化」等が政策的に推進されている近年において、ますます高まっていると考えられる。ソーシャルワーカー個人の課題と捉えず、課題を認識しているソーシャルワーカー等とともに、クライエントの利益を踏まえた制度・政策への変革を目指した働きかけが求められる。

Active Learning

どのような倫理的ジレンマがあるか、例を探してみましょう。

2 倫理的ジレンマにおける倫理的判断過程

倫理的ジレンマには正解は存在しないが、専門職として何らかの選択をしなければならない。ソーシャルワーカーとして最も倫理的だと考えられる判断を下すためには、ある一定の**倫理的判断過程**に沿って、あらゆる社会資源を活用し、多様な視点から検討を行う必要がある。

これまで提示されている倫理的判断過程は多様だが、それらに共通する要因として、次の過程がみられる（**図 5-1**）。

1 ステップ 1：倫理的ジレンマを構造的に把握する

まず重要なことは、倫理的ジレンマに気づくことである。実践におい

図5-1 倫理的ジレンマにおける倫理的判断過程

1	・倫理的ジレンマを構造的に把握する
2	・倫理的判断で影響を受ける人や組織を把握する
3	・倫理的判断に必要な情報を収集する
4	・選択肢を考え、それぞれの影響を考える
5	・倫理的判断の指針をもとに、最善の選択肢を選ぶ
6	・複数で選択肢を再検討する
7	・最善の選択肢を決定し、その過程を記録に残す
8	・倫理的判断に基づき実践、モニタリング、評価し、記録に残す

て倫理的ジレンマによって困難を感じているにもかかわらず、たとえば、「クライエントが頑固でサービスを利用しないで困っている」というように、一つの要因にその困難の原因を見出し、それに気づかないことはソーシャルワーカーとしてあってはならないことである。そのためにも、倫理綱領に精通し、実践において常に倫理の視点をもち続けることが必要となる。そして、倫理的ジレンマに気づいたら、どのようなソーシャルワークの価値やソーシャルワーカーとしての責任が相反しているのかを構造的に把握する。

事例

　Ａソーシャルワーカーは、ホームレスへのアウトリーチ活動を行っているNPO法人に２年間勤務している。これまでは炊き出し等を中心に担当していたが、河川沿いの地域で路上生活をしている複数名の人へのアウトリーチを担当することになった。ここで生活している60代前半のＢさんと何度かかかわりをもち、ある程度の信頼関係が構築できたと感じている。Ｂさんは不定期の建設関係の日雇い労働による収入と炊き出しを利用して生活しているが、体調不良がみられ始めるとともに、仕事も減っている様子であるため、路上での生活が限界にきているのではないかと考えた。そこで、受診を含めた生活保護や施設等の利用を提案した。この提案に対して、Ｂさんは興味を示すことなく、「このままの生活を続けたい」と話した。

　一方、担当地域のホームレスを訪ねていると、近隣の住民から「何かあったら嫌だから、河川沿いで生活している人たちをどうにかしてほしい」と再三言われた。

　このような状況において、ＡソーシャルワーカーはできればＢさんの意向に沿った見守りを続けたいと思ったが、一方でこのままでは健康を害するとともに、近隣住民との関係も悪化するのではないかとジレンマを感じた。現在の倫理的ジレンマは、「Ｂさんの自己決定を尊重する責任」と「Ｂさんの生命等を守る責任」、また「Ｂさんの自己決定を尊重する責任」と「地域住民の権利を尊重する責任」が相反していると考えられた。

２ ステップ２：倫理的判断で影響を受ける人や組織を把握する

倫理的ジレンマを引き起こす課題には複数の人や組織が関連してお

り、その判断結果によってそれぞれに影響を及ぼす。ここでは、倫理的判断によって影響を受けると考えられるすべての個人、集団、組織を確認する。その際、ソーシャルワーカー自身も含まれることに注意が必要である。

> **事 例**
>
> この倫理的判断で影響を受ける人や組織として、Bさん、河川沿いで生活しているホームレス、近隣住民、Aソーシャルワーカー、NPO法人が考えられた。

3 ステップ3：倫理的判断に必要な情報を収集する

倫理的ジレンマにおけるあらゆる選択肢および影響を考えるためには、それに関する情報を収集しなければならない。プライバシーに留意しながら、判断に必要な情報に限定して収集する。

> **事 例**
>
> Bさんの自己決定に関して、判断能力、現状理解、生活保護等の説明理解、判断における他者からの圧力等を確認するために、引き続きBさんと話をした。まず、Bさんに判断能力の低下はみられなかった。生活保護を受けることに対する羞恥心や生活の変化に対する不安がみられたため、生活保護を利用して生活を立て直すことはすべての人の権利であること等を説明して、ある程度の理解を得た。また、路上での生活の継続を望む背景を探ったところ、自分のペースで、よく知っているほかのホームレスとつかず離れずやっていきたいと考えていることがわかった。
>
> 次に、Bさんの生命等に関しては、常に体調が悪いというわけではないが、以前よりも風邪のような症状になることが多く、そのときには仕事に行けないということだった。
>
> また、Bさんの同意のうえで、交流のあるホームレスにBさんの様子を尋ねたところ、自分の状態をよく理解しているとともに、Bさんの判断は誰かからの強要ではなく自分で決めたことだと考えられた。
>
> 一方、地域住民とも何度か話をしたところ、ホームレスへの漠然とした不安からその移動を希望していると考えられた。

4 ステップ4：選択肢を考え、それぞれの影響を考える

考え得るすべての選択肢を挙げてみる。ここでは、これは倫理的ではないとか、現実的ではないと最初から削除することなく、あらゆる選択肢を考えることが重要である。そして、それぞれの選択肢について、誰またはどの組織に対してどのような影響があるのかについて検討する。

事 例

　Aソーシャルワーカーは、これまで収集した情報をもとに、Bさんが路上での生活を続けるという選択肢❶と、Bさんが生活保護を受給し、施設等で生活するという選択肢❷を行った場合の影響をそれぞれについて考えてみたところ、**表5-1**のようになった。なお、施設等については自立支援センター、宿所提供施設、アパートなどが考えられた。

表5-1　主な選択肢とその影響

主な選択肢	影響
❶Bさんが路上での生活を続ける	・Bさんの自己決定を尊重できる ・Bさんの生命等の保護ができない可能性がある ・Bさんとほかのホームレスとの関係が維持できる ・近隣住民の不安が続く ・NPO法人の事業評価が低くなる ・自分の業務は変化しないが不安は残る
❷Bさんが生活保護を受給し、施設等で生活する	・Bさんの自己決定を尊重できない ・Bさんの生命等の保護ができる ・Bさんとほかのホームレスとの関係が維持できない可能性が高い ・Bさんとの信頼関係が壊れる可能性がある ・ほかのホームレスにも施設等への移行を働きかけなければならない可能性が高い ・近隣住民の不安が一部解消される ・NPO法人の事業評価が高くなる ・自分の業務が一時的に増え、精神的につらい

5 ステップ5：倫理的判断の指針のもとに、最善の選択肢を選ぶ

最善の選択肢を選ぶためには、クライエントのみならず、他者の権利を侵害していないか、専門職としての価値観で判断しているか、自分の利益に目が向いていないか等に気をつけながら判断することが必要になる。そして、倫理綱領を中心としたあらゆる関連する社会資源を活用し、各選択肢を検討する。その際、何を根拠にその選択肢を選ぶのか、あるいは選ばないのかを明確にしなければならない。ここで活用する社会資

源は、倫理綱領、行動規範、関連する倫理論、法的原則、ソーシャルワークの価値や理念、社会福祉に関連する専門職の倫理的ガイドラインなどである。次に活用可能な社会資源の一部を提示する。

❶倫理原則の優先順位

ドルゴフ（Dolgoff, R.）らによって、倫理原則の優先順位が提示されている（図5-2）。「この選択肢は生命の保護を満たしているか。次に社会正義はどうか」のように、上から順番に適用していく。

図5-2　倫理原則の優先順位（Ethical Principles Screen: EPS）

出典：Dolgoff, R., Harrington, D., et al., *Ethical Decisions for Social Work Practice, 9th edition*, Brooks/Cole, p.80, 2012.

> **事例**
>
> 　倫理原則の優先順位を適用してみると、やはりＢさんの生命は自己決定よりも重視しなければならない。また、地域住民のホームレスに対する反応を踏まえて、ホームレスの自立の支援等に関する特別措置法で「地域における生活環境の改善及び安全の確保等により、ホームレスに関する問題の解決を図ること」が目標として挙げられていることを考えると、選択肢❶は消極的過ぎると考えられた。一方で、選択肢❷は結果的にNPO法人の事業目的にも合っている。
>
> 　しかしながら、「倫理基準Ⅰ-2.（クライエントの利益の最優先）」とともに、「倫理基準Ⅰ-5.（クライエントの自己決定の尊重）」は重要な倫理基準である。そこで、Ｂさんらしい生活とは何かをあらためて考えてみると、Ｂさんにとっては自由とホームレス仲間との関係がかけがえのないものだと確認した。そして、体調不良は現時点では長期間にわたっているわけではなく、もう少し様子をみるほ

うが適切だと考えられた。ここでは、Aソーシャルワーカー自身が
Bさんとの信頼関係を壊したくないとか、精神的につらいといった
自分の想いが影響していないかどうかを検証した。

　そもそも、ソーシャルワーカーはソーシャル・インクルージョン
を実現することが使命であり（倫理基準Ⅲ-1.）、Bさんたちホーム
レスと地域住民の相互理解を深め、相互のウェルビーイングの調和
を図ることに努めなければならない（倫理基準Ⅰ-5.）ことを確認
した。

❷守秘義務違反が正当化される場合

　ソーシャルワーカーの守秘義務は、社会福祉士及び介護福祉士法や精
神保健福祉士法で定められているとともに、倫理基準でも明示されてい
るが、どのような場合に守秘義務違反が正当化されるかは明らかにされ
ていない。アメリカでは、第三者を保護するために、以下の状況で守秘
義務違反が正当化されると一般的に考えられている[1]。

❶　第三者に及ぶ危害がきわめて重大だと予測される

❷　危害を起こす可能性が高い

❸　リスクのある人への警告や保護以外に選択肢がない

❹　守秘義務を破ることによって危害を予防できる

❺　患者に対する危害が最小限で許容範囲内である

❸判例

　訴訟の多いアメリカにおいては、倫理的ジレンマに関連する多数の判
例が出されている。日本とは状況が異なるため、そのまま活用すること
はできないが、具体的な事例なので参考にしやすい。たとえば、大学の
学生保健サービスセンターでカウンセリングを受けていた学生が、女性
殺害について予告したことを該当者に内密にしたため殺害されたタラソ
フ事件などがある。

6 ステップ6：複数で選択肢を再検討する

　これまでも繰り返し述べてきたように、倫理的ジレンマには正解がな
い。つまり、倫理的判断をするその人の立場によって選択は異なる可能
性が高い。そのため、倫理的ジレンマにおける判断は、複数で多様な視
点から行うべきである。ただし、誰にでも相談すればよいというもので
はない。倫理的ジレンマを体験している内容はプライバシーが含まれる

ことがほとんどであるため、ソーシャルワーカーが所属する機関の上司や同僚など、ケースを共有している専門職に相談するのが最適だといえる。また、外部の専門家に相談することも適切な方法である。この場合、その専門家には守秘義務がある。そして、組織に倫理委員会がある場合には、それを活用すべきだろう。このように、複数で選択肢を再検討することは、最も倫理的だと考えられる選択を可能にするばかりか、ソーシャルワーカー自身を守ることにもなる。

> **事 例**
>
> 　これまでの検討結果を上司と同僚に説明して検討をお願いした。Bさんの体調や仕事の様子からは、選択肢❶Bさんの路上生活継続が現時点では適切ではないかといった意見が多かったが、Bさんが近い将来をイメージできるような働きかけがより必要だと話された。その際、河川の水害の可能性も伝えるべきだといった意見が出された。また、Bさんがほかのホームレスとの緩やかな関係を重視していることを考えると、みんなで話し合いができるような機会をつくってはどうかと提案された。上司からは、このようなジレンマはNPO法人のどの職員にとっても避けては通れないことなので、倫理判断方針を職員全員で考える機会をつくれるように管理者に提案したい等の話が出された。

7 ステップ7：最善の選択肢を決定し、その過程を記録に残す

　この段階までに行ってきたことを振り返り、総合的に再検討した結果として一つの選択肢を選ぶ。ステップに沿って検討を行ったとしても完全に納得できる選択肢を選ぶことはなかなかできないことだろう。それが倫理的ジレンマである。そうであったとしても、最も倫理的と思われる判断を下さなければならない。そして、その判断をそれまでの判断過程とともにソーシャルワーク記録に残す。ここでは、クライエントの不必要なプライバシーの開示にならない範囲で具体的に記述する必要がある。このような記録は、倫理的判断の検証を可能にするとともに、ソーシャルワーカーの責任が問われた場合に、専門的手順に従い専門的判断を下したことを証明する手がかりとなる。

> **事 例**
>
> 　ここまでの検討をもとに、現時点では選択肢❶のBさんの路上

での生活を見守りながら、近い将来のイメージをもてるように支援することが最も倫理的かつ現実的であると判断した。また、河川沿いのホームレスの人々にとっても共通の関心だと考えられる河川の水害を話題とし、今後のことを話しあう機会をつくることが必要だと考えた。このような判断を、これまでの検討結果とともにBさんのケース記録に記した。

8 ステップ8：倫理的判断に基づき実践、モニタリング、評価し、記録に残す

判断に沿って行動し、それによる結果を注意深く観察しながら、状況に応じて再検討を行う。倫理的判断を行うことは大変なことだが、判断を下すことでソーシャルワーク実践が終了するわけではない。

事例

Bさんに近い将来の生活をイメージしてもらえるように、これまでのホームレスの人々の状況を例に出しながら説明し、今後のことをともに考えるよう促した。

また、Bさんを含む河川沿いに住むホームレスの人々に、河川の水害の可能性について個別に話をし、一度一緒に話し合いをもつことを提案した。誰もが不安を感じていたようで、すぐにでも話し合いをもつことで同意した。

今後は、近隣住民にとっても共通の課題である河川の水害をテーマとして、ホームレスの人々と交流できるような機会を検討する予定である。これがホームレスの人々と近隣住民がお互いを理解しあえる第一歩になればと考えている。そして、河川沿いに住むホームレスの人々が緩やかな関係を保ちながら生活できるアパート等の確保に向けて、NPO法人に働きかけたいと考えている。

倫理的ジレンマはソーシャルワーカーに過大なストレスをもたらすとともに、対応によってはクライエントや関係者に多大な悪影響を与える。しかし、ソーシャルワークを実践するうえで、倫理的ジレンマを避けて通ることはできない。だからこそ、日頃から倫理綱領を理解し、倫理的ジレンマにおいて専門職としての倫理的判断ができるように訓練することが不可欠だといえる。

◇**引用文献**
　1）L. バーナード，北野喜良・中澤英之・小宮良輔監訳『医療の倫理ジレンマ──解決への手引き
　　──患者の心を理解するために』西村書店，p.54，2003.

◇**参考文献**
　・F. G. リーマー，秋山智久監訳『ソーシャルワークの価値と倫理』中央法規出版，2001.
　・G. コウリー・M. S. コウリー・P. キャラナン，村本詔司監訳『援助専門家のための倫理問題ワー
　　クブック』創元社，2004.
　・菊井和子・大林雅之・山口三重子・斎藤信也編『ケースで学ぶ医療福祉の倫理』医学書院，
　　2008.
　・Dolgoff, R., Harrington, D., et al., *Ethical Decisions for Social Work Practice, 9 th edition*,
　　Brooks / Cole, 2012.

●**おすすめ**
　・本多勇・木下大生・後藤広史・國分正巳・野村聡・内田宏明『ソーシャルワーカーのジレンマ
　　── 6 人の社会福祉士の実践から』筒井書房，2009.
　・川村隆彦『価値と倫理を根底に置いたソーシャルワーク演習』中央法規出版，2002.

第6章

ソーシャルワークに係る専門職の概念と範囲

　本章では、ソーシャルワークに係るさまざまな専門職の概念と範囲について学ぶ。第1節では、ソーシャルワーカーが専門職であるために必要な条件とは何か、そしてその専門性やソーシャルワーカー同士の集まりである職能団体の役割とは何かについて学ぶ。続く第2節では、社会福祉士に焦点を当てて、昨今の社会福祉士が働く職域の広がりと、それぞれの領域でどのような役割が求められているのかを理解する。さらに第3節では、ソーシャルワークを担うさまざまな職種や職場について、また公的なあるいは民間のさまざまな機関や施設、組織で働く専門職について学ぶ。そして第4節では、諸外国の動向として、日本とは異なるいくつかの国のソーシャルワークの現状について概説する。

ソーシャルワーク専門職の概念と範囲

学習のポイント

● ソーシャルワーカーが専門職であるための条件について学ぶ
● 社会生活支援・地域支援の専門性とその必要性について学ぶ
● ソーシャルワーク専門職と職能団体の役割について学ぶ

1 専門職の成立条件

1 ソーシャルワーカーが専門職であるための条件

　ソーシャルワーカーは、地域で暮らす人々の社会生活を支え、誰もが暮らしやすい地域や社会をつくるために、専門職としての役割を果たすことが求められる。そのためには、ソーシャルワーカーが専門職であるために必要な条件、すなわち専門職として社会的に認められたうえでソーシャルワークを実践するために、どのような条件を満たす必要があるのかについて理解しておくことが不可欠である。

　私たちが通常「専門職」というときには、どのような職業をイメージするであろうか。一定の専門的な知識や技術をもっていること、その専門職に固有の職務に携わっていること、その専門性（専門的な知識や技術）が資格制度等によって保証されていること、その専門職の活動の必要性や有効性が社会的にも認められていることなど、たとえばこのような条件を満たす職業がイメージされるのではないだろうか。具体的には、医師や看護師、また弁護士などの職業が思い浮かぶであろう。

　ソーシャルワーカーが専門職といえるかどうかの問いについては、歴史的に古くから議論が重ねられてきている。特に、1915 年にアメリカ・メリーランド州ボルティモアで開催された全米慈善矯正事業会議（National Conference of Charities and Correction）において、フレックスナー（Flexner, A.）が行った講演は有名である。「ソーシャルワークは専門職業か」と題されたこの講演は、後のソーシャルワーク専門職の研究や教育に大きな影響を与え続けてきた。彼は、その講演のなかで、どのような専門職にも、それが専門職として成立するために共通して求められる条件があるとして、それを専門職の属性として示した。

Active Learning

「専門職」や「専門家」という言葉から、どのような職業や人がイメージされるか考えてみましょう。

そしてその条件に照らしたとき、現段階ではソーシャルワーカーは専門職に該当しないとしたのである[1]。

　この講演は、当時自分たちを専門職と認識していたソーシャルワーカーやソーシャルワーク研究者に大きな影響を与えた。その後、ソーシャルワーカーが専門職として、ソーシャルワークがその専門職による専門的な行為や実践として、社会的に認められるための努力が積み重ねられていくことになる。

　1957 年にはグリーンウッド（Greenwood, E.）が専門職の属性として、❶体系的理論、❷専門職的権威、❸社会的承認、❹倫理綱領、❺専門職的副次文化（サブカルチャー）という五つを挙げた。また、1965 年にはミラーソン（Millerson, G.）が、①公衆の福祉という目的、②理論と技術、③教育と訓練、④テストによる能力証明、⑤専門職団体の組織化、⑥倫理綱領の六つを挙げた[2][3]。

　さらに、**秋山智久**はこれらの専門職の条件を比較、検討し、社会福祉専門職の条件として、❶体系的な理論、❷伝達可能な技術、❸公共の関心と福祉という目的、❹専門職の組織化（専門職団体）、❺倫理綱領、❻テストか学歴に基づく社会的承認の六つを挙げている[4]。これらの条件は、ソーシャルワーカーが人々の社会生活を支援する専門職として、社会的な信頼のもとでソーシャルワークを実践していくために、これからも共有されるべきものである。

2　社会福祉士がソーシャルワーク専門職であるために

　以上の専門職の条件については、**仲村優一**が共通の特徴として以下のようにまとめている[5]ので、ここで紹介したい。

❶　専門職とは、科学的理論に基づく専門の技術の体系をもつものであること。

❷　その技術を身につけるのには、一定の教育と訓練が必要であること。

❸　専門職になるには、一定の試験に合格して能力が実証されなければならないこと。

❹　専門職は、その行動の指針である倫理綱領を守ることによって、その統一性が保たれること。

❺　専門職の提供するサービスは、私益でなく公衆の福祉に資するものでなければならないこと。

❻　社会的に認知された専門職団体として組織化されていること。

　社会福祉士がソーシャルワーク専門職であるためには、これらの条件

をすべて満たしていくことが求められる。

　厚生労働省社会保障審議会福祉部会福祉人材確保専門委員会による2018（平成30）年の報告書「ソーシャルワーク専門職である社会福祉士に求められる役割等について」のなかでは、「社会福祉士には、ソーシャルワークの専門職として、地域共生社会の実現に向け、多様化・複雑化する地域の課題に対応するため、他の専門職や地域住民との協働、福祉分野をはじめとする各施設・機関等との連携といった役割を担っていくことが期待されている」と記されている[6]。

　社会福祉士がこのような期待に応えることのできるソーシャルワーク専門職であるためにも、社会福祉士自身の自己研鑽（けんさん）や、職能団体としての公益社団法人日本社会福祉士会による専門技術や能力の向上に向けた活動や取り組みが欠かせない。また、今日では社会福祉士が働く職場も社会福祉の法制度の枠内にとどまらない広がりをみせており、担う職種や仕事内容も多様化している。それは、さまざまな場所で社会福祉士やソーシャルワークが求められているということである。

　今日の人々の社会生活状況、地域や社会全体の状況を見据えつつ、求められるソーシャルワークのあり方や、ソーシャルワーク専門職としての社会福祉士のあり方を検討し、社会に向けて発信していくことが必要である。

3 「認定社会福祉士」制度の創設

　2011（平成23）年10月には、認定社会福祉士認証・認定機構が設立され、社会福祉士のさらなるキャリアアップ支援およびその実践力を認定する制度として「認定社会福祉士」と「認定上級社会福祉士」の民間資格が創設された。これは、2007（平成19）年の社会福祉士及び介護福祉士法の改正時に、参議院および衆議院の附帯決議で示された「専門社会福祉士」の必要性に後押しされたものである。

　この制度を運営する認定社会福祉士認証・認定機構とは、認定社会福祉士ならびに認定上級社会福祉士の認定、および認定制度の対象となる研修を認証する第三者機関であり、その目的は、認定社会福祉士制度の運営を通して、社会福祉士の質の向上を図り、日本のソーシャルワークの発展と国民の福祉の増進に寄与することとされている。ますます多様化・複雑化そして複合化する今日の生活問題に対して、より専門的な対応や質の高い支援やサービスの提供が期待される認定社会福祉士・認定上級社会福祉士であるが、それぞれ以下のような資格である。

認定社会福祉士とは、「所属組織を中心にした分野における福祉課題に対し、倫理綱領に基づき高度な専門知識と熟練した技術を用いて個別支援、他職種連携及び地域福祉の増進を行うことができる能力を有することを認められた者」とされ、所属組織における相談援助部門のリーダーとしての活動や、複数の課題があるケースへの対応などの役割を担うことが期待されている。

また、認定上級社会福祉士とは、「福祉についての高度な知識と卓越した技術を用いて、倫理綱領に基づく高い倫理観をもって個別支援、連携・調整及び地域福祉の増進等に関して質の高い業務を実践するとともに、人材育成において他の社会福祉士に対する指導的役割を果たし、かつ実践の科学化を行うことができる能力を有することを認められた者」とされ、地域の関係機関との協働による権利擁護の仕組みづくりや新たなサービス開発などの活動、また指導者としてのスーパービジョンの実施などの役割を担うことが期待されている。

社会福祉士は、人々が社会生活上で直面するさまざまな困難状況とそれをもたらす社会的・環境的要因を見据えつつ、ソーシャルワークを実践していかなければならない。今日の変化の激しい社会状況のなかで、人々が抱える生活問題も多様化・複雑化・複合化する様相をみせている。社会福祉士資格を取得したあとのキャリアアップを図ることは、ソーシャルワーク専門職としての責務であるといえる。

４ 時代や社会の要請に応えつつ成長する専門職として

日本では、国家資格としての社会福祉士が 1987（昭和 62）年、そして精神保健福祉士が 1997（平成 9 ）年に誕生して以降、ソーシャルワーク専門職としてのソーシャルワーカーに対する社会的認知度も高まってきた。現在では、たとえば医療ソーシャルワーカーやスクールソーシャルワーカー、また地域包括支援センターの社会福祉士など、人々が身近なところで社会福祉士や精神保健福祉士に出会う機会も多くある。

たしかに、社会福祉士や精神保健福祉士が医師や弁護士のように業務独占資格*ではなく、名称独占資格であること、また活動する領域や場所、その仕事内容も多様で幅広く、多岐にわたることから、その業務のあいまいさやわかりにくさに対する指摘、あるいはソーシャルワークという仕事が外部からはみえにくいなどの指摘もある。

しかし一方で、専門職が時代の流れや社会状況の変化のなかで、その

★業務独占資格
特定の業務について有資格者のみがその名称を使用し、業務を独占して行うことができるという資格。

★名称独占資格
有資格者のみがその資格の名称を使用できるという資格。

第**6**章 ソーシャルワークに係る専門職の概念と範囲

時々の社会的な要請や期待に応えるものであるならば、一つの専門職が
どこかの時点で専門職として完成するというような考え方はできないで
あろう。特にソーシャルワークは、人々の日々の社会生活における生き
づらさや生活のしづらさと、それをもたらす社会的・環境的・構造的な
要因に対するまなざしをもった営みであり、そのために、社会状況の変
化とそれに伴う人々の生活状況の変化に敏感でなければならない。

　ソーシャルワークは、多様化・複雑化・複合化する生活問題の解決や
生活困難状況の改善を通して、人々の地域における安定した社会生活の
維持や回復を支援する営みである。それは同時に、誰もが地域の一員と
して大切にされ、差別や排除されることのない住みよい地域づくりのた
めの活動も担っている。

　その意味でも、時代や社会の変化を見据え、そのなかで生じるさまざ
まな生活問題に対応できる、確かな知識と技術および実践力を備えた
ソーシャルワーク専門職であろうとする努力が、社会福祉士や精神保健
福祉士には常に求められるのである。

　今日の日本では、このようなソーシャルワークの実践が、社会福祉分
野に限らず、医療や教育、司法や労働などのさまざまな分野や場所で必
要とされている。そして、その実践には、分野や場所に応じて一定の知
識や技術等の専門性が求められ、さまざまな研修や訓練の機会も用意さ
れている。社会福祉士と精神保健福祉士が、ソーシャルワーク専門職と
して社会的に認められ、信頼されるものに成熟しつつあるのは確かな事
実である。

　現代社会のなかで、人々が直面するさまざまな生活問題への対応を重
ねながら、ソーシャルワーク専門職としてのスキルを磨き、その専門性
と実践力を高めていくこと、その弛まぬ努力こそが、ソーシャルワー
カーという職業を社会的に信頼される専門職として成長させていくとい
う理解が大切である。

　ソーシャルワークが、時代や社会とともに、そしてそのなかで社会生
活を営む人々とともにあること、すなわち時代状況や社会状況、人々の
生活状況に敏感であり、かつその時々の問題に対応していける専門性を
育んでいくことが大切である。ソーシャルワーク専門職としての社会福
祉士・精神保健福祉士とは、地域そして社会全体の福祉を願い、何より
そこで暮らす一人ひとりの福祉を実現する職業なのである。

2 社会生活支援・地域支援の専門職としてのソーシャルワーカー

1 ソーシャルワークの独自性と専門性

　ソーシャルワーカーは、医師や看護師、また臨床心理士（カウンセラー）などと並んで、対人援助専門職の一つである。それでは、ほかの専門職とは異なるソーシャルワーク・ソーシャルワーカーの独自性や専門性とは何であろうか。たとえば、ある医師は、**医療ソーシャルワーカー**の仕事について次のように述べている。

　「—傷病により分断されたその人固有の生活や人生の繋ぎ直しを支援する仕事—。医師にとって到底取り組むことの不可能な、そんな仕事が今、医療ソーシャルワーカーに求められているのではないかと思う。私はそのことを医療ソーシャルワーカーに求めるとき、困難で骨の折れる仕事をお願いする申し訳なさを感じる一方で、生活や人生に寄り添うことのできる対人援助職の醍醐味を味わうであろうことに、羨望するのである」。

　ここに記されているように、ソーシャルワークとは、「その人固有の生活や人生」にかかわり、寄り添う営みである。それは患者としてではなく、あくまでも一人の「**生活者**」としての人間理解を基盤に、その人が営む社会生活上に生じる問題や困難に対処しながら、その人を支援するという役割をもつ。

　そして、私たちが日常的に営む社会生活とは、学校や職場や地域とそこでの友人や知人など、さまざまな他者や場所などの周囲の環境とのつながり、すなわち対人関係や社会関係のなかで営まれるものである。それゆえに、社会生活上に生じる生活問題や生活困難に対して、個人に責任があるとか、あるいはその反対に周囲に責任があるという一面的、一方的な捉え方をすることは誤りである。たとえば、その人と家族との関係やその子と学校との関係、その人と職場との関係など、あくまでも個人と他者や場所、すなわち周囲の環境との関係のうえに生じている状況であり、両者の間の関係性や互いの影響や相互作用のあり方によって、問題や困難が生じていると捉えるのである。

　したがって、ソーシャルワークの実践の際には、当事者や利用者とのかかわりを基盤に、「**状況のなかの人（person in the situation）**」という視点をもつことが重要である。その人の身体的、心理的な状態と同時に、その人の状況やその人が置かれた環境にも目を向けることで、安

Active Learning

たとえば何かの病気になって入院治療が必要になった患者に対する、医師、看護師、臨床心理士（カウンセラー）、医療ソーシャルワーカーのそれぞれの役割について具体的に考えてみましょう。

定した生活の回復や維持のための、関係づくりや環境づくりに向けた活動を行うことになる。

たとえば、一人の要介護高齢者の生活を支えるために、その高齢者自身に対する身体的、心理的な支援とあわせて、家族や親族、関係者等との相互の関係の調整、その人が暮らす地域の人々との交流の場や機会の提供、さまざまな介護サービスやボランティアなどとの仲介等、多様な社会資源*の活用とその高齢者が暮らす地域や周囲の人々、組織への働きかけを行うのである。

言い換えれば、ソーシャルワークとは、病気や障害など、さまざまな事情で、他者や地域あるいは社会との関係が不安定な状態にある人々、あるいは社会とのつながり自体を失いつつある人々にかかわる営みである。そして、そのことによって生じる生きづらさや生活のしづらさを取り除くあるいは和らげるべく、その人が地域の一員であるための、すなわち社会的な存在としての人間であり続けるための支援の営みである。それは、「生命」「生活」「人生」という意味をもつ一人ひとりのかけがえのない「ライフ（Life）」とその尊厳を、現実的・社会的に支え、守る活動といってもよいであろう。

さらに、ソーシャルワークでは、人々の暮らしの場としての地域への働きかけが重要な意味をもつ。今日では、地縁や血縁によるつながりが希薄化する時代のなかで、誰もが地域とつながって、孤立することなく、住み慣れた場所で安心して暮らしていけるような地域づくりが求められている。地域住民や地域で活動する民生委員*、そして地域のさまざまな組織や機関とネットワークを形成し、相互の連携、協働のもとで住みよい地域づくりに向けた地域支援の実践も、ソーシャルワークが担う営みであり、地域で働くソーシャルワーカーに期待されている役割である。

2 ソーシャルワーカーにはなぜ専門性が必要なのか

ソーシャルワーカーが専門職として発展し続けるには、前述したように、その専門性や実践力の向上のための努力が欠かせない。そして、その専門性とは、ソーシャルワーカーに必要な専門的な知識や技術、そしてソーシャルワーク専門職としての価値観や倫理によって構成される。しかしながら、そもそもソーシャルワーカーにそのような専門性が求められるのはなぜだろうか。

ソーシャルワーカーは、社会生活を営むうえで何らかの生きづらさや生活のしづらさといった生活困難状況や生活問題を抱えている人々や家

族にかかわる。そして、人々と環境との関係への視点から、そのような困難状況や問題を生じさせる社会的・環境的な要因を明らかにし、困難状況の改善や問題の解決を図ることで、人々の地域での安定した生活の維持や回復を支援する。

そして、そのような困難状況や生活問題は、たとえば高齢者の介護や子育てをめぐる問題、また貧困等の経済的問題、子どもや高齢者あるいは障害をもつ人への虐待の問題、自殺や孤立死の問題、認知症高齢者の一人暮らし世帯や若者・中高年のひきこもり、地域における差別や偏見、災害の被災地での生活再建等々、その具体的な内容は非常に多岐にわたる。問題や状況によっては、個々人の生きる意欲や希望、また健康状態や生命にまで影響を及ぼす深刻さを帯びることもある。

さらに、人々の生活状況は個人や家族によって、また住む地域によっても異なるがゆえに、その生活のなかで起こる問題の内容や程度も、当然のことながら個々に違ったものになる。たとえば認知症高齢者の介護を考えても、認知症の程度やその高齢者の身体的、心理的な状況、また同居の親族の有無、さらに家族関係や近隣との関係、その人が暮らす地域の状況や地域性、介護サービスの整備状況によっても、その問題はまったく異なった様相を呈するのである。

このような生活問題やそれに直面している人々へのかかわりには、本人の意思決定を支えるために、支援を必要とする当事者やその家族とのコミュニケーションと信頼関係を築く力が必要である。それと同時に、直面している状況や抱えている問題とその背景や社会的要因、そして近隣との関係や地域の状況などを適切に把握する力が求められる。さらに、その状況の改善や問題の解決に向けて、当事者本人や家族、そして関係機関や地域にも働きかける行動力や実践力がなくてはならない。ソーシャルワークが担うべき役割としての、地域における人々の安定した社会生活の回復や維持に向けての適切な支援を展開していくためには、専門的な知識や技術および価値観や倫理などのソーシャルワーカーとしての専門性と実践力がどうしても必要となるのである。

3 ソーシャルワーク専門職と職能団体の役割

1 専門職と職能団体

ソーシャルワーカーが人々の社会生活支援や、人々が暮らす場所とし

ての地域支援を担う専門職である以上、その専門性の向上に向けた努力や研鑽を積み重ねることが求められる。そして、そのために重要な役割を果たすのが職能団体である。職能団体とは、法律、医療、看護、福祉などの分野において、専門的資格をもってその仕事に従事する人々によって構成される専門職団体である。

その目的は、専門的な知識や技術の維持や向上、また専門職としての倫理の確立、さらにその待遇や利益、社会的地位の保持等のための諸活動を行うことである。具体的には、会員が集う全国大会や各種研究会等の開催、講演会や研修会の実施、また会報（ニュースレター）などの発行を通して会員への情報提供や会員相互の交流機会の場づくり、さらにはさまざまな調査研究や政策提言などの活動や役割を担っている。何らかの職業や資格にとって、専門職としての社会的な認知や信頼の獲得、そしてその資格の社会的地位の向上を図っていくためにも、職能団体の存在と活動は、重要な意義と役割を担っているといえる。

現在、日本国内にはさまざまな分野での、さまざまな職能団体があるが、ソーシャルワーク分野では、特定非営利活動法人日本ソーシャルワーカー協会、日本社会福祉士会、公益社団法人日本精神保健福祉士協会などがあり、また、職種や実践を行う領域に応じた団体として公益社団法人日本医療社会福祉協会や特定非営利活動法人日本スクールソーシャルワーク協会などがある。以下では、それぞれの職能団体の目的や活動内容についてみていくことにする。

■2 日本ソーシャルワーカー協会の活動

日本ソーシャルワーカー協会（Japanese Association of Social Workers：JASW）は、領域や職種を超えて、全国のソーシャルワーカーが集う日本最初の職能団体として 1960（昭和 35）年に誕生した。2005（平成 17）年には、特定非営利活動法人の認証を受け、その定款には、会の目的が次のように挙げられている。

第3条　この法人は、ソーシャルワークが展開できる社会システムづくりに関心を持つすべての人々を対象として、会報、出版、ホームページなどによる普及啓発事業、ソーシャルワーク実践に関する調査研究事業、社会福祉及びソーシャルワークに関するセミナー、各種研修会事業や同種の目的を有する国内外の団体とのネットワーク構築事業で、広範な人々や関係機関と協働を深めながら社会福祉の向上発展に

> 寄与することを目的とする。

　2005（平成 17）年の法人化以降は、ソーシャルワークの普及や社会のソーシャルワークに対する理解を広げることをも目的とし、入会資格をソーシャルワーカーだけでなく、ソーシャルワークに関心のあるほかの専門職や一般市民へも広げている。

3 日本社会福祉士会の活動

　日本社会福祉士会（Japanese Association of Certified Social Workers：JACSW）は、1993（平成 5）年に任意団体として設立された社会福祉士資格取得者の職能団体で、2014（平成 26）年 4 月には、公益社団法人となった。

　全国を区域とし、47 の都道府県社会福祉士会で組織される（定款第 2 条）。「社会福祉士の倫理を確立し、専門的技能を研鑽し、社会福祉士の資質と社会的地位の向上に努めるとともに、都道府県社会福祉士会と協働して人々の生活と権利の擁護及び社会福祉の増進に寄与すること」（定款第 5 条）を目的として、さまざまな教育・研究・広報等の活動を行っている。会員がその実践や研究の成果を発表しあう全国大会の開催を行い、また生涯研修制度を設けるなどして、社会福祉士としての専門性や実践力を高めるための取り組みを行っている。さらに、権利擁護センター「ぱあとなあ」を設置し、地域に根ざした権利擁護の担い手として、各都道府県社会福祉士会設置の「ぱあとなあ」と連携しての成年後見制度[★]の利用に関する相談や後見人等候補者の紹介および受任などの活動を展開している。

　このように、日本社会福祉士会は、社会福祉士がその実践のなかで直面するさまざまな課題へ対応しながら、社会福祉士がソーシャルワーク専門職としてその専門性や実践力の向上、すなわち当事者や利用者、地域住民への質の高い支援やサービスの提供と、誰もが住みよい地域や社会の実現を目指して活動を行っている。

4 日本精神保健福祉士協会の活動

　精神保健福祉士の全国規模の職能団体である**日本精神保健福祉士協会**（Japanese Association of Mental Health Social Workers：JAMHSW）は、1964（昭和 39）年に設立された「日本精神医学ソーシャル・ワーカー協会」が、1997（平成 9）年の精神保健福祉士法の制定

★成年後見制度
認知症や知的障害等によって判断能力が不十分である者の権利を擁護し、その財産等を守るための制度。民法に基づく法定後見制度と任意後見契約に関する法律に基づく任意後見制度があり、法定後見制度は判断能力に応じて、後見、補佐、補助に類型化される。

を受けて、1999（平成11）年に名称変更されたものである。本協会は、「精神保健福祉士の資質の向上を図るとともに、精神保健福祉士に関する普及啓発等の事業を行い、精神障害者の社会的復権と福祉のための専門的・社会的活動を進めることにより、国民の精神保健福祉の増進に寄与すること」（定款第3条）を目的とした活動を行っている。

精神障害を抱える人々の権利擁護の活動や、精神保健福祉士の倫理の確立、職務に関する知識および技術の向上を図るための研修事業、また資格制度の発展や普及に関する活動などを行いながら、精神保健福祉士の資質の向上、および精神障害者の社会復帰や地域での自立生活支援のためのさまざまな活動を進めている。

■5 領域・職種別の職能団体

社会福祉士や精神保健福祉士等の資格別の職能団体とは異なり、実践を行う領域や職種別に組織された団体もある。たとえば、**日本医療社会福祉協会**（Japanese Association of Social Workers in Health Services：JASWHS）は、我が国における領域・職種別のソーシャルワーカーの職能団体としては最も古い歴史をもっており、1953（昭和28）年に結成され、1964（昭和39）年に社団法人として認可された。保健医療機関で働くソーシャルワーカーの実践の質の向上や、保健・医療・福祉の連携、また医療福祉に関する研究の推進を図ることを目的としたさまざまな活動を行っている。社会福祉士資格を有する医療ソーシャルワーカーが正会員として入会できる。

また、1999（平成11）年に設立された**日本スクールソーシャルワーク協会**（School Social Work Association of Japan：SSWAJ）は、**スクールソーシャルワーカー**および**スクールソーシャルワーク**に関心をもつ人々で構成されているNPO法人である。スクールソーシャルワークとは、ソーシャルワークの観点から子どもを取り巻く環境への働きかけを行い、子どもと学校、家庭、地域との関係の調整や再構築を図ろうとするものである。その活動は、子どもの健全育成と家庭や学校での生活の質の向上を図ることを目的とするものであり、今日ではその必要性が認められ、今後の活動が期待されている。本協会は、さまざまな研修会や調査研究活動等を行い、日本におけるスクールソーシャルワークの普及や発展とその実践の質の向上に努めている。

6 ますます求められる職能団体間の連携

このような職能団体は、単独での活動だけでなく、団体同士が相互に連携をとりながらの活動も行っている。たとえば、研修会等の合同企画・実施や、学会等の学術団体と協働しての調査・研究活動の取り組みなどが挙げられる。

今日では、人々が直面している生活問題や生活課題は多様化・複雑化しており、一つの世帯や家族で複数の困難や課題を同時に抱えるといった複合化の状況もある。それは、人々が経験する生活上の問題が、単独で生じるというよりは、ほかの課題や困難状況と重なった形で、あるいはそこから派生した形で生じているといった状況である。

そのような状況に対しては、さまざまな専門職や関係者・機関、地域住民との連携・協働やチームアプローチによる対応、いわば地域における分野・領域横断的かつ総合的で包括的なソーシャルワークの実践が求められる。その意味でも、各職能団体相互の連携や協働しての活動がますます必要とされているのである。

◇引用文献
1）A. フレックスナー「社会事業は専門職か」M. E. リッチモンドほか，田代不二男編訳『アメリカ社会福祉の発達』誠信書房，pp.68-85，1974.
2）秋山智久『社会福祉専門職の研究』ミネルヴァ書房，pp.85-86，2007.
3）三島亜紀子『社会福祉学の〈科学〉性 ── ソーシャルワーカーは専門職か？』勁草書房，pp.2-3，2007.
4）前出 2），p.89
5）日本社会福祉士会編『新社会福祉援助の共通基盤 上 第 2 版』中央法規出版，iii，2009.
6）厚生労働省社会保障審議会福祉部会福祉人材確保専門委員会「ソーシャルワーク専門職である社会福祉士に求められる役割等について」p.1，2018.
7）中川正俊「（コラム）医療ソーシャルワーカーとの連携──医師からの期待」岩田正美・大橋謙策・白澤政和監『MINERVA 社会福祉士養成テキストブック15 保健医療サービス 第 3 版』ミネルヴァ書房，p.135，2016.

◇参考文献
・秋山智久『社会福祉専門職の研究』ミネルヴァ書房，2007.
・北川清一・久保美紀編著『ソーシャルワークへの招待』ミネルヴァ書房，2017.
・空閑浩人編著『新・基礎からの社会福祉 2 ソーシャルワーク』ミネルヴァ書房，2015.
・空閑浩人『シリーズ・福祉を知る 2 ソーシャルワーク論』ミネルヴァ書房，2016.
・空閑浩人「社会福祉援助（ソーシャルワーク）の基本」NHK テキスト『社会福祉セミナー 2019年10月〜 2020年 3 月』NHK 出版，2019.
・厚生労働省社会保障審議会福祉部会福祉人材確保専門委員会「ソーシャルワーク専門職である社会福祉士に求められる役割等について」2018.
・M.E. リッチモンドほか，田代不二男編訳『アメリカ社会福祉の発達』誠信書房，1974.
・三島亜紀子『社会福祉学の〈科学〉性──ソーシャルワーカーは専門職か？』勁草書房，2007.
・宮本節子『ソーシャルワーカーという仕事』筑摩書房，2013.
・中川正俊「（コラム）医療ソーシャルワーカーとの連携──医師からの期待」岩田正美・大橋謙策・白澤政和監『MINERVA 社会福祉士養成テキストブック15 保健医療サービス 第 3 版』ミネルヴァ書房，2016.
・日本社会福祉士会編『新社会福祉援助の共通基盤 上 第 2 版』中央法規出版，2009.
・日本ソーシャルワーカー協会　http://www.jasw.jp/
・日本社会福祉士会　http://www.jacsw.or.jp/
・日本精神保健福祉士協会　http://www.japsw.or.jp/
・日本医療社会福祉協会　http://www.jaswhs.or.jp/
・日本スクールソーシャルワーク協会　http://www.sswaj.org/
・認定社会福祉士認証・認定機構　http://www.jacsw.or.jp/ninteikikou/

社会福祉士の職域と役割

- 社会福祉士が働く職域の拡大について学ぶ
- 社会福祉士が活躍するさまざまな職域について学ぶ
- それらの職域のなかで働く社会福祉士の役割について学ぶ

1 社会福祉士が働く職域の拡大

　私たちは生きて生活を営んでいくなかで、さまざまな生活問題を抱えることがある。たとえば、介護や子育てに伴う問題、就学や就労に伴う問題、経済的な貧困などの問題、また何らかの病気や障害を抱えることによって生じる仕事や就学上の問題、ひきこもりなどにより社会とつながることなく地域で孤立している状態などである。それらの問題や困難状況を前に、自分や家族だけの力では解決できず、時には行き詰まってしまうこともある。

　このような生活問題は、今日の複雑な社会、また地域における住民同士のつながりが希薄化した社会では、決して個人や家族だけで抱えるべきことではなく、またそのすべてを個人や家族だけで解決していくべきことでもない。個人や家族が抱える生活問題への対応は、何らかの社会的・環境的・構造的な要因が必ず背景にあるものとして、すなわちあくまでも「社会的」な問題として、社会的な責任のもとで取り組んでいく必要がある。

　生活問題の多様化や複雑化、複合化のなかで、ソーシャルワーク専門職である社会福祉士の活躍の分野や職域の拡大、また社会福祉士が担う役割も広がりをみせている。さらには具体的な支援活動の対象や内容も多岐にわたっており、従来の福祉六法の枠内にとどまらず、いわゆる「制度の狭間」といわれるような既存の法制度では対応できないような生活困難状況を対象とする実践なども行われている。

　ここでは、社会福祉士が活躍するさまざまな職域を取り上げ、社会福祉士がなぜそこに求められ、どのような役割を担うのかについて述べていく。

■1 子ども家庭福祉領域で働く社会福祉士

　今日の日本は少子社会といわれている。しかし、生まれる子どもの数が少ないということで、それだけ一人ひとりの子どもが大事にされているかというと、必ずしもそうとはいえない状況がある。親や家族からの育児放棄や暴力など、**児童虐待**は、昨今の日本における深刻な社会問題となっている。

　児童虐待の背景には、核家族化の進行や地域のつながりの希薄化という社会状況、また経済的に生活困窮状態にあるといった問題、離婚等によるひとり親家庭や貧困状態にある家庭での子育てという状況など、さまざまな生活問題がある。また、親が子育てに悩んでいても相談する相手がいないという、いわば「孤立した育児」や「孤独な育児」を強いられている状況もある。ほかにも、障害をもつ子どもを抱えて不安なままで暮らしている親や、失業などによる経済的に苦しい状況、親自身に何らかの疾患や障害があることなどによって、結果的に子どもに十分な世話や愛情が与えられないというようなことも起こり得る。

　このような状況のなかで、地域そして社会全体で子どもの育ちを支えるとともに、地域における子育て支援の取り組みがますます重要になっている。今日の社会状況のなかで、子どもへの虐待は特定の親や家庭に起こる問題ではなく、どの家庭にも起こり得る問題である。それゆえに、社会的にその予防の手立てや子育て支援のあり方を考えなければならないのである。

　児童虐待への対応では、何より虐待されている児童を発見し、緊急に保護することが必要である。それと併せて、子どもの親など、保護者への支援も必要である。児童虐待を予防し、子どもの生命を守り、その健やかな育ちのために、地域で子育てを支えるソーシャルワークの実践が、子ども家庭福祉領域で働く社会福祉士の役割として求められている。

■2 高齢者とその家族の生活を支える社会福祉士

　高齢者人口の増大や平均寿命の延びに伴って、介護が必要な高齢者や高齢者を介護する家族の生活を支えることは、現在のそしてこれからの日本の大きな課題といっても過言ではない。2000（平成12）年には、高齢者の介護を社会全体で支えあう仕組みとしての**介護保険制度**がス

タートした。日本では伝統的に、親の介護は子どもや家族がやらないといけないことであり、老人ホームや介護サービスを利用して、他人に親の介護をさせることは親不孝なことだという価値観があった。サービスを利用する家族にも、世間体の悪さや罪悪感のようなものが伴っていた。

しかし、今日では平均寿命の延びとともに、介護が必要な期間も長期化している。認知症や要介護の状態にある高齢者にとって必要な介護のすべてを家族だけで担うとなれば、身体的にも精神的にも大きな負担を強いられるのは当然である。

また、今日では高齢者夫婦のみの世帯も増加の状況にある。「老老介護」といわれるように、高齢者が高齢者を介護するような状態では、介護する側もされる側も共倒れになるおそれがある。実際に介護者が介護に疲弊して、要介護者への虐待行為に至ってしまうことや、要介護者とともに心中を図るような事件も起きている。そのような悲劇を生まないためにも、高齢者とその家族の生活を支えるサービスが必要な人にきちんと利用されなければならない。介護保険制度等で提供されるさまざまな介護サービスは、要介護高齢者本人のためだけでなく、親子関係、夫婦関係、家族関係を支えるためのサービスでもある。

その意味で、たとえばサービスの利用に抵抗を示すなどして支援につながりにくい高齢者や家族への働きかけや、家族が気軽に相談でき、世間体などを気にせずに必要なサービスを利用できるような仕組みづくりや環境整備は、社会福祉士が担うべきソーシャルワークの実践の一つである。社会福祉士は、地域のソーシャルワーカーとして、介護サービスや専門職、ボランティアなど地域のさまざまな社会資源を活用しながら、要介護高齢者の生活全体を支えるべく活動する。そして、その活動は同時に、家族の社会生活をも支える役割を担っているのである。

3 障害者の暮らしや社会参加を支える社会福祉士

身体や精神あるいは知的に障害があることによって、就学や就労その他の社会参加が制限されることがある。これはすなわち、障害をもつ当事者と社会との関係上に生じる障壁（バリア）の経験である。障害をもつ人々に対するソーシャルワークは、このバリアを取り除く（バリアフリー）ことで、人々の当たり前の地域生活（ノーマライゼーション）の実現を目指す営みである。それは当事者の多様な社会参加の機会を創出し（インクルーシブ）、地域や社会の一員としての生活を保障する取り組みである。

私たちの社会生活は、学校や職場、地域などの、家庭以外のさまざまな場所や家族以外のさまざまな人とのつながりで成り立っている。何らかの障害があることによって、たとえばその社会生活が入所している施設のなかだけで、あるいは経験する対人関係が家族などの限られた人たちだけで完結するようなことになってはいけない。日常的に地域に出かける機会があり、さまざまな人々との出会いやつながり、コミュニケーションの機会があること、すなわち多様な社会参加の機会が保障されることが重要である。

しかし、地域に出かけるといっても、たとえば障害者に対する地域住民の偏見や差別の意識が依然として根強い地域もある。そのような状況が社会的なバリアとなって、当事者の社会参加を妨げているということもある。地域や社会の一員として暮らすということは、単に外出する機会があるということではない。地域との関係を築き、地域に受け入れられ、社会的な活動の場や機会が継続されることで成り立つのである。そのために、障害への理解を促す地域への働きかけ、地域に開かれた施設づくりや、当事者が地域と交流できる機会の創出、就労その他の支援も、ソーシャルワークが果たすべき重要な機能であり、障害者福祉の分野で働く社会福祉士の役割である。

■4 生活困窮者の自立を支援する社会福祉士

経済的な困窮状態にあり、生活保護受給に至る前の段階にある生活困窮者に対し、自立生活を送れるように支援するための法律として、生活困窮者自立支援法が 2013（平成 25）年 12 月に成立し、2015（平成 27）年 4 月に施行された。この法律に基づいて、各自治体に相談窓口が設けられ、就労や社会参加など自立に関する相談支援、住宅の確保に必要な費用の給付、家計管理支援や子どもの学習支援など、当事者の状況に応じた多様な形の支援が実施されている。

ここでいう「自立支援」の意味とは、単にその人が何かの職に就くことができればよいということではない。なぜなら貧困や生活困窮者の問題は、失業や倒産による経済的な困窮状態にあるというだけではなく、たとえば住居を借りるにしても保証人になってくれる人がいないとか、助けを求めることができる人や相談できる相手がいないなどの、自らの支えとなるような他者との関係を失い、社会的に孤立している状態なのである。

したがって、生活や就職に関して安心して相談できる関係づくりや場

★生活困窮者
生活困窮者自立支援法
第 3 条第 1 項の定義
によれば、「就労の状
況、心身の状況、地域
社会との関係性その他
の事情により、現に経
済的に困窮し、最低限
度の生活を維持するこ
とができなくなるおそ
れのある者」とされて
いる。

所づくり、また当事者同士がお互いに支えあえるような関係づくり、すなわち当事者が支えられる地域のネットワーク形成こそが、自立支援として求められることなのである。自らの生活の主体性や、生きる意欲を支えるような社会とのつながりを当事者本人が回復・維持していく過程を支える営みが、貧困や生活困窮状態にある人へのソーシャルワークであり、この活動を担う社会福祉士に求められる役割なのである。

また、今日では、ごみ屋敷などの**セルフネグレクト**、中高年のひきこもりや 8050 問題、またヤングケアラーやダブルケアなど、必要なサービスの利用につながらず、地域社会から孤立した状況がもたらす生活問題も指摘されている。そこには、現行の法制度では対応できない複雑な困難状況や、一つの家族や世帯で複合的な生活課題を抱える状態がある。適用される既存の制度の有無にかかわらず、制度横断的あるいは分野横断的に、関係職種や機関・組織および地域住民が連携・協働し、当事者や地域の状況に応じて創意工夫しながらの創造的なソーシャルワーク実践が、今日求められているのである。

さらに近年の所得格差の拡大により、「**子どもの貧困**」への対応も求められている。「2019 年 国民生活基礎調査」では、18 歳未満の子どもの貧困率は 14.0％とされているが、この数字は約 7 人に 1 人の子どもが貧困状態にあることを示している。子どもの将来が、その生まれ育った環境によって左右されることがあってはならない。食事や学習の機会はもちろんのこと、同年代との交流の機会の保障など、子どもの健やかな育ちが地域で支えられるための仕組みづくりやネットワーク形成のための働きも地域で働くソーシャルワーカーとしての社会福祉士に求められている。

5 保健医療分野で働く社会福祉士

保健医療分野で活躍する社会福祉士も増えている。医療機関では、**医療ソーシャルワーカー**（medical social worker：MSW）として、医師や看護師、また福祉事務所などの行政機関の職員や介護支援専門員（ケアマネジャー）等との連携を図りながらその業務を行っている。

たとえば何らかの病気や事故によって入院するということは、その病気や治療に関する不安や心配だけでなく、本人やその家族の社会生活上にさまざまな問題が生じることにもなり得る。特に入院が長期化することになると、仕事や学業にも支障をきたし、入院中の費用の負担の問題も生じる。また、心身に何らかの障害を負うことになった場合には、退

★**中高年のひきこもり**
2019（平成 31）年 3 月に内閣府は 40 歳から 64 歳でひきこもり状態の中高年を 61 万 3000 人と推計した。この数字は 15 歳から 39 歳までのひきこもりの若者の推計値 54 万 1000 人よりも多く、ひきこもりの高年齢化を示している。

★ **8050 問題**
80 代の高齢の親と働いていない 50 代の独身の子の世帯が抱える社会的孤立の問題である。ひきこもりの長期化や高齢化が背景にある。親と子への支援すなわち世帯を単位としてのかかわりや支援が求められる。

★**ヤングケアラー**
家族構成やその他さまざまな事情で、要介護状態にある祖父母や病気を抱えた親などの家族の介護を日常的に担っている 18 歳未満の子どもを指す。友人関係や学業さらには進学や就職への影響が問題視されている。

★**ダブルケア**
昨今の少子高齢化や女性の晩婚化等を背景に、親の介護と子育ての両方を同時期に担う状態にある世帯の増加が指摘されている。一人で抱え込むなどして自身の仕事や健康にも支障をきたすなどの問題が生じる。

院後の生活にもさまざまな不安を抱えることになる。

このように、病気を患うことに伴って生じるさまざまな生活問題があり、そのような問題に対応して患者本人や家族の生活を支えるのが、ソーシャルワーカーとしての社会福祉士の役割である。医療ソーシャルワーカーは、患者本人や家族の相談に応じながら、さまざまな関係職種や機関と連携・協働することによって、入院中の支援や退院後の生活の安定を図る仕事を行っている。

■6 学校教育分野で働く社会福祉士

学校教育分野では、いじめや不登校等の問題への対応、また家庭環境に問題を抱える子どもたちを支援するために、社会福祉士が**スクールソーシャルワーカー**（school social worker：SSW）として配置されている。生徒本人が抱える問題だけでなく、学校や家庭、地域などの本人を取り巻く環境も視野に入れた働きかけを行うことによって、子どもたちが安定した学校生活を営めるように支援を行っている。教師との連携や親への支援を行うなど、子どもを中心として、学校と家庭と地域との橋渡しを行う社会福祉士の専門性を活かした実践が行われている。

文部科学省は、2008（平成20）年度から、各都道府県にスクールソーシャルワーカーを配置する「スクールソーシャルワーカー活用事業」を実施してきた。この事業は、2009（平成21）年度からは「学校・家庭・地域の連携協力推進事業」に位置づけられ、国による補助事業として、各地方自治体が主体となって展開されている。2011（平成23）年度からは、都道府県・指定都市教育委員会に加え、中核市教育委員会においても、スクールソーシャルワーカーが活用されるようになった。

さらに、2015（平成27）年の中央教育審議会による「チームとしての学校の在り方と今後の改善方策について」のなかでは、生徒が抱える課題解決のために「チーム学校★」の必要性が示され、福祉の専門家としてのソーシャルワーカーの活用についても記されている。家庭や学校、地域での子どもの生活全体を支えるために、ソーシャルワークの視点からのアプローチ、すなわち子どもが置かれているさまざまな環境に着目して、家庭や学校、地域をつなぐ働きを担うスクールソーシャルワーカーの活動が全国で展開されている。

■7 司法関係分野で働く社会福祉士

今日では、少年院や刑務所等の矯正施設で働く社会福祉士もいる。こ

★チーム学校
昨今の子どもや家庭が抱えるさまざまな課題に対して、学校教員と多様な専門性をもつ職員とがそれぞれの専門性を活かした連携・協働により、チームとして対応していくことを目的とした体制。中央教育審議会により2015（平成27）年に示された。

の司法関係分野で働く社会福祉士は、たとえば非行や罪を犯した少年や、刑法に触れる罪を犯した人々などの社会適応や社会復帰を支える活動を行っている。少年院や刑務所等の矯正施設を退院・退所しても、その後の住まいや就職などの生活に対して、何らかの支援がなければ社会に適応できず、結果的に再犯につながることもある。出所しても孤立を余儀なくされ、誰からの支えもないままに、軽犯罪を繰り返してしまう人もいる。そのような人々の相談に応じ、社会適応のための訓練や就労の準備、また地域とのつながりや生活環境の整備などの取り組みを通して、社会復帰や地域での安定した生活を支援するソーシャルワークの実践を、社会福祉士が担っている。

　また、このような活動の拠点として、すべての都道府県に**地域生活定着支援センター**の設置が 2009（平成 21）年 7 月から進められ、2011（平成 23）年度には全都道府県に開設された。高齢や障害などの理由で、刑務所から出所しても親族等の受け入れがない、仕事や住居が得られない等で早期に再犯に至るリスクが高いなど、福祉的な支援を必要とする人々がいる。そのような人々に対し、刑務所等の矯正施設退院・退所後に適切な福祉サービスにつなげるなど、退院・退所後の生活の安定や社会復帰に向けて支援することを目的とする機関である。

　この取り組みは、司法と福祉の連携・協働による社会復帰支援の実践として注目されており、社会福祉士の活躍が期待されている。また、2012（平成 24）年度からは、矯正施設入院・入所中から退院・退所後までの一貫した相談支援を行う地域生活定着促進事業が実施されている。

　非行や犯罪行為に至った人に対するソーシャルワークでは、その要因について、その人を取り巻く人間関係や社会環境との関係のなかで、その人が体験してきた社会的な関係の文脈において捉えることが必要である。「なぜそのような行為に至ったのか」「そうならざるを得なかった背景に何があるのか」に対する、個人と社会環境との関係への視点である。そして、更生や社会復帰に向けた取り組みのなかでも、心理的な支援と同時に、本人が安定した人間関係を体験できるような環境づくり、学ぶ場所や働く場所づくりの活動、すなわち地域に社会的な居場所をつくるための働きかけが必要なのである。

■8 その他の領域で活躍する社会福祉士

　今日では、社会福祉士事務所を個人開業するなどして、いわゆる「**独立型社会福祉士**」として活動する社会福祉士もいる。地域住民のさまざ

まな生活支援活動から、成年後見人としての活動、行政等からの委託による仕事、また社会福祉法人や企業等との契約によるものなど多種多様な業務を行っている。地域を基盤として、地域のニーズに応じて、独立した立場でのソーシャルワークを実践する専門職として、今後の活躍が期待される。

　また、民間企業でソーシャルワークの実践を行う社会福祉士もいる。たとえば、人事部や障害者雇用に関する部署に配属されるなどして、何らかの障害をもつ従業員に対して、その障害の特性に応じたさまざまなサポートや、働き続けることのできる職場環境の整備などに取り組んでいる。このように福祉施設や公共機関以外にもソーシャルワークが求められ、社会福祉士の活躍の場は広がっている。

　そして、2011（平成23）年3月11日の東日本大震災後の被災地での支援活動をきっかけに、災害時のソーシャルワークのあり方の検討が進められている。日本社会福祉士会等の職能団体としての組織的な検討や取り組みも行われている。災害時には生命の危険はもちろんのこと、さまざまな苦しみや悲しみが、突然に重層的に被災者を襲うことになる。災害時のソーシャルワークは、被災地の一人ひとりの生命の保護を最優先に、被災者の生活の支援、被災地域への支援、さまざまな福祉サービス事業所等の運営支援、政策立案などの活動を担うことになる。

Active Learning

近年起こった災害を取り上げて、社会福祉士がどのような支援や活動を行ったのかを調べてみましょう。

◇参考文献
・井出英策・柏木一恵・加藤忠相・中島康晴『ソーシャルワーカー──「身近」を革命する人たち』筑摩書房，2019.
・勝部麗子『ひとりぼっちをつくらない──コミュニティソーシャルワーカーの仕事』全国社会福祉協議会，2016.
・北川清一・久保美紀編著『ソーシャルワークへの招待』ミネルヴァ書房，2017.
・菊池馨実『社会保障再考──〈地域〉で支える』岩波書店，2019.
・空閑浩人編著『新・基礎からの社会福祉2　ソーシャルワーク』ミネルヴァ書房，2015.
・空閑浩人『シリーズ・福祉を知る2　ソーシャルワーク論』ミネルヴァ書房，2016.
・空閑浩人「社会福祉援助（ソーシャルワーク）の基本」NHKテキスト『社会福祉セミナー　2019年10月～2020年3月』NHK出版，2019.
・厚生労働省社会保障審議会福祉部会福祉人材確保専門委員会「ソーシャルワーク専門職である社会福祉士に求められる役割等について」2018.
・宮本節子『ソーシャルワーカーという仕事』筑摩書房，2013.
・中村剛編『自分の将来を考えている"あなた"へ　これがソーシャルワークという仕事です──尊厳を守り，支え合いの仕組みを創る』みらい，2016.
・成田光江『複合介護──家族を襲う多重ケア』創英社／三省堂書店，2018.
・大田なぎさ『スクールソーシャルワークの現場から──子どもの貧困に立ち向かう』本の泉社，2015.
・澁谷智子『ヤングケアラー──介護を担う子ども・若者の現実』中央公論新社，2018.
・杉本貴代栄・須藤八千代編著『私はソーシャルワーカー──福祉の現場で働く女性21人の仕事と生活』学陽書房，2004.
・中央教育審議会「チームとしての学校の在り方と今後の改善方策について（答申）」2015.

多様な組織・機関・団体における専門職

学習のポイント

● ソーシャルワークの実践を担うさまざまな職種や職場について学ぶ
● 社会福祉行政の各機関で働く専門職について学ぶ
● 民間の社会福祉施設や機関で働く専門職について学ぶ

 ## ソーシャルワークの実践を担うさまざまな職種と職場

　表6-1は、社会福祉に関係するさまざまな分野や領域で、ソーシャルワークの実践を担う具体的な職種や職場について整理したものである。この表にあるように、今日では多岐にわたる分野や領域、場所で、かつそれぞれの場所に応じた職種名で、社会福祉士などのソーシャルワーク専門職が活躍している。さらに、これ以外にも、**公共職業安定所（ハローワーク）**や介護保険事業や障害者への就労支援事業等を運営する民間企業、社会福祉に関するさまざまな分野で活動している**特定非営利活動法人（NPO法人）**の事業所、国際的な支援活動を行う非政府組織である NGO 等の団体や組織など、ソーシャルワークの実践とそれを担う社会福祉士を含めた専門職の活躍の場はますます広がりをみせている。

　本節では、さまざまな場所で活躍するソーシャルワークの専門職とその業務内容について、社会福祉行政および民間の社会福祉施設や組織に分けてみていくことにする。

Active Learning

自宅近くにある社会福祉施設や機関を探して、そこではどのような専門職や職種の人たちが働いているのか調べてみましょう。

2 社会福祉行政における専門職

1 福祉事務所で働く専門職

　社会福祉法において「福祉に関する事務所」と規定される**福祉事務所**は、社会福祉行政を総合的に担う第一線の現業機関であり、都道府県および市（特別区を含む）は必置、町村は任意設置とされている。特に市町村の福祉事務所では、住民に身近な社会福祉行政に関する機関として

表6-1　各社会福祉関係分野でソーシャルワークを行う主な職種と職場（機関・施設）

社会福祉の分野	ソーシャルワークを行う主な職種	ソーシャルワークが実践されている主な職場
低所得者／生活困窮者福祉	査察指導員、現業員（ケースワーカー）、生活支援員、作業指導員、就労指導員、相談支援員など	福祉事務所、社会福祉協議会、救護施設、更生施設、医療保護施設、授産施設、宿所提供施設、生活困窮者自立相談支援機関、地域若者サポートステーションなど
障害者福祉	身体障害者福祉司、知的障害者福祉司、ケースワーカー（更生相談所相談員）、生活支援員、作業指導員、職業指導員、職場適応援助者（ジョブコーチ）、相談支援専門員など	福祉事務所、身体障害者更生相談所、知的障害者更生相談所、精神保健福祉センター、社会福祉協議会、地域障害者職業センター、障害者就業・生活支援センター、障害者総合支援法に規定される各サービスの提供や各種事業を行う事業所や施設など
高齢者福祉	老人福祉指導主事、生活相談員、介護支援専門員（ケアマネジャー）、各機関のソーシャルワーカーなど	福祉事務所、社会福祉協議会、地域包括支援センター、養護老人ホーム、特別養護老人ホーム、軽費老人ホーム、老人デイサービスセンターなど
児童福祉	児童福祉司、家庭児童福祉主事、児童指導員、児童生活支援員、職業指導員、児童自立支援専門員、家庭支援専門相談員（ファミリーソーシャルワーカー）など	児童相談所、福祉事務所（家庭児童相談室）、児童館、児童家庭支援センター、社会福祉協議会、児童養護施設、児童自立支援施設、障害児入所施設、児童発達支援センター、児童心理治療施設など
母子・父子福祉	母子指導員、母子・父子自立支援員、少年指導員など	児童相談所、福祉事務所、社会福祉協議会、母子生活支援施設、母子・父子福祉センター、母子・父子休養ホームなど
医療福祉	医療ソーシャルワーカー（MSW）、精神科ソーシャルワーカー（PSW）など	福祉事務所、保健所、精神保健福祉センター、一般病院、専門病院、診療所、精神科病院、精神科診療所など
教育福祉	スクールソーシャルワーカー（SSW）など	児童相談所、教育委員会、小学校、中学校、高等学校、特別支援学校、大学など
司法福祉	家庭裁判所調査官、保護観察官、法務教官、婦人相談員、社会復帰調整官など	児童相談所、家庭裁判所、保護観察所、婦人相談所、少年鑑別所、少年院、婦人保護施設、刑務所、地域生活定着支援センターなど
地域福祉（包括的支援）	福祉活動指導員、福祉活動専門員、コミュニティソーシャルワーカー（CSW）、日常生活自立支援事業専門員など	社会福祉協議会、地域包括支援センター、生活困窮者自立相談支援機関、ひきこもり地域支援センターなど

　の役割を担っており、生活保護法、児童福祉法、母子及び父子並びに寡婦福祉法、老人福祉法、身体障害者福祉法、知的障害者福祉法の福祉六法に関するさまざまな業務を担っている。

　福祉事務所の所員として、社会福祉法には「所の長」、現業事務の「指導監督を行う所員（査察指導員）」、相談面接や生活指導、家庭訪問などの「現業を行う所員（現業員）」、および「事務を行う所員（事務職員）」の配置が規定されている。

　また、福祉事務所には社会福祉法に規定されている所員のほかにも、身体障害者福祉法に規定される「**身体障害者福祉司**」、知的障害者福祉

法に規定される「知的障害者福祉司」が配置され、それぞれ所員に対して身体障害者福祉、知的障害者福祉に関する指導、およびそれぞれの分野において専門的な知識や技術を必要とする業務を行っている。さらに、老人福祉法に規定される「老人福祉指導主事」は、高齢者福祉に関する所員への指導や専門的な知識や技術を必要とする業務を行っており、母子及び父子並びに寡婦福祉法に規定される「母子・父子自立支援員」は母子・父子家庭や寡婦の相談に応じて、その自立に必要な情報提供や就職等に関する支援を行っている。そのほかにも、売春防止法に規定される「婦人相談員」、また福祉事務所内に設置されている家庭児童相談室において相談援助業務を担う「家庭児童福祉主事」や「家庭相談員」が配置されている。

いずれも地域の人々の生活を守る第一線の福祉行政機関としての責任のもとで、これらの職種がさまざまな関係機関と連携・協働しながらのソーシャルワーク実践の展開が期待されている。

2 各相談所で働く専門職

児童福祉法により規定される児童相談所は、子どもの養護や保健、また障害や非行、育成に関する相談など、児童福祉に関するさまざまな業務を行う児童福祉の行政機関であり、都道府県・指定都市に設置が義務づけられている。児童相談所には、子どもや保護者からの相談に応じ、必要な調査や支援、家族関係の調整等を行う「児童福祉司」や、心理検査やカウンセリングなど、主に心理的な側面からの支援を行う「児童心理司」、また児童福祉司に協力して児童虐待への対応を行う「児童虐待対応協力員」や、そのほかにも一時保護所における子どもの生活や学習指導を行う「児童指導員」等の職員が配置されている。

婦人相談所は、売春防止法に基づき、各都道府県に設置が義務づけられている。売春を行うおそれのある要保護女子の相談や指導、一時保護等を行う機関として設置されたが、それ以外にも女性に関するさまざまな支援を行っている。配偶者からの暴力の防止及び被害者の保護等に関する法律（DV防止法）により、「配偶者暴力相談支援センター」の機能を担う相談機関の一つとして指定された。ドメスティック・バイオレンス（DV）被害者の相談や一時保護等の業務を行っている。

身体障害者更生相談所は、身体障害者福祉法に基づき、都道府県に設置が義務づけられた身体障害に関する業務を担う行政機関である。市町村における身体障害に関する各種業務の支援や、身体障害者の医学的、

心理学的、また職能的判定および必要な支援の実施、また補装具の処方や適合判定等を行っている。身体障害者更生相談所には、医師や看護師、心理判定員、作業療法士、理学療法士などとともに「身体障害者福祉司」が配置されており、身体障害者に関して専門的知識や技術を必要とするさまざまな業務や、市町村の身体障害者福祉にかかわる業務への支援や情報の提供などを行っている。

　知的障害者更生相談所は、知的障害者福祉法に基づき、都道府県に設置が義務づけられた知的障害に関する業務を担う行政機関である。市町村における知的障害に関する各種業務の支援や、18歳以上の知的障害者の医学的、心理学的、職能的判定とそれに伴う必要な支援を行っている。知的障害者更生相談所には、医師や看護師、心理判定員、職能判定員などとともに「知的障害者福祉司」が配置されており、知的障害者に関して専門的知識や技術を必要とするさまざまな業務や、市町村の知的障害者福祉にかかわる業務への支援や情報の提供などを行っている。

　人々が抱える生活問題の多様化や複雑化、また複合化のなかで、福祉事務所やこれらの相談所で働く専門職には、地域の福祉関係機関や関係者、医療や司法などの他分野の専門職との連携や協働によるソーシャルワーク実践の展開が求められている。たとえば、生活保護受給者等の就労支援、児童虐待の予防や地域における子育て支援、DV被害者の保護、また身体障害や知的障害を抱える人々の就労や社会参加、ひきこもりなどの状態にある人と社会とのつながりづくり、要介護高齢者とその家族も含めた地域における生活支援の実践などである。行政機関と民間の組織や団体、地域住民等さまざまな関係者や関係機関との連携・協働とそれを可能にする地域における支援ネットワークづくりが求められている。

3　民間の社会福祉施設・組織における専門職

1　社会福祉施設における専門職

　社会福祉施設の種類としては、老人福祉法に基づく老人福祉施設、生活保護法に基づく保護施設、児童福祉法に基づく児童福祉施設、母子及び父子並びに寡婦福祉法に基づく母子・父子福祉施設、障害者の日常生活及び社会生活を総合的に支援するための法律（障害者総合支援法）に基づく障害者支援施設、売春防止法に基づく婦人保護施設などがある。また、施設の形態としては大きく入所型施設と通所型施設に分けられ

る。これらの施設で働く社会福祉士等の専門職は、**表 6-1** に示したように、「生活相談員」や「生活支援員」などのさまざまな名称でその業務に携わっている。

　入所型施設における専門職の役割を一言でいうならば、その施設が利用者一人ひとりにとっての安定した生活の場、暮らしの場となるような実践を行うということである。そのためには食事や入浴、排泄や移動、あるいは趣味・娯楽や学習、社会参加の活動など、利用者の日々の暮らしの全体を視野に入れた「生活の質（quality of life：QOL)*」の向上を目指す営みが求められる。それは言い換えれば、利用者にとって、その施設が安心して生活できる「居場所」となるようなかかわりや支援、そして環境整備を意味する。

　また、施設で生活する高齢者や子ども、障害者の暮らしがその施設のなかだけで完結するのではなく、地域のさまざまな人や場所との出会いやつながりを経験し、地域社会の一員として暮らしていけるようにすることが大切である。そのために、施設と地域との多様な形での関係を構築し、地域住民にとっても身近な場所となり、地域社会を構成する一つの場所として施設が機能していくようにすることも、ソーシャルワークの実践として専門職に求められる役割である。

　そして、通所型の施設で働く専門職の役割については、利用者の地域生活を支援するということが挙げられる。それは、たとえばその施設や事業所を利用する高齢者や障害者の日中の活動支援や就労支援等を通して、住み慣れた家や地域での社会生活を支える営みである。また、一人暮らしの高齢者や障害者であっても、施設が提供するサービスを利用することで、自宅に閉じこもることなく、そして地域で孤立することなく暮らしていくことにつながる。また、たとえばデイサービスセンターなどで働く専門職は、利用者である要介護高齢者とともに自宅で暮らす家族を支援する役割をも担うことになる。

　このように、入所型であれ通所型であれ、社会福祉施設の利用者が、地域社会の一員として安定した生活を営めるように支援することが、施設で働く専門職に求められる役割である。そのためには、地域に働きかけ、地域におけるさまざまな人や場所などの社会資源とのつながりやネットワークを構築していくソーシャルワークの展開が求められ、社会福祉士や精神保健福祉士等はその担い手として期待されている。

★**生活の質（quality of life：QOL）**
生活全体の安定感、豊かさ、満足感、生きがい、幸福感などを含めた概念。QOL は「人生の質」や「生命の質」とも訳される。当事者・利用者の QOL の維持や向上は、ソーシャルワークの目標である。

第**6**章　ソーシャルワークに係る専門職の概念と範囲

2 社会福祉機関や組織における専門職

　民間の社会福祉機関や組織として代表的なものには、**社会福祉協議会**や市町村から委託を受けた社会福祉法人や医療法人等が設置する**地域包括支援センター**などが挙げられる。これらの機関に所属する専門職は、地域福祉の推進や高齢者や家族の地域生活支援等に関する業務を行っている。

　都道府県および市区町村に設置されている社会福祉協議会（以下、社協）は、地域福祉の推進を図ることを目的とする組織であり、社会福祉法に規定されている。都道府県社協は、区域内の福祉に関する広域的な事業や、各市区町村社協間の連絡・調整、また社会福祉従事者の養成や研修事業、社会福祉法に規定される「福祉サービス利用援助事業」（日常生活自立支援事業）等を行っている。市区町村社協は、地域住民に身近な社協として、地域住民からの福祉に関する相談や地域の福祉ニーズへの対応、ボランティア活動の推進や地域のネットワークづくりに関するさまざまな活動を行っている。このような社協における活動の推進を目的として、都道府県社協に「**福祉活動指導員**」、市区町村社協には「**福祉活動専門員**」が配置されている。社協の職員には、地域福祉の推進を担う専門職としての役割が期待されている。

　そして今日、「地域福祉のコーディネーター」として、コミュニティソーシャルワーカー（community social worker：CSW）の働きが注目されるようになった。CSW は、地域住民の生活を個別に支援する活動と地域住民にとって住みよい地域づくりの活動を行う、地域に根差したソーシャルワーク実践を担う専門職である。具体的には、支援が必要な人々を把握して福祉サービス等の社会資源とのつなぎ、地域住民や地域の関係機関とのネットワークの構築、また住民のニーズに基づく新たなサービスの開発のための働きかけなどを行う。

　CSW は、地域住民とその暮らしが支えられるための「地域の福祉力」を向上させる役割を担う者として、2004（平成 16）年度に大阪府が府内各市町村に初めて配置した。今日の地域生活支援においては、生活問題を抱えた人々が相談に来るのを待つのではなく、自ら地域に出向くなどして、アウトリーチ＊による当事者へのかかわりや支援が求められている。人々への地域生活支援や地域住民の参加による地域福祉の推進がますます重要視されるなか、CSW 業務の重要な担い手として社会福祉士への期待は大きい。

　地域包括支援センターは、2005（平成 17）年の介護保険法の改正に

★アウトリーチ
何らかの支援が必要な状態にあるにもかかわらず、地域で孤立していたりサービス利用を拒否する、また対象となる制度がないなどで、必要な支援につながらない人々を発見、訪問して、支援やサービス等につなぐ働きかけのこと。

伴って全国に設置されたもので、要介護高齢者やその家族にとって、地域の身近な相談窓口としての役割を果たすことが期待されている。業務内容としては、❶介護予防ケアマネジメント（第1号介護予防支援事業）、❷総合相談支援業務、❸権利擁護業務、❹包括的・継続的ケアマネジメント支援業務が挙げられる。職員体制としては、主任介護支援専門員、保健師等とともに、社会福祉士が必置となっている。社会福祉士は、地域の高齢者や家族への介護に関する情報提供なども含む総合的な相談窓口や、各種のサービスの手続き等の生活支援業務、また高齢者虐待の対応や予防などの権利擁護に関する業務を担う。さらに今日では、一人暮らし高齢者を孤立させないサポートネットワークの形成や認知症高齢者に優しい地域づくりが求められており、社会福祉士にはそのような活動をコーディネートする専門職としての働きが期待されている。

3 外国人支援や国際的な場で活躍する専門職

　グローバル化する社会のなかで、日本に滞在する、日本で働く、日本の学校に通う外国人や子どもが増加している。2018（平成30）年には**出入国管理及び難民認定法及び法務省設置法の一部を改正する法律**が成立した。これは新たな在留資格の創設や**出入国在留管理庁**の設置等を内容とするものであり、この出入国在留管理庁による「新たな外国人材の受入れ及び共生社会実現に向けた取組」も推進されている。

　日本で暮らす外国人のなかには、たとえば、言葉や文化等の問題で日本社会に適応できない人々や、職場での劣悪な待遇や安定した仕事に就けないことなどで経済的に困難な状況にある人々、また離婚やDVなどにより住む場所や安定した生活を奪われている人々、言葉の壁や文化の違いで学校での勉強についていけない子どもたちがいる。地域住民からの偏見や差別に苦しんでいるという状況もあるかもしれない。日本で暮らすなかでのさまざまな生活上の困難を抱える外国人の生活を支えるために、社会福祉法人やNPOなど、民間の組織や団体に所属するソーシャルワーカーが支援活動を行っている。

　その他、たとえばHIV／AIDSの問題についても、決して医学的な側面のみの問題ではなく、社会的な問題として対応していくことが必要である。健康保険に加入していないなどで治療を受けられない外国人のHIV感染者や、AIDSの発症によって親を亡くした子どもの保護、また予防教育や環境整備による二次感染の予防、当事者の人権擁護など、さまざまな分野の専門家の連携による取り組みが求められている。その

なかで、社会生活の面での支援を行うソーシャルワーカーの役割は重要である。

　今日では、発展途上国への支援などの国際協力の活動もさまざまな形で広がりをみせている。国連機関としては、貧困やその他でさまざまな困難を抱える世界の子どもたちやその家族への総合的・包括的な援助を行う**ユニセフ（国連児童基金）**の活動が有名であり、日本にはその活動を支援する団体として、**公益財団法人日本ユニセフ協会**がある。政府関係では、さまざまな分野で幅広く発展途上国の支援を行う**独立行政法人国際協力機構（JICA）**の活動、NGOなどの民間団体では、各国の自然災害時に食料や毛布の配付、住宅の確保等の緊急支援や復興支援活動を中心に行っている**認定特定非営利活動法人ピースウィンズ・ジャパン（PWJ）**などの活動がある。このようなさまざまな国での支援プロジェクトを行う国際協力団体に所属してソーシャルワークを展開するソーシャルワーカーの活躍も、今後ますます広がりをみせていくであろう。

Active Learning

外国人支援や国際協力の活動を行っている日本の組織や団体にはどのようなものがあるか、併せて具体的な支援内容や活動内容について調べてみましょう。

◇参考文献
・北川清一・久保美紀編著『ソーシャルワークへの招待』ミネルヴァ書房，2017.
・小西加保留編著『HIV/AIDS ソーシャルワーク——実践と理論への展望』中央法規出版，2017.
・空閑浩人編著『新・基礎からの社会福祉2 ソーシャルワーク』ミネルヴァ書房，2015.
・空閑浩人『シリーズ・福祉を知る2 ソーシャルワーク論』ミネルヴァ書房，2016.
・空閑浩人「社会福祉援助（ソーシャルワーク）の基本」NHK テキスト『社会福祉セミナー 2019年10月〜2020年3月』NHK 出版，2019.
・厚生労働統計協会編『国民の福祉と介護の動向 2018/2019』2018.
・厚生労働統計協会編『国民の福祉と介護の動向 2019/2020』2019.
・中村剛編『自分の将来を考えている"あなた"へ これがソーシャルワークという仕事です——尊厳を守り，支え合いの仕組みを創る』みらい，2016.
・山本敏晴『「国際協力」をやってみませんか？——仕事として，ボランティアで，普段の生活でも』小学館，2012.
・ピースウィンズ・ジャパン　https://peace-winds.org/

● 主要先進諸国のソーシャルワーカーの養成制度や実践分野について学び、理解する

● 世界には多様な社会制度をもつ国があり、ソーシャルワーカーの仕事には多様性があることを理解する

　本節の目的は、諸外国のソーシャルワークの現状を概説することにある。先進国の特徴は、国や自治体の制度的枠組みに基づき、専門職による支援機能を提供する目的のもとに規定され、教育カリキュラムもこの範囲に限定されるということである。[1] ソーシャルワークの役割は、早期介入により事態の深刻化やリスクを最小限に食い止め、福祉を促進させることにある。途上国の実践的枠組みは、必ずしも制度の枠内で社会問題に対する予防と対応のための人材を法制度で規定していない場合もある。社会開発を含む国際ソーシャルワークが求められる状況に対して、現在のソーシャルワーク教育が、グローバリゼーションの実態、国際ソーシャルワークの必要性と現状に十分対応できていないとの指摘もある。[2]

1　アメリカ

　アメリカのソーシャルワーカーは約 12 万人で、大学学部レベル 4 年制で養成、認定制度があり、州ごとの試験を受けて認定される。[3]

1　ソーシャルワークの仕事に従事する人々

　全米ソーシャルワーカー協会（National Association of Social Workers：NASW）には、大学（ソーシャルワーク学士（BSW））、大学院（ソーシャルワーク修士（MSW）、ソーシャルワーク博士（Ph. D））の学位をもつ人が登録し、その数は全米で 15 万人と報告されている。[4] 一方、近年公表されたアメリカンコミュニティサーベイ（ACS）データによれば、自らをソーシャルワーカーと定義づけている人々が、2015 年には、85 万人いると報告している（MSW、BSW、それ以外

の背景を含む）。うち女性が83％、総数の85％はMSW以上の学位を有する[5]。

　ソーシャルワーク学位取得者は、2005年から2015年の10年でMSWは2万6329人と55％増加し、BSWは2万1164人と51％増加した（統合高等教育統計（2017年））。前記のソーシャルワーク学位取得者の41％は公的機関の連邦政府、州政府、自治体が雇用している。民間非営利、慈善組織が、全体の34％、民間の営利企業は22％を占める。一方、医療機関はMSWを雇用する率が高くソーシャルワーカーの17％、BSWは6％。また、教育機関のソーシャルワーカーはMSWが9％、BSWは3％である。

　州ごとのソーシャルワーカーの人口対10万の配置比率は、80人から572人までの開きがある。教育背景もMSWの雇用がソーシャルワーカー全体の60％以上の州から10％程度の州まである。ソーシャルワーカーの国籍は89％がアメリカ国籍を有するほか、帰化により国籍を得た者、アメリカの植民地の出身者、アメリカ国籍でない者も少数含まれる。民族は多い順に、白人68％、アフリカンアメリカン21％となっている。また、ヒスパニック系とそれ以外の対比ではヒスパニック系が11％を占める。

　アメリカではMSW以上の学位があり、州の試験に合格した者は臨床ソーシャルワーカー（licensed clinical social worker：LCSW）という資格が取得できる。LCSWは、精神保健分野でミクロな支援技術を用いて臨床活動に従事することができる技術をもつ認定資格である。これらのソーシャルワーカーが求めるのは、組織の管理やマネジメントの役割よりもむしろ、個人を対象とした臨床技術を用いたメンタルヘルスの課題をもつ人々の精神的サポートやよりよい生活を送るための支援である[6]。

■2 開拓的なソーシャルワークとニーズをもとにした アプローチの開発

　アメリカを含む先進諸国では変化する支援のニーズに対応し、刷新的なプログラムを開拓・実践し、成果評価をしたうえでプログラムの普及・定着が進められている。

> **事例 1**

公立図書館とソーシャルワークの協働
(social worker in the library：SWITL)

　公立図書館は地域の中心にあり、多くの市民が利用する情報の集中拠点の役割を果たし、対面とオンラインで豊富な情報を収集することが可能なので、ソーシャルワーカーはオンライン情報や実地で図書館司書とのやりとりを通じて情報収集を行っている。[7][8]公立図書館は、ソーシャルワーカーと協働関係をつくることにより、サービスや社会資源、情報を効果的に提供する場と機会をつくり、コミュニティのニーズに応えることができるとして、図書館ソーシャルワークという新たな仕事の場が広がっている。[9]

　図書館では多様なサービス情報が収集可能である。これらの情報には、外国からの高齢移住者や家族の識字プログラム、受け入れ国の言語習得を含めた宿題支援やチューター、就職情報と職探し支援、コンピュータ利用と技能訓練を含めたプログラムの提供がある。図書館はその収集に中心的な役割を果たす。社会的弱者といわれる人々、社会サービスを必要とする人々も図書館を利用する。こうした人たちの課題には、ホームレス、無料の食事提供、ドメスティック・バイオレンス（DV）、薬物依存、保健とメンタルヘルス、悲嘆や喪失、加齢に伴う課題、非行問題や矯正、雇用などが含まれる。

　カリフォルニア州サンホセ市の公立図書館は年間 100 万人の利用があり、キングス図書館の司書、近隣のソーシャルワーカー養成大学との連携により「図書館ソーシャルワーク」を実現させた。同図書館には、司書が行うレセプションとソーシャルワーカーの相談の連結、相談室や多職種のソーシャルワーク会議室の確保、図書館利用者のコンピュータとインターネットへのアクセス、お茶、子ども用のテーブル、外部への電話回線設備などを設置し、利用者の質問や支援内容に対応する資源情報ガイドを備え、情報コンサルテーションも実施している。

　図書館利用者が最初に出会うのは図書館司書である。利用者は、教育、緊急支援ニーズとしての食事や衣類の提供、相談、危機支援、雇用、喪失と悲嘆、家族問題としての親の役割、子どものケア、高

齢者問題やDV、精神や身体などの健康問題の改善、健康保険、移住者の生活、住宅、飢餓、識字、法律問題の情報を求める。これらの要請に対し、図書館が有する情報と資源を用いて、図書館とかかわる法律専門家を紹介することもある。また、外部の男性、女性、青少年を含むサポートグループへの紹介を行う。

　図書館に集まってくる詳細な情報を、図書館利用者の多様なニーズに即して提供することで、さらなる情報を求めて利用者が増加し、図書館はさらに利用者を情報源につなげる役割を果たす。利用者はより深化した情報を得ることで、よりよい判断や決断ができるとの評価が高まっている。社会的格差が拡大するなか、社会的排除に対処するために、図書館が情報提供を行うとともに、多様な支援ニーズをもつ利用者や緊急性のある課題に対応する図書館ソーシャルワークは、市民のニーズに適合したものとの評価を得ている。

事例2

不動産業者とソーシャルワーカーの協働

　テキサス大学にあるスティーブヒックスソーシャルワーク大学ソーシャルワークスクールは、都市中心部刷新プロジェクト[10]（Main Street Renewal：MSR）を通じて、社会サービス利用者の賃貸住宅でのトラブルに対して、不動産業者との連携によるソーシャルワークを展開し、利用者の賃貸住宅への定着に成果を上げている。契約期間の途中で住宅からの退去を余儀なくされる人々は、低所得、ひとり親家庭、DV被害、家族や子どもと関連した課題を抱えている。これらの人々は、住宅退去と同時に法的対応料が求められる。また、退去を余儀なくされる人々にとって、独力で新たな住宅を確保することは容易ではない。一方で、不動産業者にとっては、新規の入居者確保、住居の補修、住宅局による住宅没収などの事態が発生する。

　住宅の全国的な課題としては、青年期利用者の住宅占有率の低下がみられる。賃貸住宅の高騰に伴い、利用者は手頃な住宅の確保が困難であると同時に所得収入は伸び悩みの問題がある。これらの状

況の背景には、政府が住宅補助の制限をしていることや、一般不動産に対する住宅補助に対する政府の制限を設けている現状がある。

上記の実態に対し、ソーシャルワーカーは、不動産業者と連携して、利用者の情報を収集しケースマネジメントを実施・継続し、地域で培った経験をもとに、利用者の住宅への安定的居住を図り、住宅利用者センターによる顧客支援制度の活用を促し、住宅サービス利用者向けのサービス利用券の作成、利用者の危機状態や複雑なニーズへの対応を行う。住宅支援ソーシャルワークは、初期のアセスメントで支援課題を明確化し、解決策に焦点化したアプローチを用いて、利用者との関係を構築し、地域の資源と利用者を結びつける。同時に、ソーシャルワーカーは住宅政策への知識を活かして利用者に住宅への契約期間内の居住要件を周知し、生活の安定を支援し、関係機関との連携を行い、住宅退去を促すチームと協力してコミュニティへのアウトリーチを推進し、地元の住宅局、住宅退去担当部局などとの連携も行う。

以上の実践を通じて、2017〜2018年の1年間で、支援対象となった111人の住人のうちの半数以上は、90日以上、安定的に住宅に居住した。翌年（2018〜2019年）には、98人の住人のうち83％が介入後90日以上住宅に安定的に居住し、家賃の滞納なしが総数の65％を占める等の成果がみられた。ソーシャルワーカーは不動産業者や住宅局、関連地域資源と連携・協働し、利用者の居住と生活の安定や家族関係の維持の支援を行った。さらに、ソーシャルワーカーは自らのスキルを活用する以外に、関係企業や組織に対して、利用者の状況悪化をエスカレートさせない対応スキルの習得の研修を行い、共感、本人中心の言語、課題中心アプローチ、セルフケアの重要性などの技能を伝達した。関係諸機関に対しては、組織体質の変化を促すことによって、貧困経験者が感じる社会との壁やスティグマに対する感覚への理解を促し、支援的関係や雰囲気の醸成に努めている。こうした連携作業に続き、不動産関連組織には新たなポジションとして、住宅支援コーディネーター、住宅契約の更新、住宅局との情報収集対応部門が設けられた。ソーシャルワーカーはこれらの外部組織との連携にかかわり、コンサルテーション（助言と情報の提供）を行うと同時に、緊急危機対応の

際には必要な介入を行うことを継続している。特に、個人および家族の自殺企図や児童虐待などには、MSRのチームへの恒常的な注意喚起を促している。

2 イギリス

Active Learning

IFSW(International Federation of Social Workers) のサイトにアクセスし、各国のソーシャルワーカーの情報（たとえば、イギリスソーシャルワーカー協会（British Association of Social Workers)）を検索してみましょう。

イギリスのソーシャルワーカーは、約2万100人で、大学学部レベル4年間で養成される。登録制度はない[11]。

1 子どもと成人に対するソーシャルワークのデータ

イギリスはソーシャルワーカー関連のデータを毎年公表している。ソーシャルワーカーが担当する家族を取り巻く支援のケース対応にかかわる人材とサービスは、ソーシャルプロテクション（社会的保護）の概念のもと提供され、虐待が疑われる場合の子どもの保護、支援内容と方針を決定するアセスメントの初期判定とその後の判定に社会サービスの意識が注がれている。2019年、ファミリーソーシャルワーカーとして公的に雇用されている人員は3万700人（フルタイム換算）で、数年間ほぼ同数で推移している。ソーシャルワーカーの1人当たりの担当ケースは、16.9人である。ファミリーソーシャルワーカーは2019年時点で6000人不足と報告されている[12]。

2 ソーシャルワーカーの離職率増は深刻

2019年にファミリーソーシャルワーカーとして雇用された3万2900人のうち、5300人が過去12か月の間に離職している（不足の16％は2019年9月末までに補充）。仕事の内訳は、ケース支援のための要否判定アセスメント52％のほか、助言指導15％がある。ソーシャルワーカーの民族は、白人78％、黒人12％、アジア系6％ほかと報告されている[13]。

3 アセスメントで同定された支援ニーズ

アセスメントで同定された支援ニーズは、ネグレクト54％、家族の機能不全14％、子どもの障害または病気8％、家族の急性ストレス8％、親の役割が果たせない状況3％、親の障害または病気2％など

と報告されている[14]。注目は、国際的人口移動の影響でイギリスが受け入れた「保護者を伴わないアサイラムシーカー（保護難民）」の未成年単身者が 30％、人身売買や信仰・信念関連の虐待による難民申請が合算で 20％に上ることである。

イギリスのソーシャルケアに対する成人サービス局データによれば、2018年、地方自治体の成人サービスで働くソーシャルワーカーの数は、1 万 7000 人（フルタイム換算）で 2011 年以降ほぼ同数。一方、成人サービス局の業務は外部委託が進行中である。ソーシャルワーカーの民族比率は、白人 76％、その他 24％でソーシャルワーカーの 92％はイギリス国籍を有し、4 ％が欧州連合（EU）加盟国出身（600 人分相当）、5 ％が EU 以外（800 人分相当）である。ソーシャルワーカーの成人ソーシャルケア（成人サービス）の経験年数平均は 9.4 年、一つの仕事に平均 5.8 年在職している。

3　北欧諸国

北欧諸国のソーシャルワーカー養成の制度は国により異なる。フィンランドのソーシャルワーカーは、修士課程で養成しており、修士号取得まで 5 ～ 6 年を要する[15]。ソーシャルワーカーとして、IFSW に報告されている人数は 1 万 9400 人である[16]。スウェーデンは 4 年制大学で養成しており、ソーシャルワーカーは労働組合もしくは専門職団体に所属している。その数は 7 万人である。登録制度はない[17]。デンマークのソーシャルワーカーは学部で養成しており、資格取得に 3.5 年間を要し、その数は 1 万 2654 人である[18]。ノルウェーのソーシャルワーカーは、2 万 9000 人で、学部レベルで養成しており、登録制度はない[19]。

新自由主義の世界的な広まりの影響は北欧諸国にも及び、初等教育から高等教育、保健と公的サービス、失業、障害、高齢者サービスがおおむね無料で受けられる社会サービスが整備維持されてきた福祉国家の様相は変化しつつある。福祉国家においてソーシャルワーカーは専門性に基づく権能を有すると評されてきたが、専門職の役割や立場に対して異論を唱える政治的風土や官僚主義が力を得て専門職の役割が変化しつつある。今日、北欧諸国の公的セクターのマネジメントは「福祉ミックス」モデルが一般的な動向となっており、家族、市場、政府が、福祉財源全体をどのように分配消費するかが問われている。

北欧諸国のうちで、スウェーデン、デンマーク、フィンランドはEU
に加盟しており、ノルウェーやアイスランドは加盟していない。EUは、
加盟国におけるさまざまな経済社会活動の規制緩和を共同体の大きな目
標として掲げ、1999年、ボローニャ・プロセス*を通じて、高等教育に
おける学位認定の質と水準を同レベルのものとして扱うことにおいて一
連の行政会合および合意を行った。EU加盟の27か国間の合意は、EU
圏内のソーシャルワークのカリキュラムにも影響を及ぼしている。北欧
はこれまで独自の教育システムに基づく専門職養成を行ってきたが、ボ
ローニャ・プロセスを意識し、教育、看護、ペダゴーグ（療育と教育を
統合した領域）、ソーシャルワーク分野の大学院での専門職養成カリ
キュラムを標準化し、専門職がEU圏内の労働市場により円滑に参入で
きることを目指している[20]。

4 その他の地域の実践

アジア地域のソーシャルワークは、コミュニティを実践の場と位置づ
け、集団やコミュニティの力を結集し、集団を形成する個人のなかに内
在する力に気づきを与え、個人、グループ、コミュニティにエンパワメ
ントをもたらすソーシャルワークが主流である。また、必要な場合には
社会や政府に対する抗議を行う。

1 アジア地域

アジア地域では、多くの人口を擁するインドと中国の2国において
はソーシャルワーカー養成の機関と内容整備は急速に進展しており、イ
ンドのソーシャルワーカー養成機関の数と養成人数はアジア地域で最大
数を維持し続ける可能性がある。インドのソーシャルワーカーの活動
は、子どもや家族に対する保護、ストリートチルドレン、人身売買、児
童労働、少女結婚、少数民族に属する子どもたちの教育や学習支援、女
性のエンパワメントや職業的自立とコミュニティ開発、HIVに罹患し
ている人々の支援、社会・環境問題に対する抗議活動など多岐に及ぶ。

中国が目指す急激な経済発展政策や都市化により、社会サービスの開
発とソーシャルワーク人材養成の課題が浮上している。国内の都市と農
村の経済格差が顕在化し、仕事を求めて人口移動が激化し、海外からも
仕事を求めて大都市に移住労働者が増加し大都市へ流入する。地域サー

ビス機関は、新たな住民に対し、元の言語の維持と新たな言語の習得、新しい環境での生活スキルや社会適応を促す支援方法を模索している。

2 イスラム文化圏

イスラム文化圏は、アジア・アフリカ地域でかなりの人口を占めている。これらの国々においてもソーシャルワーク実践の理念、専門職の倫理、方法は世界のほかの文化圏と共通性が多い。一方、伝統文化や信仰など、文化的繊細さを含めた実践、信念システムを重視してそれぞれ、個人や集団、コミュニティの特性に着目したソーシャルワークの実践をすることが、よりよい成果をもたらすと考えるのが近年の動向であり、文化に根差した価値観に着目し、文化的コンピテンシー（対応力）を有するソーシャルワークが模索されている。

3 先住民ソーシャルワークの発展

2014年に採択されたソーシャルワーク専門職のグローバル定義は、先住民の権利と文化に配慮したソーシャルワーク実践について述べている。ここでいう先住民とは、世界の国々に植民が行われる以前から居住してきた人々を指す。こうした人々の多様な課題、たとえば、貧困、メンタルヘルス、教育を含む課題に対応するうえで、高等教育へのアクセスの機会を保障し、先住民に対するソーシャルワークの分野の奨学金や上位の学位取得の機会、リーダー養成やコミュニティでのロールモデルを示すことなど、権利擁護を自ら行う人々を輩出する事例が報告されている。

◇引用文献

1) Nikku, B. & Pulla, V., 'Global agenda for social work and social development: Voices of the social work educators from Asia', *International Social Work*, 57(4), pp.373-385, 2014.

2) Nagy, G. & Falk, D. S., 'Dilemmas in international and cross-cultural social work education', *International Social Work*, 43(1), pp.49-60, 2000.

3) IFSW, 'National Association of Social Workers' https://www.ifsw.org/member-organisation/usa/

4) NASW https://www.socialworkers.org/

5) National Workforce Initiative Steering Committee, *Profile of the Social Work Workforce*: *American Community Survey (ACS)*, George Washington University, p.13, 2017.

6) 木村真理子「アメリカにおける精神保健福祉分野のソーシャルワーク発展の歴史」精神保健福祉士養成セミナー編集委員会編『精神保健福祉士養成セミナー4 精神保健福祉の理論と相談援助の展開Ⅰ 第6版』へるす出版, pp.102-111, 2017.

7) Luo, L., Estreicher, D., et al., 'Social workers in the library: an innovative approach to address library patrons' social service needs', *Qualitative and Quantitative Methods in Libraries*, 1(1), pp.73-82, 2012.

8) Durrance, J. C. & Fisher, K. E., 'Determining how libraries and librarians help', *Library Trends*, 51(4), p.541, 2003.

9) Collins, L. N., Howard, F., et al., 'Addressing the needs of the homeless: a San Jose Library Partnership approach', *Reference Librarian*, 50(1), pp.109-116, 2009.

10) Asseff, J. & Leonard, K., 'Main Street Renewal & the Steve Hicks School of Social Work Collaboration' Power Point Presentation, 2020.

11) IFSW, 'British Association of Social Workers' https://www.ifsw.org/member-organisation/uk/

12) Gov. UK, 'Statistics: children's social work workforce' https://www.gov.uk/government/collections/statistics-childrens-social-care-workforce

13) 同上

14) 同上

15) Sosnet, 'Academic social work education in Finland' https://www.sosnet.fi/In-English/Undergraduate-Studies/Social-work-education-in-Finland

16) IFSW, 'Finland' https://www.ifsw.org/country/finland/

17) IFSW, 'Sweden' https://www.ifsw.org/country/sweden/

18) IFSW, 'Denmark' https://www.ifsw.org/country/denmark/

19) IFSW, 'Norway' https://www.ifsw.org/country/norway/

20) Strauss, H., 'Social work in the Nordic countries: Contemporary trends and shifts in education and policy', *International Social Work*, 51(2), pp.253-261, 2008.

◇参考文献

・Healy, L. M., *International Social Work: Professional Action in an Independent World*, Oxford University Press, 2008.

・Dominelli, L., *Social Work in a Globalizing World*, Polity Press, 2010.

・Esping-Andersen, G., 'An Equitable Social Model', *Danish Association of Lawyers and Economists*, 2006.

・IASSW, ICSW, IFSW, Jones, D. (Ed.), *Global Agenda for Social Work and Social Development: 3rd Report, Promoting Community and Environmental Sustainability*, IFSW, 2018.

・Tan, N. T., 'International social work and social welfare:Asia', *Encyclopedia of Social Work*, Oxford University Press, 2013.

・Broughton, E., 'The Bhopal disaster and its aftermath: a review', *Environmental Health*, 4:6, 2005.

・IASSW, ICSW, IFSW, *Global Agenda for Social Work and Social Development: Second Report, Promoting the Dignity and worth of peoples*, International Federation of Social Workers, 2014.

・IASSW, ICSW, IFSW, Jones, D. (Ed.), *Global Agenda for Social Work and Social Development: 3rd Report, Promoting Community and Environmental Sustainability*, IFSW, 2016.

第7章

ミクロ・メゾ・マクロレベルにおけるソーシャルワーク

　本章では、ソーシャルワークの対象や実践のレベルを表現する言葉として使われるミクロ、メゾ、マクロという言葉の意味と、それぞれのレベルにおけるソーシャルワークについて学ぶ。第1節では、言葉の意味の理解を踏まえて、ミクロ・メゾ・マクロレベルにおけるソーシャルワーク実践の対象と、これらの三つのレベルが相互に関係していることについて学ぶ。続く第2節では、ソーシャルワーク実践のミクロ・メゾ・マクロレベルにおける展開について学ぶ。「ソーシャルワーク専門職のグローバル定義」に基づいたミクロ・メゾ・マクロレベルの実践やそこでのソーシャルワーカーの役割、そして三つのレベルが相互に連関して展開するソーシャルワークのあり方や実際を学ぶ。

ミクロ・メゾ・マクロレベルにおけるソーシャルワークの対象

学習のポイント

● ソーシャルワークにおけるミクロ・メゾ・マクロの意味を理解する

● ソーシャルワークにおけるミクロ・メゾ・マクロレベルの対象を理解する

● ミクロ・メゾ・マクロレベルの相互の関係性を理解する

1 ソーシャルワークにおけるミクロ・メゾ・マクロのレベル

1 ミクロ・メゾ・マクロレベルの意味と相互の関係

　ソーシャルワークは、人々が直面するさまざまな生活問題や地域が抱える課題の解決や緩和を図るために、個人と環境との相互関係への介入や生活問題を生み出す社会構造的な要因への働きかけを行う営みである。そのようなソーシャルワークの支援の対象や実践形態については、「ミクロレベル」「メゾレベル」「マクロレベル」という言葉を使って説明される。言葉としては、ミクロは小さい、マクロは大きい、そしてメゾはその間に位置する大きさを意味するものである。**図7-1** は、その相互の重なりのイメージを図にしたものである。

　ミクロ・メゾ・マクロのそれぞれのレベルは相互に重なりあうものであり、不可分なものであるが、ソーシャルワークにおいても、それぞれ

図7-1　ミクロ・メゾ・マクロレベルの重なりのイメージ

マクロ

メゾ

ミクロ

出典：筆者作成

のレベルにおける支援の対象がもつ相互性や人々を取り巻く環境の重層性への理解がとても大切である。ミクロ、メゾ、マクロの意味については諸説あるが、ミクロは個人や家族、メゾは集団や組織あるいは人々に身近な地域住民や団体、マクロは地域社会やより広く国家を意味することが多い。

　ソーシャルワークの対象となるさまざまな生活問題は、個人や家族の生活状態、地域の状況、学校や職場のあり方、制度やサービスの充実度、関連する行政の部署や民間組織や団体の活動、また自治体や国の施策などが、複雑に関連し、かつ相互に影響しあうなかで生じるものである。したがってソーシャルワークとは、ミクロ、メゾ、マクロレベルの相互性や重層性、全体関連性を認識した働きかけにより、生活問題の解決を図る実践であり、ソーシャルワークの専門性や固有性もここにある。

　言い換えれば、ソーシャルワークでは、社会を構成している多様なシステムを、その大きさによってミクロ・メゾ・マクロに位置づけながら、そのシステム同士が互いにつながりあい、影響しあう一体的なシステムとして捉えるのである。

　図7-2は、ミクロ・メゾ・マクロレベルのシステムを理解するために、システムを構成する最小単位の要素を個人としてスタートし、ミクロ・メゾ・マクロレベルにおける各システムのつながりを単純化して示したものである。左から、個人をミクロレベルのシステムの最小単位として捉えると（❶）、次に最小単位の個人を含む複数の個人が集まって家族や組織、グループなどのシステムが形成される（❷）。そして、複数の家族や組織、グループなどは、学校、会社、町内会・自治会などのシス

Active Learning

自分を取り巻くメゾ、マクロレベルのシステムを構成するものとして、具体的にどのような場所やグループ、施設や機関、団体や組織などがあるかを考えてみましょう。

図7-2　ミクロ・メゾ・マクロレベルにおけるシステムのイメージ

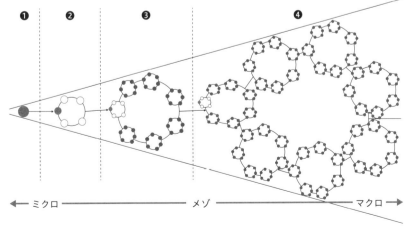

出典：筆者作成

テムを形成している（❸）。さらに、複数の学校、会社、町内会・自治会などがシステムを構成する要素になって市区町村、そして、都道府県などの自治体のシステムが形成され、国、世界が形成される（❹）、というイメージである。

ソーシャルワーカーは、個人や家族、そして地域や社会全体にまで至る、多様で重層的なさまざまな大きさのシステムに働きかけていくことになる。その際には、直接働きかけるシステムはより小さな、また、より大きなシステムとのつながりのなかにあることを常に意識しなければならない。人々の生活は家族や地域などの周囲の環境との関係のなかで相互に影響を及ぼしあって成り立っているということ、個人が経験する生活問題の背景には社会的、環境的、構造的な要因があるということ、地域が抱える課題は住民の生活に影響を及ぼし、国や自治体の社会的、経済的、文化的な状況は人々の暮らしの安全や安心を左右するということの認識が重要である。

❷ 一体的なシステムとしてのミクロ・メゾ・マクロレベルの把握と実践の展開

一般社団法人日本ソーシャルワーク教育学校連盟が発行した「ソーシャルワーク演習のための教育ガイドライン」では、ソーシャルワークにおけるミクロ・メゾ・マクロレベルの実践について、**表 7-1** のように示されている。それぞれのレベルでの実践がどのようなものかについては諸説があり、また実際にはこれらの三つのレベルでの実践が、明確に区分されることなく相互に重複していることもあるので、あくまで便宜的な区分として説明されている。

支援や働きかけの主な対象が個人や家族であれ、また組織や地域であれ、あるいは地方自治体であれ、ミクロ・メゾ・マクロレベルを一体的なシステムとして、ソーシャルワークの実践のあり方をイメージできることが大切である。たとえば、個人や家族に対するミクロレベルでの支援が中心となる実践であっても、その人や家族の暮らしの場としての地域の状況や、その人や家族が利用する制度のあり方などにも視野を広げた実践の展開、すなわちメゾやマクロレベルのシステムへの働きかけにも至る、三つのレベルでの実践がそれぞれに連動するダイナミックな実践の展開としてのソーシャルワークの姿である。

このように、ミクロ・メゾ・マクロレベルの全体を一体的なシステムとして捉え、各レベルの相互性や全体性、そして各レベルにおいて展開

表7-1　ソーシャルワークの実践レベル

（1）ミクロレベル

　困難な状況に直面する個人や家族への直接的援助である。具体的には、クライエントが抱えている生活問題を対象としたものである。より一層の人権保障が求められる状況や人権侵害が起こっている状況、より一層の自己実現や QOL 向上が求められる状況、自己実現の機会を奪われている状況、社会的不利ゆえに機会を活かせていない状況などがある。

（2）メゾレベル

　家族ほど親密ではないが、グループや学校、職場、近隣など有意義な対人関係があるレベルで、クライエントに直接影響するシステムの変容を目指す介入である。自治体・地域社会・組織システムなどを含み、具体的には、各種の自助グループや治療グループ、仲間や学校、職場、近隣などが含まれる。

　ミクロレベルの課題がディスエンパワメントの状況や地域社会からの排除の状況などによって生じている場合、ソーシャルワーカーはグループや地域住民がそれらの問題を「自らの問題」として捉えることができるような環境をつくるために働きかける。

（3）マクロレベル

　対面での直接サービス提供ではなく、社会問題に対応するための社会計画や地域組織化など、社会全体の変革や向上を指向しているものである。具体的には、コミュニティ・国家・国際システムであり、政策や制度を含む。差別、抑圧、貧困、排除などの社会不正義をなくすように、国内外に向けて社会制度や一般の人々の社会意識に働きかけることである。ミクロレベルやメゾレベルの課題が偏見や差別、雇用問題、法律や制度などの社会構造の歪みから生じている場合、ソーシャルワーカーは長期的な人間の福利（ウェルビーイング）を考え、社会問題を介入の対象とする。

出典：日本ソーシャルワーク教育学校連盟「ソーシャルワーク演習のための教育ガイドライン」pp.19-20, 2020.

される実践の連動性を踏まえたうえで、ソーシャルワークの対象について述べていく。

2 ミクロ・メゾ・マクロレベルにおけるソーシャルワークの対象

1 ミクロレベルにおける実践の対象としての個人への理解

　ミクロレベルにおけるソーシャルワークの実践は、主に個人やその個人と近い関係にある家族を対象として展開される。個人は、**生物的・心理的・社会的システムの総体**としての人間である。人間は、自らを取り巻く社会環境（所属する集団・組織や地域などのメゾ・マクロレベルのシステム）からのさまざまな影響を受けながら、そのつど思考し、行動し、機能しているといえる。同時に、人間は自らが所属する場所や置かれている社会環境へ働きかけて、周囲に影響を及ぼす存在であることも理解しておかなければならない。

たとえば、職場や学校にいるときの自分が発揮している機能、すなわちふるまい方や言葉遣いなどは、自分が家族や友人グループのなかにいるときのそれとは異なるであろう。もちろん自分が別の人間になったのではない。職場や学校にいる自分も、家族や友人グループにいる自分も、どちらも同じ自分である。しかし、自分が置かれている場所や社会環境に適応するために、状況に応じてふるまい方や行動が変化するのである。

　生物的・心理的・社会的に個人に影響を与える出来事は、日々の生活のなかで、あるいは人生を通して誰にでも起こるものである。どのような環境、すなわち、前述したメゾ・マクロレベルのシステムと関係するか、その関係のなかでどのような出来事を経験するかは、個人の発達段階に応じても変化する。たとえば、出生直後の家族のみとの関係から、近所、保育所、学校、友人グループ、職場などとの関係へと、成長するにつれて社会関係が拡大していく。人間は個々の発達段階に応じて、メゾ・マクロレベルのシステムとの関係を拡大していき、その関係のなかでさまざまな社会的な出来事を経験する。この経験の積み重ねが、その人の歴史となり人生となるのである。

　ミクロレベルにおける実践では、支援の対象となる個人や家族に対する理解が重要となる。それは、その人や家族が築いてきた歴史と人生の全体を知ろうとすることである。そのために現在の状況はもちろんのこと、過去におけるその人と環境との関係や相互作用、すなわちメゾ・マクロレベルのシステムとの関係とその関係における出来事や経験への理解が重要なのである。

■2 メゾレベルにおける実践の対象への理解

　メゾレベルにおけるソーシャルワーク実践の対象としては、個人に直接の影響を与える環境、たとえば学校や職場、町内会・自治会といった地域組織、公民館などの人が集まる地域拠点などが挙げられる。

　メゾレベルにおける実践の対象に位置づけられるシステムとしては、本人がそのシステムを構成するメンバーでもあるものが挙げられる。たとえば、親戚や近隣の住民、職場の同僚や学校の友人、同じ趣味のサークルなどに所属するメンバーなどである。

　また、必ずしも本人が直接その機関や組織のなかに所属しているわけではないが、地域のなかにある警察や消防、医療・保健・福祉サービスの提供機関や地域の行政機関、自治体などは、個人の生活に直接的に影響を与えるシステムとしてメゾレベルの対象として挙げられる。たとえ

ば福山和女は、このメゾレベルの対象について、ミクロの機能、すなわち個人や家族の生活や行動に影響を与えるもので、学校や仕事、教会やレクリエーション、そして、地域資源といった個人の毎日の生活に影響を与えるグループや組織、制度を含むとしている[1]。

　地域社会については、マクロレベルの実践の対象に分類されることもあるが、文脈によってはメゾレベルのシステムとして捉えられることもある。いずれにしても、ソーシャルワークの実践において、直接的および間接的に人々の生活に影響を与えるメゾレベルの対象理解と、それらのシステムへの働きかけは、対個人と対社会環境との両方の視点に基づき、人と環境との相互関係に介入するソーシャルワークならではの実践の展開であるといえる。

3 マクロレベルにおける実践の対象への理解

　マクロレベルにおけるソーシャルワーク実践の対象としては、幅広く人々の生活に影響を与える可能性があるもの、たとえば政府による政策のあり方や国の経済的な状況、何らかの差別や抑圧の状況、文化や自然環境などが挙げられる。福山は、マクロレベルの説明として、そこに居住している人々のほとんどに共通して影響を与えるような、物理的・社会的・文化的・経済的・政治的な構造を指し、そこにはさまざまな技術や人々の言語、住居施策、法律や慣習といったものが含まれるとしている[2]。まさに人々の生活にさまざまな影響を与える、有形無形の環境という理解ができる。

　また、マクロレベルの対象としては、国内だけでなく国外の政治・経済なども含まれ、国際機関や世界規模のシステムも挙げられる。昨今のグローバル化のなかで、さまざまなテーマでの国際的な交流も盛んになり、ICT の発展も相まって、さまざまな海外の文化や情報に触れることができる時代となった。あるいは各国で発生する大規模災害や何かの社会問題に対して、政府レベルや民間レベルでの国際的な協力体制のもとでの支援や取り組みも進められている。

　最近では、世界的な気候変動の問題や環境破壊をめぐる問題が人々の生活に影響を与えている。また、各地で起こる自然災害によって、大きな被害を受けた人々への支援と、そのような状況にある人々を支える政策の充実が求められている。このような環境問題に対するソーシャルワークには、人々の健康や日常生活に影響を及ぼす環境問題への関心を高めるとともに、人々の暮らしを取り巻く環境を保護するための働きが

求められている。環境問題の解決に向けては、国家間で相互に働きかけを行いながら協力しての取り組みの必要性が認識されている。たとえば、このような環境問題に対するソーシャルワークの取り組みとしては、ソーシャルワーカーが国内の関係組織や団体を介して自国や他国の政府機関に働きかけ、その政府機関を介して環境破壊の問題に対する国際的な支援を求めることや、具体的な解決に向けた取り組みの必要性を訴えることも考えられる。また、国際的に活動する環境 NGO などに参加することによって、解決のための活動や働きかけを行うことも可能である。

ソーシャルワーク専門職のグローバル定義にもあるように、「社会変革と社会開発、社会的結束、および人々のエンパワメントと解放」を促進して、人々の生活の安全と安心を支援するソーシャルワークでは、今後このような国際的な視野をもった実践の展開と、国際的な場で活躍するソーシャルワーカーがますます求められるであろう。

3 ミクロ・メゾ・マクロレベルにおける課題状況の把握

1 生活課題を生じさせるさまざまな要因とその分布

ソーシャルワーカーが解決しようとする課題や困難を、ミクロ・メゾ・マクロの視点から分類したとき、ミクロシステムを中心としたレベル、またメゾ・マクロシステムを想定したレベルではどのような課題把握ができるだろうか。人の生きづらさや生活の課題に対して、ミクロ、メゾ、マクロレベルの視点から考えてみたい。

人が人としてよりよく生きることを阻む要因や課題、すなわち生きづらさや生活のしづらさをもたらすきっかけや出来事となるものとして、どのようなものが考えられるだろうか。図 7-3 は、人々の生活困難や生活課題を生み出す要因やその背景にあると考えられることを取り上げて、ミクロ・メゾ・マクロレベルでの分類を試みたものである。もちろんここですべてを挙げることはできないが、おおよそこのような出来事がきっかけで、また背景の要因となって、さまざまな生活困難や生活課題が生じていると考えられる。図 7-3 にあるように、各要因が一つのレベルだけにとどまらず二つのレベルをまたいで影響を及ぼすものや、それぞれの要因がレベルを超えてつながっている状況が理解できる。

これまでも述べてきたようにソーシャルワーカーは、人々の生活困難

図7-3　ミクロ・メゾ・マクロレベルにわたる課題の分布

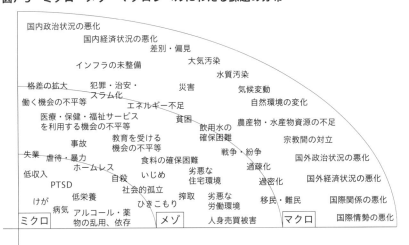

出典：筆者作成

や生活課題をもたらすような、ミクロ・メゾ・マクロレベルでのさまざまな要因や出来事、そしてそれらが相互につながり影響を及ぼす状況への理解が必要である。個人の身体的、心理的な状況から、個人を取り巻く社会環境や自然環境へと至る、各レベルの相互性や全体性による生活課題状況の把握が求められる。そのような対象への理解に基づいて、ミクロ・メゾ・マクロレベルにおける実践と各レベルでの実践が相互に連動して、重なりあうソーシャルワークならではの展開が可能になるのである。

2 ミクロ・メゾ・マクロレベルで課題を捉える視点

　ソーシャルワークは、何らかの生活困難や生活課題に対して、困難や課題を抱えるクライエント個人の身体的あるいは心理的な側面に焦点を当てながら、同時に家族や学校、職場や地域など、個人が所属する場や組織などの社会的な側面にも視野を広げ、両者の関係性を把握しながら、課題解決の糸口を見つけて支援していく営みである。

　このような人と環境との関係性や相互作用の視点から考えると、たとえばある地域で、複数の住民に同じような生活課題が生じた場合に、それを個人的な出来事や経験として終わらせず、地域全体の課題として捉えるという発想が生まれる。そして地域住民による課題の共有と、住民が参加して取り組むという活動が生まれる。

　日々の生活で生じる課題は必ずしもミクロレベル、すなわち個人や家族へのかかわりのみで発見されるとは限らない。その背景にあるあるい

はそのような課題を生み出すメゾ・マクロレベルでの出来事や要因に気づくことから、それらが人々に与える影響の大きさやそこから生じ得る生活課題に気づくことができる。そして、同じ課題がほかの地域で発生する可能性にも気づくことができるのである。

つまり、個人や家族に何らかの生活課題が発生したときに、その課題がどのような社会的なつながりや関係性において発生しているのかを十分にアセスメントする必要がある。そのようなアセスメントから、人々が直面している生きづらさや生活課題がミクロ・メゾ・マクロレベルにおける多様なシステムの間で互いに影響を与えあって発生していることや、社会で起きている問題はそれぞれが独立して起きているのではなく、相互に複雑に関係しあいながら起きていることが理解できる。

このことはもちろん、課題解決に向けた支援や働きかけの場面においても同様であり、常にこれらのシステム間のつながりを意識した実践が展開されなければならない。ミクロとそれを取り巻くメゾ、マクロのそれぞれのシステムの状態と、互いに影響しあう関係性やつながりのありように焦点を当ててソーシャルワークを展開していくことが必要である。

◇引用文献
　1）福山和女「相談援助演習概論」日本社会福祉士養成校協会編『相談援助演習 教員テキスト 第2版』中央法規出版，p.32，2015.
　2）同上，p.32

◇参考文献
・B. デュボワ・K. K. マイリー，北島英治監訳，上田洋介訳『ソーシャルワーク――人々をエンパワメントする専門職』明石書店，2017.
・五石敬路・岩間伸之・西岡正次・有田朗編著『生活困窮者支援で社会を変える』法律文化社，2017.
・I. ファーガスン，石倉康次・市井吉興監訳『ソーシャルワークの復権――新自由主義への挑戦と社会正義の確立』クリエイツかもがわ，2012.
・K. アッシュマン，宍戸明美監訳『マクロからミクロのジェネラリストソーシャルワーク実践の展開』筒井書房，2007.
・M. ペイン，竹内和利訳『ソーシャルワークの専門性とは何か』ゆみる出版，2019.
・L. ドミネリ，上野谷加代子・所めぐみ監訳『グリーンソーシャルワークとは何か――環境正義と共生社会実現』ミネルヴァ書房，2017.
・山辺朗子『新・MINERVA 福祉ライブラリー 12 ジェネラリスト・ソーシャルワークの基盤と展開――総合的包括的な支援の確立に向けて』ミネルヴァ書房，2011.

第2節 ミクロ・メゾ・マクロレベルにおけるソーシャルワークの展開

学習のポイント

● ソーシャルワーク専門職のグローバル定義に基づく実践のあり方について理解する
● ミクロ・メゾ・マクロレベルの連関性と実践の展開について理解する
● 個人と環境および両者の相互関係に働きかける支援の実際について理解する

 ソーシャルワーク専門職のグローバル定義とミクロ・メゾ・マクロレベルにおける実践の展開

　これまで述べてきたように、ソーシャルワークは、ミクロ・メゾ・マクロレベルの実践が相互に連動して展開するものである。ソーシャルワーク専門職のグローバル定義には、以下のように記されている。

> 　ソーシャルワークは、社会変革と社会開発、社会的結束、および人々のエンパワメントと解放を促進する、実践に基づいた専門職であり学問である。社会正義、人権、集団的責任、および多様性尊重の諸原理は、ソーシャルワークの中核をなす。ソーシャルワークの理論、社会科学、人文学、および地域・民族固有の知を基盤として、ソーシャルワークは、生活課題に取り組みウェルビーイングを高めるよう、人々やさまざまな構造に働きかける。
> 　この定義は、各国および世界の各地域で展開してもよい。

　この定義では、ソーシャルワークの社会的使命および目標と、働きかける対象を示している。専門職としての社会的使命および目標の達成に向けて、その対象を「ミクロ」から「マクロ」までを視野に入れて働きかけていくのがソーシャルワークである

　また、この定義には注釈がついているが、「中核となる任務」の注釈で「社会開発」について、以下のように記されている。

> 　社会開発という概念は、介入のための戦略、最終的にめざす状態、および（通常の残余的および制度的枠組に加えて）政策的枠組などを意味する。それは、（持続可能な発展をめざし、<u>ミクロ─マクロの区分を超</u>

えて、複数のシステムレベルおよびセクター間・専門職間の協働を統合
するような) 全体的、生物―心理―社会的、およびスピリチュアルなア
セスメントと介入に基づいている。
（注：下線は筆者によるもの）

　さらに、注釈のなかではソーシャルワークの「実践」に関する以下の
ような記述がある。

社会開発パラダイムにしたがって、ソーシャルワーカーは、システムの
維持あるいは変革に向けて、さまざまなシステムレベルで一連のスキ
ル・テクニック・戦略・原則・活動を活用する。ソーシャルワークの実
践は、さまざまな形のセラピーやカウンセリング・グループワーク・コ
ミュニティワーク、政策立案や分析、アドボカシーや政治的介入など、
広範囲に及ぶ。
（注：下線は筆者によるもの）

　これらの記述にあるように、ソーシャルワークの実践とは、ミクロ・
メゾ・マクロの区分を超えて、さまざまなシステムレベルに一連のスキ
ル等を駆使しながら、個人から集団、地域、そして政策への働きかけと、
その展開が広範囲に及ぶものである。
　日本のソーシャルワーク専門職である社会福祉士や精神保健福祉士の
多くは、社会福祉関係のさまざまな施設や機関、団体にそれぞれ所属し
て、実践を行っている。その実践のなかで、たとえば、あるクライエン
トの支援において、自分が所属する組織の機能・役割を超えたアプロー
チや資源開発などが必要だと気づくことがある。そのような場合には、
連携や協働が可能な他の機関・組織・団体に働きかけ、チームを組んで
取り組む必要がある。グローバル定義にもあるように、ミクロ・メゾ・
マクロの区分を超えた実践の展開のためには、ソーシャルワーカーは、
さまざまな専門職や関係機関、組織との連携・協働が欠かせない。医療
や保健、教育、労働などのさまざまな分野の専門職、あるいは関係する
機関や組織、さらには地域のさまざまな資源、そして地域住民とつなが
り、支援のネットワークを築くことも、ソーシャルワーカーが担う大切
な役割であるといえる。

❷ ミクロ・メゾ・マクロレベルへの介入の考え方

　ミクロ・メゾ・マクロレベルでの実践が展開するソーシャルワークでは、各レベルにおける対象とその状況やニーズに応じて、適切な理論・モデル、アプローチ、パースペクティブが選択され、複数の方法を包括的・統合的に用いていくことが求められる。[1]

　図 7-4 は、ミクロ・メゾ・マクロレベルそれぞれの「実践方法」（左）と「目指す効果の方向」（右）について、一般社団法人日本ソーシャルワーク教育学校連盟が作成した「ソーシャルワーク演習のための教育ガイドライン」の記述を参考に作成したものである。

　ここでは、各レベルにおける問題の認識と問題の解決のための働きかけが、レベルを相互に超えて展開するソーシャルワークとそこで活用される方法が示されている。

　たとえば、個人の課題が地域社会からの排除によって生じる場合には、地域住民の気づきや理解を促す働きかけが必要であり、個人が経験する雇用問題に対しては、制度や施策の改善に向けて働きかけることも求められる。また、差別、抑圧、貧困、排除などのさまざまな社会問題、

図7-4　ミクロ・メゾ・マクロの各実践レベルにおける方法と目指す効果の方向

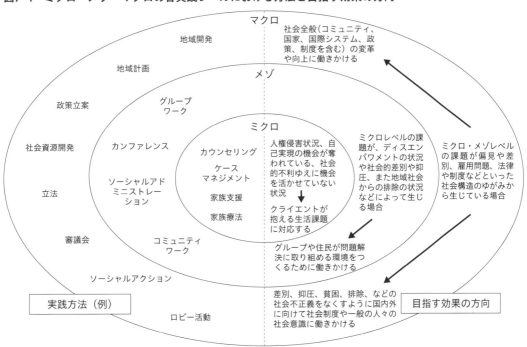

出典：日本ソーシャルワーク教育学校連盟「ソーシャルワーク演習のための教育ガイドライン」pp.19-21, 2020. を参考に筆者作成

★社会意識
集団に所属する人々に
共有されている関心や
考え方の内容や傾向。
たとえば国民性や世論
に表れるような社会共
通の意識。

すなわち社会的な不正義をなくすためには、国内外に向けて社会制度や人々の社会意識*にも働きかける必要がある。

　ソーシャルワーカーが日々実践を行うレベルや働きかけの対象は多様であっても、各レベルでの実践が相互につながって、ソーシャルワーク全体の過程が展開するという認識が重要である。このことを踏まえたうえで、以下では各レベルにおける実践の展開と考え方について述べていく。

3 ミクロレベルでの実践の展開と考え方

　ミクロレベルにおけるソーシャルワークの実践では、何らかの生活問題を抱えたクライエントおよびその家族が主な対象となる。その支援の過程では、クライエント本人や家族のニーズや強み（ストレングス）に焦点を当てながら、いかに本人が問題の解決に参加し、解決方法を生み出し、効果的な選択をすることができるかが重視される。そして、それを可能にするためにも、たとえば近隣の地域住民やさまざまな場所や機関などの、本人や家族を取り巻く環境にも同時に働きかけることが求められる実践である。

　図7-4にあるように、人権侵害の状況や自己実現の機会を奪われている状況、また社会的不利ゆえに社会参加の機会が活かせていないこと等が、生活問題の要因になっている場合がある。このような社会的状況が、クライエント本人が主体的に問題解決に取り組めない、本人や家族がもっている強みや力が発揮されないという、いわゆるパワーレスな状態を生じさせている。

　そのような状態にあるクライエント本人が、その主体的な生活を取り戻すためには、自らの権利への意識を取り戻し、さまざまな困難に向きあうモチベーションを高めること、不安を軽減し、不満や怒りを本人の利益になる行動に変換していくことが必要である。必要なのは、本人が現状を変えるために再び立ち上がることができるように、エンパワーする働きかけである。ソーシャルワーカーは、クライエント本人が生活環境のなかで感じているストレスや不安は何か、本人が主体的な自分らしい生活を実現するために活用可能な資源や方法は何か、本人がよりどころにしている希望は何かなどに焦点を当てて探求していく。そのためにも、ミクロレベルにおける本人や家族を直接的に支援する実践から、本

人や家族を取り巻く社会的な状況を改善する働きかけへと至る展開が求められる。

　ミクロレベルにおける実践の展開で重視されるのは、ソーシャルワーカーがクライエントとともに、協働して問題解決に向けて活動するという考え方である。これは、ソーシャルワーカーが本人に代わって問題を解決することでは決してない。ソーシャルワーカーがクライエントと協働して問題解決に取り組むことは、クライエントのその取り組みへの参加を可能にし、クライエント自身が自分の問題解決に貢献することを意味している。ソーシャルワーカーは、クライエントがそのプロセスのなかで、自己肯定感や自尊感情を育み、力やスキルを高める経験を重ねることで、問題にうまく対処したり解決したりできる力をもった存在へと自らが変化したことを実感できるように働きかけるのである。そのためにソーシャルワーカーは、本人の成功だけでなく、失敗についても一緒に受けとめて、それが新たな学びにつながるように支援するのである。

 ## 4　メゾレベルでの実践の展開と考え方

　メゾレベルにおけるソーシャルワーク実践は、直接クライエントに影響を与えている家族やグループ、学校や職場といったシステムの変化を目指す実践である。家族についてはミクロレベルの実践にも含まれるが、文脈によってはメゾレベルに含んで考えることもある。

　メゾレベルを、ミクロレベルのクライエント本人やその家族の状況に直接影響を与えている環境として捉えれば、家族内の人間関係や本人が所属している学校や職場のグループとの関係性も考慮して、変化を促していくことが必要になる。また、地域にある自治会や町内会などの組織の運営のあり方や、介護や子育てなど共通した課題をもつ地域住民同士のつながりづくりなども、メゾレベルでのソーシャルワーカーの働きかけである。

　今日では、ふれあいサロンや認知症カフェ、子ども食堂など、地域住民が参加してのさまざまな活動が各地で行われている。そのような活動の継続や発展のためには、運営資金の調達や活動の拠点の確保、協働できる人やグループ、組織といった資源が必要である。ソーシャルワーカーは、活動に必要な資源との媒介役や運営面でのサポートなどを行い、当事者や地域住民が主体的に活動に参加できるように支援を行うの

である。

　また、ソーシャルワーカーが、自らの所属する組織や機関に対して働きかけを行うことも、メゾレベルの実践として挙げられる。ソーシャルワークの実践では、ソーシャルワーカーが自分一人だけで、その過程のすべてを展開させることはないといえる。その意味で、クライエント本人や家族そして地域に対する支援を行う際には、職場内での連携や協働、そしてチームワークやチームアプローチが重要になる。また、地域の他の機関や組織との連携も大切である。そのような職場や環境に支えられて、ソーシャルワーカーがその使命を果たす実践が可能になるのである。

　自らが所属する職場が、地域にある組織や機関として、地域住民に開かれているかどうか、他機関との連携やネットワークによる業務を遂行できているかどうか、クライエントや家族が安心して相談できる組織であるかどうかなど、自らが所属する組織や機関とそこで提供される支援やサービスのあり方を検討することも、メゾレベルにおける大切なソーシャルワーク実践である。

　さらに、今日では、たとえば発達障害やひきこもり、精神障害などの当事者によるグループなど、さまざまな生きづらさや生活のしづらさを経験した、あるいは経験している人々による当事者組織やセルフヘルプグループの活動も盛んである。そのような組織やグループに所属し、活動に参加することを通してともに支えあうということは、当事者本人や家族にとっては大切な場や機会である。そして、ソーシャルワーカーがこのような組織やグループの活動や運営を支援することもメゾレベルの実践であるといえる。さらにこれらと協働して、資金や支援者を集め、人々の理解を促す啓発活動、また制度や施策、社会の変革に向けての働きかけを行うことは、メゾからマクロレベルに至る、まさにレベルを横断した、実践の展開である。

　このように、ミクロとマクロの間を、いわば橋渡しするような実践が、メゾレベルのソーシャルワーク実践といえるであろう。

5　マクロレベルでの実践の展開と考え方

1　マクロレベルにおける実践の枠組み

　マクロレベルでのソーシャルワークの実践では、社会的、政治的、経

済的な状態と、社会環境のなかにいる多くの人々のさまざまな資源への
アクセス、生活の質に影響を与える政策などに焦点が当てられる。それ
は、現状の人々の暮らしにさまざまに影響を与える社会構造の変化を目
指し、人々の安全で安心な暮らしを守る実践である。

　マクロレベルに位置づけられるシステムは地域社会から国際システム
など幅広く、地域の治安や格差の問題から気候変動の問題までも扱うな
ど、規模も大きい。ソーシャルワーカーは、ミクロ・メゾレベルの課題
が社会構造のゆがみから生じている場合に当事者や関係者らとともに、
社会全般の変革や向上に働きかける。また、差別や抑圧などの社会不正
義をなくすように、国内外に向けて社会制度や人々の社会意識に働きか
けるのである（**図7-4**（p.257 参照））。

　マクロレベルでのソーシャルワークの実践枠組みとして、ネッティン
グ（Netting, E. F.）らが提示した図（**図7-5**）を参考にすると、マク
ロレベルの変化の意味を理解することができる。図の中心に「問題」「場
（コミュニティ／組織）」「人々」の輪が重なって配置され、その三つの
輪を「政治・政策」の輪が囲んでいる。マクロソーシャルワークでは、
場としてのコミュニティや組織をいかに変化させて人々が直面している
問題を解決するか、そして、問題解決に向けて「問題」「場（コミュニティ
／組織）」「人々」に影響を与える政治や政策のあり方をいかに変化させ
ていくかという二つの文脈があることがわかる。

図7-5　マクロソーシャルワーク実践の枠組み

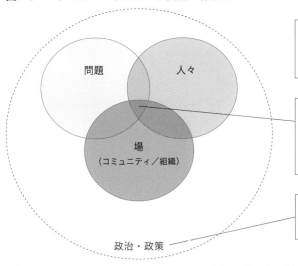

ソーシャルアクション／エンパワメント／アド
ボカシー／資源開発／プランニング／ネット
ワーキング…

問題解決に向けて、どのようにコミュニティや
組織を変化（発展・維持）させていくか。それ
らを、つなげていくか、つくっていくか、計画
するか。そして、ともに活動するか。

問題解決に向けて、どうやって、政治や政策の
あり方を変化させていくか。

出典：Netting, E. F., Kettner, P. M., et al., *Social Work Macro Practice, 6th edition*, Pearson, p.7, 2017. に一部加筆

2 コミュニティや制度・政策に対する実践の展開と考え方

「コミュニティ」という言葉は、地域社会を意味することもあれば、アイデンティティや文化、信条、宗教、共通の関心などによる組織的・仲間的な集まりを意味することもある。コミュニティに対するソーシャルワーク実践では、それぞれに異なるステークホルダー*や構成メンバー、権力をもつ人をターゲットにしていくことになる。ソーシャルワーカーは、そのコミュニティの問題やニーズの充足状況に変化をもたらし、コミュニティにおけるウェルビーイングをより高めるため、サービスや戦略の開発、コミュニティのエンパワメントを目指して実践する。

たとえば、市区町村などの各種の委員会や計画策定への当事者や地域住民の参加促進、関係組織や機関のつながりの強化、計画の実施および活動の維持に必要なサポートや効果的な組織づくりの活動を通して、そのコミュニティを支援していくという考え方と実践の展開である。

また、マクロレベルでの実践としては、制度や政策に対する働きかけとして、ソーシャルワーカーが、国や都道府県および市区町村といった地方公共団体の行政機関などにおける計画策定や政策形成の委員会などのメンバーとして、そのプロセスにかかわることもある。あるいは、国や自治体の議員、政党その他の政治団体、また関係省庁や市区町村に働きかけることもある。そこでは、さまざまな生活困難を抱える人々の声や主張を代弁して伝え、関係者への理解を広げていく働きが求められる。あくまでも当事者である人々の立場に立って、いわばアドボカシーとしての活動を通して、政策や制度の改善に向けた働きかけを行うのである。

マクロレベルでの実践で問われるのは、ソーシャルワーカーとしての意見が、困難に向きあう当事者の声を代弁しているか否かである。そのためには、ミクロレベルでの実践のなかで、当事者一人ひとりの声にならない声に耳を傾け、当事者たちがどのように感じているのかを共感的に理解することができなければならない。そして、権利が侵害される状況に対しては、その状況がマクロレベルのどのような制度や政策、また社会構造のあり方によって生み出されているのかを見極めていくという考え方が重要である。

Active Learning

何らかの生きづらさを抱えた当事者の人たちの声や運動から、制度や政策の新たな実現や改善へと至った例を調べてみましょう。

<table>
<tr><td>6</td><td>ミクロ・メゾ・マクロレベルの連関性と
それに基づく支援の実際</td></tr>
</table>

1 スクールソーシャルワーカーによる支援の事例

　クライエントが抱える生活課題への対応を考えるとき、その問題の発生が差別や偏見等によるものであった場合、また、貧困や暴力、排除などの本人を取り巻く環境によるものであった場合などは、クライエント本人を支援するとともに、本人を取り巻く環境への働きかけが求められる。個人の生活への支援と生活の場としての住みよい地域づくり、安全と安心が保障される社会づくりのためには、ミクロ・メゾ・マクロレベルでの実践が相互に連関し、一体的に連動するソーシャルワークの展開が重要である。

　もちろんこのような広い範囲に及ぶ実践を、ソーシャルワーカーが１人だけで行うことはできない。また、困難な事例や状況を前に、支援が行き詰まることもある。ソーシャルワークの展開には、ソーシャルワーカーが職場の同僚とともに、あるいはほかの機関に所属するソーシャルワーカーや、状況によっては弁護士や医師、教師や議員などとも連携・協働する体制の構築が必要である。現代社会のなかで人々が抱えるさまざまな生きづらさや生活課題状況を、ミクロ・メゾ・マクロレベルの連関性のなかで理解、分析し、各レベルでの実践の展開につなげていくことが重要である。

　このようなミクロ・メゾ・マクロレベルでの実践が相互に連関して、一体的に展開されるソーシャルワークのあり方について、以下では事例を通して考えていきたい。

　この事例は、A君という高校生の様子を心配する担任教師が、教育委員会に所属するスクールソーシャルワーカー（以下、SSW）に相談をつなげたというものである。

事例

　A君は16歳で、外国籍の父親と日本人の母親をもつ。A君は日本で生まれて日本で育ち、公立高校に通っているが、勉強が思うように進まず、２年生に進級できなかった。欠席が多く、また出席しても退屈そうにしており、授業中は寝ていることも多い。時々些細なことから、クラスの同級生と殴りあいの喧嘩になることもあ

る。Ａ君には、クラスに友だちはあまりいないが、担任教師との関係は悪くない。

　Ａ君の家は、Ａ君が高校に入学した頃から、かなり混乱し、荒れた状態にあった。近隣住民との付き合いもなく、地域で孤立した状態にある。父親は働いていた会社の経営状態が悪化したことによって製造業の仕事を解雇され、その後は新しい仕事が見つからないでいる。

　同じ頃、母親にはがんが見つかった。父親が職場を解雇されたため、健康保険は使えなくなり、国民健康保険にも加入していないため、母親は高額な医療費を自己負担できず、十分な治療を受けることができていない。

　また、父親はお酒を大量に飲むようになり、酔ってＡ君に暴力をふるうこともある。また、家計が厳しくなっていることもあり、Ａ君に「高校を辞めて働け」と怒鳴ることもある。

　Ａ君はできるだけ家にいるのを避けて、登校時以外は、高校の周辺を歩き回ったり、家の近くにあるショッピングモールをうろうろしたりして時間を過ごすことが多くなった。ショッピングモールでは、行動を怪しまれ、警察から職務質問されたこともあった。

　Ａ君や家族の状況を心配した担任教師は、教育委員会に連絡して、SSWに相談することにした。

　相談の連絡を受けたSSWは、人と環境との相互作用や「状況のなかの人」といったソーシャルワークの視点から、アセスメントの作業を行う。ミクロレベルとしてはＡ君の身体的、精神的な状況などの個人的な側面、メゾレベルとしてはＡ君を取り巻く環境である家族や学校の状況に関する情報を集めて、整理・分析を行うことになる。そして同時に、Ａ君の家族全体の状況に影響を与えている、より大きな環境、すなわちマクロレベルとしての社会状況にも視野を広げていく。

　このような視点から、SSWはＡ君のミクロ・メゾ・マクロレベルでの状態について、たとえば次のような点を中心に把握していくことになる。

> **ミクロレベルでの状態把握**
> A君の個人的側面について、衝動のコントロールの状態、学力や学校での勉強の進み具合、精神的・身体的疾患やけがの有無、肌の色や体型などの外見、認知的・感情的な発達状態など。

> **メゾレベルでの状態把握**
> A君に影響を与えている環境、家族の力関係、父親・母親の精神的・身体的健康状態、世帯の経済状況、同級生や高校の担任教師との関係、その他A君自身がつながりをもっている資源など。
> 注：家族については、個人と同じくミクロレベルに含まれることが多いが、メゾレベルに位置づけられることもある。ここでは、A君に影響を与える身近な環境という位置づけで家族を捉え、メゾレベルに含めている。

> **マクロレベルでの状態把握**
> より大きな社会環境がA君や家族の状態に与える影響として、医療サービスや再就職の機会の不足、差別の問題、この世帯が居住する地域社会で暮らすことを妨げる文化的な要因、製造業に影響を与える社会経済情勢など。

SSWは、これらのアセスメントに基づいて、A君が直面している問題がミクロ・メゾ・マクロレベルのどのような関係性から発生し、どのような問題の解決を必要としているかを検討し、そのうえで介入していく必要がある。

たしかに、この事例でのA君への支援の展開を考えた場合には、SSWが、すぐにマクロレベルへの直接的な働きかけを行うということは想定されにくい。しかし、A君とA君を取り巻く状況の理解において、社会構造的な視点をもつことは、個人や家族への支援だけでなく、地域や社会に対する今後の働きかけの展開、さらには社会変革をも志向するソーシャルワークとして、大変重要である。

2 ミクロ・メゾ・マクロレベルが連関する支援の展開

SSWは、A君を中心としたミクロ・メゾ・マクロレベルにおける状態を一体的に捉えるところから支援を展開する。あくまでもこの家族全

体を視野に入れながら、A君、父親、母親がそれぞれに抱える課題と相互の関係性を踏まえつつ、必要なかかわりや支援のあり方を検討する。そして、学校や担任教師とも連携しながら、A君本人や両親との関係へ働きかけ、また必要な制度やサービスなどの社会資源とつなぎ、さらには地域へも視野を広げて、A君やこの家族が、地域で安心して暮らしていけるように実践を行うのである。

　A君は父親の暴力や学校内での孤立状態などにより、身体的にも、精神的にも傷ついている可能性がある。まずは、そのような状態のA君を担任教師がしっかりと受けとめられるように、SSWは担任教師をサポートする。これは、A君にとっての身近な環境である教師や学校への働きかけである。少なくとも担任教師との関係がA君にとっては安心できる関係であることが大切であり、そのような関係や場があることがA君の支えとなり、自己肯定感や自尊感情を育むことにつながる。SSWは、学校がA君にとっての居心地のよい場所、すなわち「居場所」となるような働きかけを教師と連携・協働しながら行っていくのである。

　そして、A君の最も身近な環境である両親に対する支援も重要である。A君の父親に対しては、まずは父親が置かれている状況とそのような状況に追い込まれることになった背景に何があったのかを把握することが求められる。職場を解雇された背景には、会社の経営の悪化があり、さらにそこには日本の景気の悪化が影響していたと考えられる。そして次の仕事が決まらない理由としては、父親の年齢や外国人であることが影響しているのかもしれない。SSWは、公共職業安定所（ハローワーク）や就労支援機関、さらには在日外国人支援を行う機関や団体の職員とも連携しながら、父親への支援を行うとともに、雇用条件や労働環境の改善のための働きかけをも視野に入れた実践を展開していくのである。

　母親への支援としては、何より必要な医療サービスを安心して受けることができる状態にすることが求められる。SSWは、たとえば病院の医療ソーシャルワーカーや行政機関の該当する部署の職員とも連携しながら、低所得者に対する医療サービス制度などの情報を母親に対して提供するなどして、受診の支援を行うのである。このように、SSWは家族を全体として捉えながら、個人と環境との相互関係への視点に基づき、さまざまな関係者や関係機関と連携して、A君や父親、母親への支援や環境への働きかけを行い、それぞれの生活の安定を取り戻し、家族全体の安心や安定を再建する働きを担うのである。

　この事例では、A君の担任教師が教育委員会に連絡したことで、この

家族がSSWと出会い、支援につながることができた。もし担任教師の連絡がなかったとしたら、この家族にソーシャルワーカーがかかわることができただろうか。もしかしたら、自ら役所や支援機関に相談することもせず、近所には相談する相手もいないままで、ますます経済的にも困窮し、地域で孤立状態を強いられていたままになっていたかもしれない。

事例の家族が経験した状況、すなわち失業や病気、学業不振や経済的な困難は、誰にでも起こり得ることである。そして、そのことによる学校での孤立、さらには地域における社会的孤立状態には、その背景に、社会的、環境的、構造的な要因が存在するのである。ソーシャルワークが、ミクロ・メゾ・マクロレベルにおける多様な実践として展開される意義もここにある。ソーシャルワーカーは、ミクロ・メゾ・マクロレベルの問題を各レベルのみの問題として捉えるのではなく、相互に連関させて一体的に捉える視点をもたなければならない。そして、個人や家族の問題とさまざまな社会問題が、常につながりのなかにあることを理解して、ソーシャルワークの実践過程を展開させていかなければならないのである。

◇引用文献
1）日本ソーシャルワーク教育学校連盟「ソーシャルワーク演習のための教育ガイドライン」pp.19-20，2020.

◇参考文献
・B. デュボワ・K. K. マイリー，北島英治監訳，上田洋介訳『ソーシャルワーク──人々をエンパワメントする専門職』明石書店，2017.
・K. アッシュマン，宍戸明美監訳『マクロからミクロのジェネラリストソーシャルワーク実践の展開』筒井書房，2007.
・M. ペイン，竹内和利訳『ソーシャルワークの専門性とは何か』ゆみる出版，2019.
・三島亜紀子『社会福祉学は「社会」をどう捉えてきたのか──ソーシャルワークのグローバル定義における専門職像』勁草書房，2017.
・宮本太郎編著『転げ落ちない社会──困窮と孤立をふせぐ制度戦略』勁草書房，2017.

第8章

社会専門

総合的かつ包括的な支援と多職種連携の意義と内容

　本章では、今日のソーシャルワークのあり方として求められる総合的かつ包括的な支援と、そのために必要な多職種連携の意義と内容について学ぶ。第1節では、総合的かつ包括的な支援におけるジェネラリストの視点について、ジェネラリストの意味、そしてその視点に基づくソーシャルワークの展開を理解する。続く第2節では、ジェネラリストの視点に基づく総合的かつ包括的な支援の意義と内容として、さまざまな人や組織との連携・協働、そして地域におけるソーシャルサポートネットワークについて学ぶ。さらに第3節では、ソーシャルワーカーが、実際に総合的かつ包括的支援を展開する際に必要となる、多職種連携やチームアプローチの意義や内容について学ぶ。

総合的かつ包括的な支援におけるジェネラリストの視点

学習のポイント

● 総合的かつ包括的な支援としてのソーシャルワークを理解する
● ソーシャルワークにおけるジェネラリストの視点について理解する
● ジェネラリストの視点に基づくソーシャルワークの展開を理解する

1 総合的かつ包括的な支援としての ソーシャルワークの意義と必要性

　今日の我が国は、少子高齢化の進行と人口減少の時代にあり、社会・経済状況や産業構造の変化、またそれに伴う就業構造や地域社会の変化や、さらには世帯構造や家族形態の多様化のなかにある。そのような社会状況のなかで、人々が抱える生活問題も、多様化・複雑化、また複合化する様相を呈している。たとえば、いわゆる「ごみ屋敷」といわれるような家に住む社会的に孤立した状態にある人々や、「8050問題」と呼ばれる80歳代の高齢の親と50歳代の働いていない独身の子どもの世帯が抱える生活問題、高齢の親の介護と育児とを同時に担う「ダブルケア」、さらに、18歳未満の子どもが祖父母の介護や家族の世話を強いられる「ヤングケアラー」の問題も指摘されている。

　「制度の狭間」ともいわれるように、現行の制度のなかだけでは対応できないこのような生活問題が指摘され、それらへの対応が求められている。特定の法律や制度の枠のなかにとどまらない、総合的かつ包括的な支援が、日本のソーシャルワーク専門職である社会福祉士や精神保健福祉士に求められているのである。

　たとえば、次のような事例（母親を亡くして地域から孤立した状態にあるAさんの事例）から考えてみたい。

　3か月前に急に80歳の母親を亡くしたAさん（52歳）は、母親と2人で暮らしていた。2人は母親の年金で生活していた。Aさんは、母親との死別後は、わずかな貯金を頼りに、母親が残した

Active Learning

現在の社会福祉関係の制度のなかだけでは対応できない「制度の狭間」にある生活問題として、具体的にどのようなものがあるのか考えてみましょう。

一軒家に一人暮らしをしていた。母親は近隣の地域住民との昔からのつながりもあり、明るくて社交的だった。母親を介して、Aさんとも時々会話を交わすような近所の知り合いもいたのだが、母親を亡くしてからは、まったく人と会うことがなくなった。

この親子をよく知っている近所の人が心配して、様子を見に行っても、Aさんは強い口調で「うちに入ってくるな」と断るので、Aさん宅を訪問したり、声をかけたりする人も地域にはいなくなっていた。

ある夏の日、Aさんが玄関で倒れているのを偶然発見した近所の人が救急車を呼び、近くの総合病院に搬送され、Aさんは一命をとりとめた。倒れていた理由は、極端な栄養失調であったと診断された。家の中は、母親を亡くす以前とはかなり違う様子になっており、コンビニエンスストアで買った弁当の空き容器や空き缶、ペットボトルなどのごみであふれ、劣悪な生活環境となっていた。

入院しての治療の結果、栄養状態は改善され、身体的には退院が可能な状態にまで回復した。

事例によれば、たしかにAさんは退院が可能な状態になったのであるが、そのまま家に帰ったとして、どのようなことが予想されるであろうか。Aさんが地域で孤立していることや家の中の生活環境が改善されなければ、Aさんが再び栄養失調で倒れる可能性は高いであろう。病院の医療ソーシャルワーカーが、入院しているAさんや地域の民生委員に話を聞くなどして、さらに詳しくAさんの状況を調べると、次のような状態であったことがわかった。

事例

Aさんは、中学校を卒業したあと就職していたが、仕事を始めても、すぐにトラブルになることが続いて、仕事に行かなくなり、辞めるということを繰り返していた。生活費は長い間母親の年金に依存していた。

母親の死後、食事はコンビニエンスストアの弁当などを購入することで済ませていた。ごみの捨て方がわからず近所の人とトラブルになっていたため、弁当の空き容器やペットボトルなどのごみは溜

まる一方であった。

　地域の人も声をかけなくなり、Ａさんの様子は誰もわからなくなった。母親が残していた貯金は底をつき、食べるものもなくなり、Ａさんにはどうすることもできなかった。誰かに相談しようとする気持ちや生きる意欲まででもなくしたような状態であった。

　Ａさんのように、いくつかの事情や問題が複合化した状態への対応として求められるのが、総合的かつ包括的な支援である。そのために、ソーシャルワーカーには、Ａさんとの信頼関係の構築を大切にしながら、Ａさんの思いに寄り添い、Ａさんと一緒に考えていくという姿勢で、Ａさんの側からの視点で制度や分野を横断してのサービスの調整や支援の提供に取り組むことが求められる。そして、Ａさんに対しては、地域のさまざまな資源へのアクセシビリティを高め、地域とのつながりを回復し、地域のなかでの孤立状態を緩和していけるように働きかけていくことも必要である。

　Ａさんへの支援のあり方として、たとえば「食事が作れないなら、ホームヘルパーの利用につなげる」「お金がないなら、生活保護を申請する」「仕事がないなら、公共職業安定所（ハローワーク）に行く」というような問題の捉え方と解決方法では、Ａさんが抱えている状況に対する表面的な対応にとどまり、Ａさんがそのような状況に至った背景にある問題は、置き去りにされたままとなる。

　また、医療や福祉、就労など、Ａさんに関連する制度の枠組みに従って、組織や機関とＡさんとがかかわりをもつことも考えられる。しかし、それぞれの組織・機関のサービスやアプローチが縦割り状態で、別々に提供されるだけでは、たとえば、相互に強く関係する就労と生活費の確保、および健康や栄養状態の問題が、別々に扱われることで、かえってＡさんの安定した生活の再建を妨げてしまうことにもなり得る。

　冒頭で述べたように、時代とともに社会は急激に変化しており、そのなかで人々が抱える問題は多様化・複雑化・複合化している。既存の制度の枠組みや特定の分野に限定されたサービス提供のみでは、解決しない生活問題に人々は直面している。時代とその時代を生きる人々とともにあるソーシャルワークは、そのような状況のなかで、多職種や多機関が協働する体制づくりやネットワークの構築、問題を発生させる社会環境の改善や社会構造の変化への働きかけ、新たなサービス等の資源開発

のための活動が求められている。このような総合的で包括的な支援体制づくりを担う人材として、社会福祉士や精神保健福祉士がソーシャルワーク専門職としての力を発揮することが必要である。

　そして、総合的かつ包括的に問題を捉え、解決を志向する実践のあり方は、ソーシャルワーク専門職の共通基盤として重要な意味をもつ。以下では、そのような共通基盤となるジェネラリストの視点について述べることとする。

2　ソーシャルワークにおける
　　ジェネラリストの視点とは

　社会福祉士や精神保健福祉士が、ソーシャルワーク専門職としてのミッションを遂行するための共通基盤とは、ソーシャルワーク専門職としての価値規範や倫理、知識、技術の体系であり、それはソーシャルワークを特徴づけるものである。ソーシャルワークの伝統的な方法としてそれぞれ発展してきたケースワーク、グループワーク、コミュニティオーガニゼーションは、共通基盤に基づく統合化の過程から、ジェネラリスト・ソーシャルワークとして展開されるに至っている（図 4-3（p.153 参照））。

　この共通基盤としてのジェネラリスト・ソーシャルワークは、現代のソーシャルワークのあり方そのものである。どのような人や集団、地域社会、国および世界の国と地域にかかわる場合にも、どのような生活問題や困難状況にかかわる場合にも、それがソーシャルワーク専門職としての実践である限り、共通して求められるものである。特定の領域や問題の解決にかかわる、いわゆるスペシフィックなソーシャルワーク実践であっても、ジェネラリストとしての共通基盤の上に、各領域や各問題の解決に必要な知識や技術・技能を重ねていくという理解が重要である。

　ジェネラリストの視点とは、伝統的な 3 方法を一体化させたあとの現代のソーシャルワークにおいて、ソーシャルワーク専門職がどのような価値規範や倫理、知識、技術に基づいて、どのように人や社会に対する認識をもつのかを示すものである。今日ソーシャルワークの実践が求められる領域は、人々の生活にかかわるさまざまな分野や領域に拡大し続けている。ジェネラリストの視点に基づいた、制度や分野を横断して展開される総合的かつ包括的な支援としてのソーシャルワーク実践が求められている。

しかし、１人のソーシャルワーカーが実践できる範囲には限界がある。それぞれの領域で働くソーシャルワーカー同士が、ジェネラリストとしての共通基盤を共有しながら、互いに連携・協働する体制を構築することによって、多様化・複雑化、そして複合化した問題の解決に必要な総合的かつ包括的な支援体制の構築に貢献することができる。

　ジェネラリスト・ソーシャルワークとは、「どこでも使える汎用性の高いソーシャルワーク実践の方法」ではなく、ソーシャルワーク専門職が標準的に身につけている、すべてのソーシャルワーク専門職に通底する共通基盤としてのソーシャルワークの価値規範や倫理、知識、技術の体系である。それは、どの分野や領域での実践であっても、どのような対象に向けての実践であっても、それがソーシャルワークである限り、実践を担うソーシャルワーカーが共通して備えているものである。これは、医療や心理、教育などのほかの専門分野や専門職に対して、ソーシャルワーク実践の固有性やソーシャルワーカーの専門性を表すものであるといえる。

　佐藤豊道は、「ジェネリック・ソーシャルワーク（generic social work）とは、ソーシャルワークの対象や領域が何であれ、ソーシャルワーク全体に貫通的に通用する（ことが期待されている）共通の価値・倫理、過程、知識、技術・技能のコア（中核）となるソーシャルワークの体系であり、すべてのソーシャルワーク実践の基礎となるもの」とし、これに基づいて実践する人をジェネラリストとしている[1]。また、岩間伸之は「現代ソーシャルワーク理論の構造と機能の体系」であり、３方法の「統合化以降のソーシャルワークを構成する知識・技術・価値を一体的かつ体系的に構造化したもの」で、「現代ソーシャルワーク理論の特質が色濃く反映したものとなっている」と述べている[2]。

　ジェネラリスト・ソーシャルワークとは、ソーシャルワークの共通基盤そのものであり、現代のソーシャルワーク理論のあり方を反映したものなのである。

3 　ジェネラリストの視点に基づく ソーシャルワークの特徴

　アメリカの Council on Social Work Education（CSWE）が示したソーシャルワーク教育のあり方と基準によれば、ジェネラリスト・ソーシャルワークとは、リベラルアーツと「環境のなかの人」という枠

組みを土台に、人と社会のウェルビーイングを高めることを目指して、予防から介入までの幅広い方法を活用して多様な人や家族、グループ、組織、コミュニティにかかわり、科学的に追究された最善の実践を行うことであるとされる。そして、ジェネラリストとしてのソーシャルワーカーは、ソーシャルワーク専門職であることを自らのアイデンティティとして、倫理基準とクリティカル・シンキングをミクロ・メゾ・マクロレベルの実践に適用し、多様性の考え方をよりどころに、人権および社会的・経済的正義のためにアドボケート（代弁）していくこと、すべての人のもつストレングスとレジリエンシーに気づき、受け容れ、作り出すこと、研究の成果に基づいて自ら能動的に専門職としての役割を果たしていくことを、実践するとされている[3]。

　ジェネラリスト・ソーシャルワーク実践の体系は価値・倫理、過程、知識、技術・技能からなる。ここではジェネラリストの視点に基づくソーシャルワーク、すなわちジェネラリスト・ソーシャルワークの特徴として、以下の五つの枠組みで整理することができる。

---

❶　実践の視点と働きかけ
　　→「環境のなかの人」とミクロ・メゾ・マクロレベルの一体的な把握
❷　実践を支え導く原理
　　→社会正義と多様性
❸　専門職による実践であることの保証
　　→科学的根拠に基づく実践（Evidence-Based Practice）
❹　専門職としての思考と志向
　　→クリティカル・シンキング
❺　原理に基づく対象へのアプローチ
　　→ストレングスとレジリエンシー

　表 8-1 はこれらの五つの枠組みから、ジェネラリストの視点とそれに基づくソーシャルワークのあり方を整理したものである。

表8-1　ジェネラリストの視点とそれに基づくソーシャルワークのあり方

ジェネラリストの視点を表す枠組み	ソーシャルワークのあり方や特徴を表すキーワード
❶「環境のなかの人」とミクロ・メゾ・マクロレベルの一体的な把握	・システム理論、エコロジカル理論、BPS 理論★などに基づく「環境のなかの人」の理解 ・ミクロ・メゾ・マクロレベルを一体的に捉えた総合的かつ包括的なかかわりと変化に向けたアプローチ ・人と環境の相互作用
❷社会正義と多様性	・多様な文化や価値を学び理解しようとする態度 ・一人ひとりを多様な存在として尊重し、誰も排除されたり、搾取されたりしない社会 ・社会的・経済的な不正義への気づきと社会の仕組み・システムの変化に向けたアクション
❸科学的根拠に基づく実践（EBP）	・問題解決に向けた介入やアクションに対する説明責任 ・根拠に基づいた変化への介入や予防のアプローチ ・実践に対する評価の必要性
❹クリティカル・シンキング	・複数の情報源による客観的データや科学的研究の成果、実践知を弁別、評価、統合 ・問題を多面的に検証 ・現状の社会の仕組み・システムを批判的視点から検討
❺ストレングスとレジリエンシー	・ストレングスは、強みの側面に焦点を当ててクライエントおよびクライエントシステムを理解し、その内外にもち得る力を見つけ、高め、また、作り出す見方 ・レジリエンシーは、クライエントおよびクライエントシステムに備わっている大きなストレスのかかる出来事や傷つく出来事からの回復力 ・クライエントおよびクライエントシステムを主体としたもち得る力や機能による問題解決を志向

出典：筆者作成

★ **BPS 理論**
BPS とは、「Bio（バイオ：生理的・身体的）─Psycho（サイコ：心理的・精神的）─Social（ソーシャル：社会的・環境的）」の略。人間の「生理的・身体的側面」「心理的・精神的側面」「社会的・環境的側面」の三つの側面は相互に影響しあっているという認識から、その人の状態を把握しようとする考え方。さらに、これらに加えて、文化的（cultural）な側面、そしてスピリチュアル（spiritual）な側面も含めて、全人的に理解しようという考え方もある。

◇引用文献
1）佐藤豊道「ジェネリック・ソーシャルワークの出現の経緯」『ソーシャルワーク研究』第24巻第1号，p.24，1998.
2）岩間伸之「総合的かつ包括的な相談援助を支える理論」社会福祉士養成講座編集委員会編『新・社会福祉士養成講座6　相談援助の基盤と専門職 第3版』中央法規出版，p.176，2015.
3）Council on Social Work Education, *Educational Policy and Accreditation Standards*, p.11，2015.

◇参考文献
・井出英策・柏木一恵・加藤忠相・中島康晴『ソーシャルワーカー──「身近」を革命する人たち』筑摩書房，2019.
・木下大生・鴻巣麻里香編『ソーシャルアクション！あなたが社会を変えよう！──はじめの一歩を踏み出すための入門書』ミネルヴァ書房，2019.
・髙良麻子『日本におけるソーシャルアクションの実践モデル──「制度からの排除」への対処』中央法規出版，2017.
・東洋大学福祉社会開発研究センター編『新・MINERVA 福祉ライブラリー 35 社会を変えるソーシャルワーク──制度の枠組みを越え社会正義を実現するために』ミネルヴァ書房，2020.
・山辺朗子『新・MINERVA 福祉ライブラリー 12 ジェネラリスト・ソーシャルワークの基盤と展開──総合的包括的な支援の確立に向けて』ミネルヴァ書房，2011.

ジェネラリストの視点に基づく総合的かつ包括的な支援の意義と内容

● 多機関・多職種による包括的支援体制の構築について理解する
● 社会資源となる人や組織等との連携・協働について理解する
● ソーシャルサポートネットワーキングについて理解する

1 多機関・多職種の連携・協働による包括的支援体制の構築

1 総合的かつ包括的な支援と多機関・多職種との連携・協働

　総合的かつ包括的な支援とは、言い換えれば、クライエントおよびクライエントシステムを全人的な存在として捉えた、ミクロ・メゾ・マクロレベルにわたる多面的なかかわりや働きかけを指している。全人的な存在とは、すべての人々を生物的、心理的、社会的、文化的、スピリチュアルな側面から認識するものとされている。[1] このことは、たとえばソーシャルワークの過程におけるアセスメントの場面においても重要な視点となる。ミクロレベルのクライエント本人の身体的あるいは心理的な状態についてはもちろんのこと、クライエントと密接に関係している家族や親戚、学校の同級生や職場の同僚、近隣住民とのメゾレベルでの関係性などについて総合的・包括的に状況を把握する必要がある。さらに、地域社会を取り巻く経済的な動向や社会的な価値観や考え方、国際的な動向等の、マクロレベルの状況も視野に入れなければならない（図 8-1）。

　ミクロレベルの問題が発見されるところから、問題解決に向けたアセスメントや取り組みが展開することもあれば、メゾ・マクロレベルで問題が発見され、問題解決に向けたアセスメントが展開するケースもある。

　第 1 節で述べたように、昨今の多様化・複雑化、そして複合化する生活問題の状況から、総合的かつ包括的な支援としてのソーシャルワークが求められている。それは、今日のさまざまな生活問題に対する分野横断的で制度横断的な対応と、そのための多機関や多職種との連携と協働による支援体制の構築と実践を意味する。ここでいう多機関とは、ソーシャルワークの実践の際にソーシャルワーカーが連携・協働する対

図8-1　個人を中心にしたアセスメントで考慮する関係性の広がりのイメージ（例）

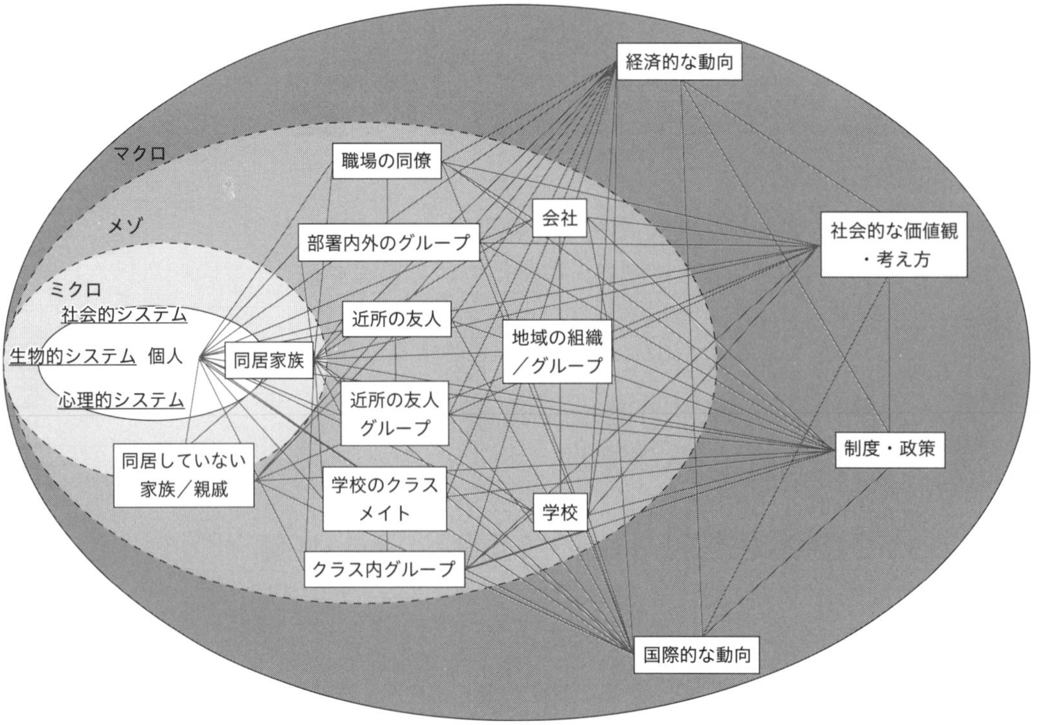

出典：筆者作成

象となる機関の総称であり、社会福祉分野に限らずさまざまな分野や地域の機関や組織、団体が含まれる。

　従来の専門分化されて整備されてきたさまざまな法制度や機関によるサービスは、それがもっぱら対象とする身体的な側面や心理的な側面のこと、また生活の一部分や一側面のことには対応できても、全体としての個人や家族の生活を視野に入れたものとはなりにくい。また、単にサービスを利用することのみによる問題解決が難しいケースもある。ソーシャルワーカーは、多様な機関や組織と連携し、互いに協働する仕組みをコーディネートしながら、地域における包括的支援体制の構築に努めなければならない。

■2 「地域生活課題」への対応と地域福祉の推進

　社会福祉法の第4条には、地域住民等が地域福祉の推進に努めること、およびそれにあたっては、「地域生活課題」の把握と解決を図ることが記されている。

（地域福祉の推進）

第4条 地域福祉の推進は、地域住民が相互に人格と個性を尊重し合いながら、参加し、共生する地域社会の実現を目指して行われなければならない。

2 地域住民、社会福祉を目的とする事業を経営する者及び社会福祉に関する活動を行う者（以下「地域住民等」という。）は、相互に協力し、福祉サービスを必要とする地域住民が地域社会を構成する一員として日常生活を営み、社会、経済、文化その他あらゆる分野の活動に参加する機会が確保されるように、地域福祉の推進に努めなければならない。

3 地域住民等は、地域福祉の推進に当たっては、福祉サービスを必要とする地域住民及びその世帯が抱える福祉、介護、介護予防（要介護状態若しくは要支援状態となることの予防又は要介護状態若しくは要支援状態の軽減若しくは悪化の防止をいう。）、保健医療、住まい、就労及び教育に関する課題、福祉サービスを必要とする地域住民の地域社会からの孤立その他の福祉サービスを必要とする地域住民が日常生活を営み、あらゆる分野の活動に参加する機会が確保される上での各般の課題（以下「地域生活課題」という。）を把握し、地域生活課題の解決に資する支援を行う関係機関（以下「支援関係機関」という。）との連携等によりその解決を図るよう特に留意するものとする。

ここでいう「地域生活課題」とは、条文によれば、「地域住民及びその世帯が抱える福祉、介護、介護予防、保健医療、住まい、就労及び教育に関する課題」のほか、「福祉サービスを必要とする地域住民の地域社会からの孤立」や地域住民が「あらゆる分野の活動に参加する機会が確保される上での各般の課題」とされている。地域福祉の推進のためには、支援を必要とする個人だけでなくその「世帯」全体を視野に入れるという点が重要であり、また、住まいや就労、教育、そして孤立や参加など、既存の社会福祉の法制度の枠のなかにとどまらない多様な生活課題への対応が求められているのである。ここで規定された「地域生活課題」への対応が、まさに、地域における総合的かつ包括的な支援としてのソーシャルワークの役割であるといえる。

さらに、条文によれば、「地域生活課題の解決に資する支援を行う関係機関との連携等によりその解決を図るよう特に留意する」とある。地域住民や関係者と相互に協力し、関係機関とも連携して「地域生活課題」に対応していくことが求められている。今日の地域福祉の推進に必要な

ことは、個人や世帯が抱える生活問題を、特定の住民に限ったこととしてではなく、地域の課題と捉え、地域住民全体で共有することである。そして、そのような地域の課題に対して、専門職が一方的に解決を図るのではなく、地域福祉の推進主体であるその地域で暮らす地域住民や関係者および関係機関とともに、協働して取り組むことである。そのような取り組みを通して、地域住民や多機関・多職種との協働による包括的支援体制の構築が可能になるのである。

■3 地域における多機関・多職種の連携・協働の意義

多機関や多職種が連携する意義は、必要なサービスの提供にとどまらない。地域のさまざまな機関のもつ機能は、単に何らかの既存のサービスを提供することだけではない。たとえば、当事者やクライエントとともに資源不足等の改善を求めて運動したり、地域の課題を理解するための調査を実施したり、雇用やボランティアなどの機会を創出したりと、新たな支援やサービスを生み出す役割もある。必要なサービスを提供する機関がなければ、地域の関係機関同士が新たにサービスを開発する必要性を互いに共有して、連携・協働してのサービス開発や行政への働きかけを行うことができる。

このような活動や取り組みをそれぞれの地域の状況に応じて実践し、住みよい地域づくりを進めていくという地域福祉推進の原動力として、多機関や多職種の連携と地域住民との協働の意義がある。ソーシャルワーカーがジェネラリストの視点で総合的かつ包括的な支援に取り組む際には、必然的にミクロ・メゾ・マクロレベルにおける実践の展開と、それを可能にする多機関・多職種そして地域住民との連携・協働による支援体制を構築することが求められるのである。

近年の産業構造や就業構造の変化に伴う不安定な就労条件や非正規雇用の増大、低所得や貧困問題の広がり、血縁や地縁に基づく人々のつながりの希薄化や共同体機能の脆弱化、さらには生活だけでなく生命の危機をもたらす大規模な自然災害の発生など、人々の生活の安定を揺るがすさまざまな社会問題が各地で生じている。そのなかで、人々が直面するさまざまな生活問題が、多様化・複雑化・複合化そして長期化しており、社会や環境の急激な変化に適応できない・対処できない多くの人を生み出している。また、社会のなかで弱い立場や傷つきやすい状態に置かれている人々が、必要な情報を得ることができなかったり、情報を得ても理解することが困難であったり、必要な資源を獲得できない状態に

置かれたりすることもある。人々の生活上に生じるさまざまな困難状況を、個人やその家族だけの問題としてではなく、地域や社会全体の問題として捉えていかなければならない。

2 ▶ 社会資源となる人や組織等との協働体制

1 ソーシャルワークにおける社会資源の活用

ソーシャルワークにおける社会資源とは、クライエントおよびクライエントシステムのニーズの充足や問題解決に有効な人や組織・団体、サポート、サービス、法律・制度のすべてを指している。施設や自動車などの物理的資源や資金等を意味する経済的資源、ソーシャルキャピタル（社会関係資本）と呼ばれる人と人のつながりも社会資源である。さらに、社会資源はこれらに加えてクライエントおよびクライエントシステム、多機関がもつ能力や機能も含む言葉である。

ここでは、まず資源とは何かを理解するために、コミュニティ・ディベロップメントの文脈で活用される❶自然的資源、❷文化的な資源、❸人的な資源、❹人のつながりによる資源、❺政治的な資源、❻経済的な資源、❼物理的な資源の七つから捉えた枠組みを示す（**表8-2**）。

★ソーシャルキャピタル（社会関係資本）
物的資本や人的資本などと並ぶ新しい概念であり、人間関係資本や市民社会資本とも呼ばれる。人々の活発な協調行動が社会の効率性を高めるという認識から、社会や地域における人々のつながりや信頼、ネットワークの重要性を説く考え方。

第8章 総合的かつ包括的な支援と多職種連携の意義と内容

表8-2　多様な資源を捉える枠組み

❶自然的資源	地域が所在する場所やその気候、自然の恵み、自然の美しさなど
❷文化的な資源	歴史・伝統や言語、文化的な背景によって特権や影響力をもつ人やグループなど
❸人的な資源	すでにもっている資源の力を高めたり、新しい資源を開発したりすることや外部の資源へのアクセスを可能にするために、人々がもつ技術や能力、地域づくりに必要な情報にアクセスするための知識、リーダーシップなど
❹人のつながりによる資源	人々のつながりや組織、社会的な連帯、組織間や地域間のつながり
❺政治的な資源	権力や組織へのアクセス、資源や権力につなげてくれる人とのつながり、人々が自らの意見を認識し、活動にかかわり、ウェルビーイングを高める力
❻経済的な資源	人々やコミュニティの能力を高めるための資金、何か活動を起こすための元手、市民活動や社会活動をサポートする資金、将来のコミュニティ活動のための貯蓄
❼物理的な資源	❶〜❻の活動を支えるようなインフラや施設、建物等

出典：Emery, M. E. & Flora, C., 'Spiraling-up: mapping community transformation with community capitals framework', *Community Development*, 37(1), pp.19-35, 2006. を参考に筆者作成

クライエントのニーズの充足のために必要な資源を見つけていく際に、**表 8-2** のような枠組みに照らして検討してみると、それまで気づかなかった資源の存在に気づくこともできる。人々は日常的にさまざまな資源を活用して、さまざまに生じる自らの生活課題を解決し、生活がよりよいものになるように工夫している。その意味で、地域や社会に存在する、すべての資源はニーズの充足や問題解決に活用できる可能性があるということができる。

　しかしながら、そのような資源はいつも目の前の活用しやすいところにあるとは限らない。見えないところに隠れているものや誰にも気づかれないまま眠っているものもある。たとえば、大量の携帯電話等の電子機器や家電製品の廃棄物などに希少な金属が含まれていることに気づいたことで「都市鉱山」が認識され、活用されるようになった例や、品質には問題はないが、包装の破損などの理由で流通させることができない食品を企業から寄付してもらい、必要としている施設や人々に無償で提供する「フードバンク」の活動の例がある。

　ソーシャルワーカーは、多様な社会資源を活用しつつクライエントや家族への支援を展開するが、それは同時に、制度やサービス等の社会資源に容易にアクセスできない状況があればその改善を促し、必要な人々が必要な社会資源を活用できるような環境の整備に努めていく役割も担うのである。

　また、人や機関が相互につながることで、それぞれがもっている強みや機能が共有されて新たな力や機能の拡大になることもあれば、そのつながりから新たな資源が生み出されることもある。地域における包括的支援体制の構築とは、専門職同士はもちろんのこと、地域住民や関係者、関係機関が地域でつながりあうことを促すことで、人々の生活を支え、豊かにするたくさんの社会資源を開発、あるいは創出する活動であるといっても過言ではない。

▌2 フォーマルな社会資源とインフォーマルな社会資源

　社会資源の分類の仕方として、**フォーマルな社会資源**と**インフォーマルな社会資源**という分け方をすることが多い。これはサービス提供の主体や根拠に焦点を当てた分類であり、表現であるといえる。フォーマルな社会資源とは、法律や制度に基づいたサービスやさまざまな公的機関や民間団体等によって提供される支援を指し、インフォーマルな社会資源とは、公的な機関や民間の組織などによらない支援として、家族や親

戚、友人や近隣の人々による支援やサービスを指す。

　このように意味づけの異なるフォーマルな社会資源とインフォーマルな社会資源にはそれぞれの強みと弱みがあり、その強みと弱みは表裏の関係にある。たとえば、フォーマルな社会資源では制度的・予算的な位置づけがあることが多く、サービスの継続性・持続性が高いという強みがあるが、サービス提供の内容やサービス利用対象には柔軟性に弱みがあることなどが指摘される。一方で、インフォーマルな社会資源では、必要に応じて対応できる柔軟性や臨機応変さに優れているという強みがあるが、担い手によってサービスの定期性・継続性・持続性の保障がなかったり、支援する側とされる側との関係によって支援の継続に支障をきたしたりすることも起こり得る。

　また、今日では、たとえばインフォーマルな社会資源として活用されていたものが、その有用性が認められ、公的な仕組みとして体系化されることでフォーマルな社会資源となった例もある。いずれにしても、ソーシャルワーカーは、フォーマル・インフォーマルの社会資源の特徴を踏まえつつ、両方の社会資源とつながり、ネットワークを形成しながら、地域における協働体制を築くことが大切である。

■3 社会資源を把握する視点や資源間の調整と資源の開発

　それが社会資源となるかどうかを把握する視点として、たとえばクライエント個人を中心に考えた場合、インフォーマルな社会資源として想定される家族について考えてみたい。たしかにクライエント本人への支援の際に、家族の存在が大きな支えとなることは多くある。しかし、クライエントに家族がいるということだけでは、社会資源として活用可能という判断はできない。クライエント本人と家族との関係性や、その家族が置かれている状況によっては家族によるサポートが期待できないこともある。インフォーマルな社会資源のサポートの有無は、それぞれの関係性や価値観、考え方によるという理解が大切である。

　また、たとえば介護や育児をめぐって家族や親に対する社会的な見方や価値観が、サポートが提供できない状況の家族や親を追いつめることも起こり得る。家族の形は多様であって、その多様な形を受けとめながらの対応が大切である。

　現代において家族や地域の状況は多様化し、それぞれが抱える問題も多様化・複雑化している。人々が住み慣れた地域で安心して暮らしていくためには、フォーマルな社会資源により人として当たり前に生きる権

利が保障されることを基盤とし、同時にインフォーマルな社会資源が、日常的で身近なサポートとして機能することが必要である。インフォーマルな社会資源とフォーマルな社会資源との双方のメリットを活かしつつ、クライエントや家族の状況に応じてコーディネートしながら活用する力が、ソーシャルワーカーに求められている。そして、地域のインフォーマルな社会資源を発見したり、創出したりすることは、その地域や住民がもつ潜在的な力や魅力の再発見や地域全体の活性化や豊かさにもつながり、住民参加による住民主体の地域づくりの活動となるのである。

　また、フォーマルな社会資源については、その整備状況が、地域によっては十分でない場合もある。たとえば、住民の高齢化とそれに伴う一人暮らし世帯が増加するなかで、地域のサービスや支援体制がその状況に対応しきれていないというようなことである。そのような場合にソーシャルワーカーは、多機関や多職種と連携し、また政策策定や計画立案の場に参画するなどして、地域の現状や住民の生活の実態について発信し、新たなサービスや支援体制の充実に向けての働きかけを行う。このような「資源開発機能」を発揮することも、ソーシャルワークに期待される重要な役割である。

　そして、この「開発」という言葉が意味するのは、たとえば何かの新しい施設やサービスをつくるとか、そのための資金を獲得するとか、何かの組織や団体を立ち上げるなどということだけではない。その地域に今ある機関や組織、その地域で働いているさまざまな職種の人々、今その地域で暮らしている住民が、ソーシャルワーカーの働きかけによってつながりあうことで、地域の大切な社会資源となり得るのである。たとえば、複数の職種が制度横断的・分野横断的に相互に連携する、地域にある高齢者福祉施設のホールや食堂を開放して地域の子どもたちのためのイベント等に使う、商店街の人々がサロンや福祉活動に協力してくれるなど、その形は実にさまざまである。

　このような取り組みこそが、既存の制度の対象とならないままで、いわゆる「制度の狭間」に陥り、地域で孤立した人々への支援となり、分野別・制度別に整備されてきた機関や施設、事業所間の連携・協働を促進することになるのである。ソーシャルワークにおける社会資源の開発とは、地域における多様な社会資源のつながりによる支えあいのネットワークの形成でもあり、多様な形の連携・協働による総合的・包括的な支援体制の築きでもある。そしてこのような取り組みを実現していくと

ころに、ミクロ・メゾ・マクロレベルの実践が連動して展開するソーシャルワークならではの意義や可能性もある。

3 ソーシャルサポートネットワーキング

1 ソーシャルサポートネットワーキングとは

ソーシャルサポートネットワーキングとは、人を中心として、ソーシャルサポート機能をもつ社会関係と、その構造としてのソーシャルネットワークの形成・維持する取り組みを意味する。ソーシャルサポートネットワークは、前述したフォーマル・インフォーマルな社会資源によって構成され、家族や親戚、友人、近隣、同僚その他生活に関係する機関との間の社会関係が網の目のように張りめぐらされている状態が想定される。ソーシャルサポートネットワークがもつサポート機能は、より具体的には、手段的サポート、情緒的サポート、経済的サポートなどがある。ソーシャルサポートネットワークが量的にも質的にも充実している状態は、人々と多様な社会資源とのつながりが豊かに確保されている状態であり、すなわち手段的・情緒的・経済的なサポートを人々が容易に得られる状態である。

そのようなネットワークが形成されることによって、地域で似たような状況にある人々を見守り、支える仕組みとして機能することにもなる。第1節でみた事例のように、ごみ屋敷状態の家で暮らす独居高齢者やひきこもりの若者など、社会的に孤立して生活困窮状態にある人々の早期発見や、困難状況の悪化を防ぐ早期支援にもつながるのである。その意味でも、地域におけるソーシャルワークの実践において、このソーシャルサポートネットワーキングの活動は重要である。

2 社会関係のコンボイモデル

カーン（Kahn, R. L.）とアントヌッチ（Antonucci, T. C.）は、ソーシャルネットワークの統合的な理論的基礎としての「コンボイモデル」を開発した。コンボイモデルの「コンボイ」は、直訳すれば「護送船団」を意味する。コンボイは、本人を中心にして人生で起こる問題や困難をともに乗り越えていく仲間とのつながり（社会関係）を一体的に捉えたものである。図8-2は、コンボイの例を表したもので、本人（P）を中心に、親密さの度合いに基づいて三つの同心円が広がり、それぞれの円

図8-2 社会関係のコンボイモデル

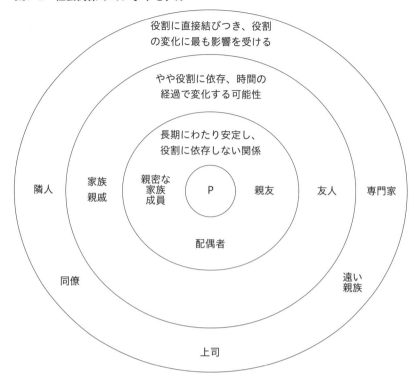

役割に直接結びつき、役割
の変化に最も影響を受ける

やや役割に依存、時間の
経過で変化する可能性

長期にわたり安定し、
役割に依存しない関係

隣人　家族　親密な　P　親友　友人　専門家
　　　親戚　家族
　　　　　成員

配偶者

同僚　　　　　　　　　　　　　　　　　遠い
　　　　　　　　　　　　　　　　　　　親族

上司

出典：Kahn, R. L. & Antonucci, T. C., 'Convoys over the life course: Attachment, roles, and social support', *Life-Span Development and Behavior*, 3, p.273, 1980.

の中に本人のコンボイとなる人々を例として表している。このモデルは約40年前に開発されたものであるが、人々の社会関係やサポートネットワークをめぐる状況を把握する枠組みとして参考になる。

　コンボイモデルによれば、個人は、ライフコース全体を通じてサポーティブな他者に囲まれている。最も内側にある円の中の存在は、本人の最も重要なサポート提供者である。その外側の円は、家族や友人によって構成されている。さらにその外側の円には、隣人や会社の同僚、かかりつけの医師や利用しているサービス事業所の職員などの専門家も含まれる。

　たとえば、近隣の親しかった人が引っ越したり、学校の友人が転校するなどの出来事によって、本人（P）のコンボイのメンバーが失われたりして、本人の生活状態が不安定になることもある。第1節の事例では、Aさんが「親密な家族成員」である母親を亡くしてから、不安定な生活状態のなかで、地域から孤立していく様子が示されていた。さらに最も外側の円の中の存在は、それぞれの役割に基づいて、本人（P）にサポートを提供する関係にある。たとえば、「自治会のメンバーだから」

「同じ職場だから」というような理由によってサポートを提供している関係である。したがって、役員交代や異動などによって、その存在が失われれば本人（P）はサポートを失うことにもなり得る。[3]

　個人と他者の関係の状態は、親密さと質（例：ポジティブ、ネガティブ）、機能（例：世話や影響、励ましの交換）、構造（例：規模や構成、かかわりの頻度、地理的な近さ）によって影響され、そのありようはさまざまである。そして、本人にとってのコンボイの質・機能・構造は、人（例：年齢、ジェンダー）や状況（例：期待される役割、規範、価値）の特徴によって影響を受けると同時に、本人の健康やウェルビーイングに大きな影響を与えるとされている。さらに、コンボイとのつながりの量（数）と同時に、つながりの質も、本人の健康やウェルビーイングに影響していることがわかっている。[4]

　何らかの生活問題を抱えるクライエントは、共通してネットワークの規模が小さく、このコンボイが脆弱な状態に置かれている場合が多い。本人の社会関係自体が量的に不足した状態にあることもあれば、他者との関係が希薄であったり、親密な社会関係にある人との関係が悪化していたり、大事な関係にある人が地理的に遠いところにいたりする場合もある。ソーシャルサポートネットワークの量的な不足に加え、質的にも十分に機能しないことで、クライエントの状況はいっそう弱く、傷つきやすい状態に置かれることにもなる。

　ソーシャルワーカーは、クライエントを取り巻くソーシャルサポートネットワークのあり方を検討するにあたり、どのようなコンボイがどのように存在しているか、それらはクライエント本人にとってどのような存在なのか、またそれぞれとクライエント本人とがどのような関係にあるのかを把握することが重要である。そして、本人を取り巻くネットワークが脆弱な場合は、必要に応じて新たにコンボイとなり得る存在を見出して、ネットワークにつないでいく役割が求められている。

Active Learning

図8-2にならって、自分の周りに存在するコンボイを描いてみましょう。そして、それぞれが自分とどのような関係にあり、自分にとってどのような存在なのかについて考えてみましょう。

第**8**章　総合的かつ包括的な支援と多職種連携の意義と内容

◇引用文献
1）日本ソーシャルワーカー連盟「ソーシャルワーカーの倫理綱領」2020.
2）Emery, M. E. & Flora, C., 'Spiraling-up: mapping community transformation with community capitals framework', *Community Development*, 37(1), pp.19-35, 2006.
3）Kahn, R. L. & Antonucci, T. C., 'Convoys over the life course: Attachment, roles, and social support', *Life-Span Development and Behavior*, 3, pp.253-286, 1980.
4）Antonucci, T. C., Ajrouch, K. J., et al., 'The convoy model: explaining social relations from a multidisciplinary perspective', *The Gerontologist*, 54(1), pp.82-92, 2013.

◇参考文献
・木下大生・鴻巣麻里香編『ソーシャルアクション！あなたが社会を変えよう！──はじめの一歩を踏み出すための入門書』ミネルヴァ書房，2019.
・髙良麻子『日本におけるソーシャルアクションの実践モデル──「制度からの排除」への対処』中央法規出版，2017.
・日本地域福祉学会『地域福祉教育のあり方研究プロジェクト報告書 協同による社会資源開発のアプローチ』2019.
・東洋大学福祉社会開発研究センター編『新・MINERVA 福祉ライブラリー 35 社会を変えるソーシャルワーク──制度の枠組みを越え社会正義を実現するために』ミネルヴァ書房，2020.
・山辺朗子『新・MINERVA 福祉ライブラリー 12 ジェネラリスト・ソーシャルワークの基盤と展開──総合的包括的な支援の確立に向けて』ミネルヴァ書房，2011.
・保井美樹編著，全労済協会「つながり暮らし研究会」編『孤立する都市，つながる街』日本経済新聞出版社，2019.

第3節 多職種連携およびチームアプローチの意義と内容

学習のポイント

● 多職種連携の意義と内容を理解する
● チームアプローチの意義と内容を理解する
● ジェネラリスト視点から多職種連携およびチームアプローチを理解する

多職種連携およびチームアプローチの意義

1 多職種・多機関のもつ視点と連携の意義

　現代社会における社会環境の急速な変化のなかで、人々はそれらの変化への適応や対処を迫られてきた。そして、さまざまな事情により、それらがうまくできない場合に、人々は生活上の困難に直面し、ウェルビーイングや生活の質が低下し、生活問題を抱えることにもなっている。この社会環境と人々との関係で生じる生活問題に対するソーシャルワーカーのまなざしは、人々の社会環境への一方的な適応を求めるのではなく、人々を取り巻く社会環境に対して働きかけることを重視する。

　複雑で多様なシステム間の関係による社会環境の変化が生活問題の発生にかかわっており、問題解決に向けたアプローチもまた、多様なシステムとのかかわりのなかで検討していくことが必要である。つまり、今日のさまざまな生活問題の解決のためには、多職種・多機関による多様な視点や連携・協働しての取り組みが必要とされている。ソーシャルワークが対象とする問題は、ミクロ・メゾ・マクロレベルにわたっている。一人の人や一つの家族、そして一つの地域は、複数の課題や困難を同時に抱えており、かつそれらが相互に関連する状態にあるがゆえに、どれか一つの問題にだけ焦点を当てて解決に取り組んでも、全体の困難や苦しみは解消されないという状況がある。

　多様化、複雑化、そして複合化する生活問題に対しては、多面的で多角的な視点からの整理・分析や状況把握が必要となる。さまざまな立場の人々や専門職が、それぞれの知識や立場からみることで、問題の全体像やその背景が明らかになり、解決のためのアプローチの方法も多彩になる。多機関や多職種の連携・協働の意義もここにある。

第8章 総合的かつ包括的な支援と多職種連携の意義と内容

たとえば、病院でのソーシャルワークの事例をもとに考えてみたい。この事例は、病院で働くソーシャルワーカー（以下、病院のSW）が、クライエントの意思決定の尊重と最善の利益を目指して、多職種・多機関との連携に取り組んでいることを表す事例である。

事 例

脳梗塞で入院中のAさんに対する病院のSWの退院支援の事例

脳梗塞で入院中のAさんとAさんの家族の状況

入院中のAさん（55歳）は、脳梗塞の治療のあと、右半身の麻痺が残り、病院内でのリハビリテーションに取り組んでいる。いまだ歩行が不安定で、移動には車いすが必要な状況である。本人は、専門の病院へ転院して、さらにリハビリテーションに取り組むよりも、できるだけ早く自宅に戻ること、そして仕事に復帰することを希望している。また、同じことを繰り返し質問したり、脳梗塞発症前よりも怒りっぽくなったりしており、高次脳機能障害の診断を受けていた。

病院のSWのBさん（社会福祉士）は、Aさんが円滑に自宅に退院できるように、本人と家族（妻）とのミーティングを通して、準備を進めていた。夫婦の関係は良好で、妻もミーティングに可能な限り同席し、Aさんができるだけ早く自宅に帰れるように望んでいた。2人の息子はすでに結婚、独立して、ほかの地域で生活している。

退院して自宅に戻るにあたって、AさんはBさんとも相談して、自宅での車いすの生活が可能かどうかや、ベッドや廊下、トイレ、風呂、リビングの生活動線、手すりの位置や段差などをはじめ、全体的にどのような住宅改修が必要か、病院の担当の理学療法士に生活環境の評価を依頼することにした。

関係職種や関係機関への協力依頼

建設業の現場で働いていたAさんは、一時的に休職扱いとなっている。元の業務に復帰したい気持ちはあるが、身体機能の回復の

状況から現実は難しいということで、やや落ち込んでいた。Bさんは Aさんと相談して、職業能力の評価のため、作業療法士によるアセスメントを依頼した。

　Aさんは継続的なリハビリテーションを求めていたため、Bさんは介護保険サービスの訪問リハビリテーションの利用について説明し、本人のケアの状況に詳しい病棟の担当の看護師にも協力を求めた。本人のケアの状況から、自宅でのその他の介護保険サービスの活用も視野に入れ、Aさんの居住する地域を担当する地域包括支援センターにも協力を依頼した。

Aさんの退院カンファレンスの開催

　担当医師による今後の回復見込みのアセスメントをはじめ、各担当者の意見の共有化を図るため、Bさんは、Aさん本人と妻、関係する専門職とともに、退院に向けたカンファレンスを開催した。病院内からは、社会福祉士であるBさんのほかに、担当医師、病棟の看護師、理学療法士、作業療法士、病院外からは、Bさんが協力を依頼した訪問リハビリテーション事業所の管理者、地域包括支援センターの主任介護支援専門員が参加した。

　理学療法士からは、在宅での生活について、転倒のリスクが高いとして、リハビリテーション病院に転院してのリハビリテーションが必要との意見が出された。また、作業療法士からも、職業能力評価の結果は今後さらに向上する可能性が高いとの意見が出され、リハビリテーション病院に転院してさらに集中的にリハビリテーションを継続すべきという意見が出された。リハビリテーションの担当者の意見を聞き、医師も本人の認知能力と身体能力、職業能力がリハビリテーションによって、より向上する見通しを示した。病棟の看護師からは、現在のベッドからの移乗等のケアの状況について具体的に説明があった。

夫婦間の意見の相違とBさんの対応

　Bさんからは、Aさんができるだけ早く退院し、妻との自宅での生活を取り戻したいと考えていることや、退院後はできるだけ早く復職を目指して努力したいと考えていることが説明され、カンファレンスに参加していた本人からも、重ねて同様の希望が伝えら

れた。

　同席して話を聞いていた妻は、当初はできるだけ早期の自宅への退院を望んでいたが、医師やリハビリテーションの担当者からの意見を聞き、また、病棟の看護師からケアの状況を確認し、在宅でのケアを支えていくことに不安を感じた様子で、リハビリテーション病院への転院も考えたいという気持ちになったことを述べた。夫婦でもう少し話しあいたいと発言し、今後、転院先についての情報もBさんからいろいろと教えてほしいという希望を出した。しかし、Aさん自身は転院の可能性について納得せず、カンファレンスの最後には、早く退院したいという気持ちと、早く仕事に戻らなければいけないという焦りを強く訴えた。

　病院外から参加した地域包括支援センターの主任介護支援専門員からは、介護保険サービスの内容や利用方法についての説明があり、訪問リハビリテーション事業所の管理者からは、病院でのリハビリテーションと在宅での訪問リハビリテーションの違いなども説明があった。

　Bさんは、Aさん本人の不安や焦りも受けとめつつ、妻の不安やリハビリテーションへの期待も含め、夫婦とともに話しあい、決定していくことを説明した。また、自宅への退院の方向性を検討しつつ、リハビリテーション病院への転院についても、情報提供を継続することとした。

　事例のなかで登場する専門職は、カンファレンス等の機会に、それぞれの専門性に基づく立場と知識から意見を伝えあい、共有している。医師や理学療法士、作業療法士は、現状での自宅への退院や復職について、それぞれの専門性に基づいて情報収集し、アセスメントし、意見を表明した。一方でBさんは、Aさんの「自宅に退院したい」「できるだけ早く復職したい」という思いを受け、本人に代わってその思いを伝えるとともに、本人にも発言を促した。また、妻の不安そうな表情の変化も見逃さず、気持ちを表明できる機会をつくった。

　各専門職の知識や技術、問題をみる視点は、それぞれの専門性に基づいており、クライエント本人の希望や考え方とは一致しないこともある。しかし、この事例のAさんと妻が安心して今後の生活を送り、将来的な復職を実現するためには、いずれも重要な指摘である。そのなか

でBさんは、それぞれの専門職の意見を踏まえ、Aさんの今後について
の思いや考え方と妻の不安に共感を示し、今後の方向性をAさん夫
婦と一緒に考えていく姿勢を示している。

この事例では、病院のSWは、カンファレンスを開催するなどして、
クライエント本人の目標の達成に向けて多職種・多機関の連携・協働を
コーディネートしている。次に、このような多職種・多機関間の連携・
協働を可能にするネットワークとそのネットワークに基づいて展開され
るチームアプローチについて学んでいきたい。

２ 多職種・多機関間の連携・協働とチームアプローチ

多職種のネットワークと関連して松岡克尚は社会福祉実践における
「ネットワーク」について「①クライエントの社会ネットワーク、②職
種間のネットワーク、③組織間ネットワーク、④ネットワーキング[1]」の
４分類を示しており、これをもとに松岡千代は、職種間の連携は、「②
職種間のネットワーク」を基盤として、そのうえで起こり得る働き・機
能を「専門職間連携」と呼んでいることを指摘している[2]。専門職間のネッ
トワークがあることで専門職間の連携が可能になり、また連携の必要に
応じてネットワークを構築する。いずれにしても、多職種間のネット
ワークを構築することが連携の前提条件となる。

加えて、松岡千代はネットワークとの関係を踏まえ、ヘルスケア領域
における専門職間連携を「主体性をもった多様な専門職間にネットワー
クが存在し、相互作用性、資源交換性を期待して、専門職が共通の目標
達成を目指して展開するプロセス」と定義した[3]。つながりあう専門職が
互いに影響を与えあい、互いがもっている資源を交換しあい、ともに問
題解決に向けて取り組むことは、ヘルスケア領域に限らず必要である。

この多職種・多機関の間のネットワークと連携・協働による問題解決
において、各職種・機関間の視点の違いは、問題解決に向けた知見や機
会を増やし、それぞれがもつ専門的な能力やサービスが活用できるとい
う強みがある。そのために、ソーシャルワーカーは、多職種・多機関が
ともに問題の発見や解決にかかわり、それぞれがもち得る力を発揮しあ
う関係の構築を促進するファシリテーターの役割をもつことが求められ
る。そして、その関係を維持するためのマネジメントの役割も期待され
ている。

多職種・多機関間のネットワークをもとにチームを構築し、チームと
して問題解決に向けて連携・協働することを**チームアプローチ**という。

Active Learning

多職種の連携・協働
やチームアプローチ
を妨げる要因として
考えられるものを挙
げ、その解決策も考
えてみましょう。

チームについて菊地和則は、複数の定義を参考に、それらの共通点から「共通の／共有された目標」と「メンバーの相互依存的な協働」の二つを要件として定義し、この要件を満たしていない場合には集団（グループ）であってもチームとはいえないとしている[4]。

チームアプローチは、多職種・多機関を含むネットワークのメンバーで構成されるチームによる、チームワークに基づくクライエントおよびクライエントシステムの問題解決を目指した働きかけである。ソーシャルワーカーは、日頃から多様な職種・機関を含むネットワークを構築し、活用可能にしておくことが、問題解決に有効なチームを構築する条件になる。

クライエント個人の問題解決に焦点を当てたチームには、活動場所・職種数・機関数によって、八つのタイプが想定される[5]。**表8-3**のなかの①・②・⑤・⑥が多職種の連携によるチームである。単一職種間では、③・⑦のように多機関による連携が想定されるチームもある。

さらに、菊地はチームの機能を表す三つのモデル概念としてマルチディシプリナリ・モデル、インターディシプリナリ・モデル、トランスディシプリナリ・モデルを示し、チームが課せられた課題とその状況に

表8-3　活動場所・職種数・機関数によるチームのタイプ

活動場所						
病院・施設など			地域（在宅）			
	多機関	単一機関		多機関	単一機関	
多職種	①	②	多職種	⑤	⑥	
単一職種	③	④	単一職種	⑦	⑧	

出典：菊地和則「多職種チームの3つのモデル──チーム研究のための基本的概念整理」『社会福祉学』第39巻第2号, p.277, 図1, 1999.

表8-4　チームの機能を表す三つのモデル概念

マルチディシプリナリ・モデル	チームに課せられた人命にかかわる可能性がある緊急な課題を達成するために、しばしば1人の人物の指示により、チームのなかで与えられた専門職としての役割を果たすことに重点を置いたチームの機能方法。
インターディシプリナリ・モデル	チームに課せられた複雑な、しかし緊急性がなく直接人命にかかわることが少ない課題を達成するために、各専門職が連携・協働してチームのなかで果たすべき役割を分担した機能方法。
トランスディシプリナリ・モデル	チームに課せられた課題を達成するために、各専門職がチームのなかで果たすべき役割を、意図的・計画的に専門分野を超えて横断的に共有した機能方法。

出典：菊地和則「多職種チームの3つのモデル──チーム研究のための基本的概念整理」『社会福祉学』第39巻第2号, pp.273-290, 1999. をもとに筆者作成

よってそのチームのあり方が変化することを説明している[6]。

　チームは問題解決に向けて与えられた課題を達成するために最も適したモデルを用いることになる。そして、実際のチームでは達成すべき課題が多様であり、チーム内での連携・協働の程度によって、多様なモデルを用いる可能性があることをも指摘している。

　それでは、チームアプローチについて、ここで具体的な事例をもとに考えていきたい。

事例

ごみが散乱する自宅で一人暮らしをする C さん（90 歳）の事例（その１）

　90 歳で一人暮らしをしている C さんは、生活保護を受給しながら、木造の賃貸アパートで暮らしている。部屋の内や外にごみがかなり溜まっていて、悪臭がすることが近所で話題になっていた。近くに住む民生委員は、近所の人が苦情を訴えているのを聞いて、地域の社会福祉協議会で働くソーシャルワーカーの D さん（社会福祉士）に連絡して、一緒に C さん宅を訪ねた。C さんの話によると、家の中は足の踏み場がないことには困っているが、自分ではにおいは気にならないと話した。一方、大家からは立ち退きを迫られているが、身寄りもないため行く場所がなく、困っていると話した。

　その話を聞いた D さんは、C さん本人の同意を得て、市役所の生活保護担当者に状況を報告して共有した。また、C さんの健康状態について、かかりつけの近所の内科クリニックのドクターに相談した。さらに、大家に会って C さんの状況確認を行い、地域の片づけボランティアの代表、そして地域包括支援センターの E さん（社会福祉士）にも連絡を入れた。しかしながら、D さんが近所の人から話を聞くことについては、C さんは同意しなかった。

　D さんはミーティングを開き、以下の内容を関係者間で共有した。
・内科クリニックのドクターは、C さんが高血圧の薬の服薬が必要だが、最近は通院が滞っていたので心配していたこと
・市役所の生活保護担当者は、ごみの片づけの際には市役所内のごみ問題タスクフォースと連携してごみ収集車の派遣を依頼することが可能であること

・大家は、とにかくごみを溜めたり異臭を出したりしなければ暮らし続けてもらうことには問題はないこと。また、このように専門職がかかわってくれて安心したこと
・地域の片づけボランティアの代表は、ごみを出すところまでの手伝いをすること

後日、Cさんは、Dさんや民生委員からこれらの報告を聞いて、よく理解できないことや信じられないこともあるようだったが、最後に「そんなことができるんですか。ありがとうございます。よろしくお願いします」と話をした。

また、Dさんは、Cさんとほかの地域住民とのつながりがみえないことが気になり、地域包括支援センターのEさんも交えて意見交換をした。

事例では、社会福祉協議会のソーシャルワーカーであるDさんが、Cさんの生活状況の改善に向け、本人の気持ちや考え方を尊重しながら、必要な関係者を集めてチームを構築し、問題解決に向けてチームアプローチによる取り組みを進めている。そして、それぞれがもっている知識や資源が、Cさんの問題解決に向けて提供される体制をつくることができた。これは、各専門職が連携・協働してチームのなかで果たすべき役割を分担した結果であり、前述した「インターディシプリナリ・モデル」の一例といえるだろう。たとえ専門分野の異なる支援者が複数集まったとしても、それぞれの働きや機能が相互に連関し、一つのチームとして発揮されることがなければ、全体としてクライエントの生活を支援することはできない。その意味で、事例にあるようなソーシャルワーカーのDさんによる連携や協働を促す働きには、大きな意義がある。クライエントのニーズに合わせて、チームの構成は異なる。そして、チームアプローチが適切に機能するためには、ソーシャルワーカーにはコーディネート機能を発揮することが求められる。

■3 メゾ・マクロレベルで展開するチームアプローチ

メゾ・マクロレベルで展開するチームアプローチを考えた場合、たとえば、地域や社会で認識された問題について、その問題の解決を目指す多職種・多機関によるチームが構築されることもある。行政機関が設置主体となったり、問題を認識した人たちによるプロジェクトが立ち上

がったりすることによって、「○○対策委員会」「○○戦略会議」「○○検討会」などが設置される。多機関から多職種が、また地域住民も参加してチームを形成し、問題のアセスメントや目標の設定、計画の策定、実施、評価を連携・協働して行う。

このようなチームのなかで、ソーシャルワーカーには、問題解決に向けた連携・協働のコーディネートや、ファシリテーション機能を発揮することが求められる。また、社会調査の技術を活用して、チームのメンバーとともに必要なデータ収集を行うこと、これらのデータを活用して、エビデンスに基づく効果的・効率的な計画やプログラムの開発や、政策の提言につなげたりする機能を発揮することも期待されている。

ここで、前出の一人暮らしの C さん（90 歳）の事例の続きとして、地域ケア会議★を事例に、メゾ・マクロレベルを起点にしたチームアプローチを考えてみたい。

★地域ケア会議
地域で暮らす高齢者への個別支援と地域におけるネットワーク形成や資源開発を同時に推進することを目的として開催される、医療・福祉関係の専門職や関係者、地域の民生委員等による会議。個々の高齢者への支援の充実を図るとともに、事例の分析から地域に共通した課題の抽出や明確化、そして解決のための仕組みづくり、さらには計画策定や政策形成に向けた働きかけをも行う。

事 例

ごみが散乱する自宅で一人暮らしをする C さん（90 歳）の事例（その 2）

今回の C さんへの対応を通して、社会福祉協議会の D さんと地域包括支援センターで働く E さんは、C さんが地域で社会的に孤立していた可能性を考えた。担当している地域内には、C さんのような形で地域住民とのつながりも家族とのつながりもなく生活している高齢者がほかにもいることや、自分から困っていることを言い出せない状態の人たちが、少なからず存在することをふだんから感じていた。

そこで、E さんは D さんの協力も得ながら、C さんのように地域で孤立している人たちの把握と孤立の解消に向けた取り組みを検討すべく、地域ケア会議で問題提起することとした。

問題提起をした E さんと D さんの 2 人のほか、2 人の声かけに応えて、市役所高齢支援課の地区担当、地区社会福祉協議会の会長（民生委員）、自治会長、地域で移送サービスや介護サービス等を提供している NPO 法人の代表、地域にある社会福祉法人の事務局長、公民館長の参加を得ることができた。

それぞれの立場から、地域のなかで孤立している一人暮らし高齢

者を心配していたことが表明され、孤立させないための具体的な活動を協力して立ち上げることについて同意が得られた。また、社会福祉法人の事務局長からは、会議等の際の場所の提供のほか、法人の社会福祉充実計画との兼ね合いから、積極的にかかわりたいという声も聞かれた。

Cさんを検討開始の発端としているものの、このチームはCさん個人を支援するために構築されたものではなく、一人暮らし高齢者の社会的孤立の問題への対応を目的として連携・協働する、多職種・多機関のチームといえる。このような会議の場を設けたことによって、社会福祉協議会と地域包括支援センターのソーシャルワーカーの2人だけでは得られなかった資源の提供がもちかけられた。また、参加者の多くが一人暮らし高齢者の社会的孤立の状況に問題を感じていたことが共有され、問題解決に向けた連携・協働体制が構築されるに至った。さらに、地域のなかにある資源が、この取り組みの推進のために活用可能な状態に変化しようとしている。

Active Learning

Cさんの事例を参考に、住民の誰もが孤立しない、そして誰も孤立させないために、地域で求められること（活動や仕組みなど）を自由に考えてみましょう。

■4 多職種・多機関の連携が生み出すパワーと社会的インパクト

ソーシャルワーカーが何らかの法律や制度、サービスを改善する必要があることに気づいたとき、どのような職種と連携して働きかけることになるだろうか。そして、どのようにしてほかの職種から賛同してもらえるだろうか。ソーシャルワーカーが気づいた問題意識を、その問題と関係する専門職らと共有し、たとえば政治家をも巻き込んで働きかけることができれば、1人のソーシャルワーカーの力ではできなかった変化を起こすためのパワーが生まれる可能性も広がるであろう。

このことは地域での実践においても同じである。1人のソーシャルワーカーの力で、地域の変化に働きかけるためにできることは限られていても、何らかの生活困難を抱える当事者である人々や、その家族、関係者などがつながれば、そこに変化を促すパワーが生まれる。

多機関・多職種による連携・協働についても同じことがいえる。一つの機関や職種がもつパワーは限定的でも、何らかの法律や制度を変えるためのソーシャルアクションに、多くの機関や職種が連携・協働することができれば、そこには法律や制度を変えるためのパワーが生まれる。

　それぞれに異なる役割や専門性を備えた機関や職種間で、連携や協働の体制を構築することは決して簡単ではない。時には価値観や考え方の葛藤のなかで、チームワークが機能せず、チームとしての取り組みがうまくいかないこともあるかもしれない。しかし、ソーシャルワークが目指す、誰にとっても安全で安心して暮らしていける地域や社会の実現に向けたチームアプローチの意義や可能性は大きい。ソーシャルワーカーは、多職種・多機関の連携・協働、チームアプローチの大切さと、それが生み出すパワーと社会的インパクトの大きさを忘れてはならない。

5 多職種の連携・協働およびチームアプローチの推進

　チームアプローチを効果的に推進していくために必要な条件として、一つ目に、多職種間の連携・協働によるチームワークの意義をメンバーが理解し、そのチームの機能について共有することが挙げられる。そして、チームでの問題解決の意義を理解しあうためにも、共有・共通して認識するチームの目標の明確化が必要である。

　二つ目には、チームメンバーの専門職としての価値規範・倫理や機能・役割をお互いに学びあい、理解し、尊重することである。各専門職の発言や行動は、専門職としての価値規範・倫理や機能・役割、業務を反映したものである。発言や行動の背景を理解し、尊重するとともに、各チームメンバーの専門性を理解する必要がある。

　三つ目には、チームを運営していくうえで、チームメンバーが共有するルールの確立が必要である。たとえば、メンバーが相互に各専門職の専門性を理解して尊重することや、メンバー間の対等な関係を大切にすることなどを、チームのルールに位置づけ、合意する必要がある。多職種チームのメンバーの間には年齢や学歴、社会経験、社会的地位に違いがある。これらの違いを超えて、共通の目標に向かって協働するためにも、ルールの確立を含めたチームの運営のあり方は重要である。

　最後に、これら対応策のすべてに共通するのがチームメンバー相互のコミュニケーションである。そして、コミュニケーションの円滑化を図るために、ソーシャルワーカーのファシリテーションの技術が活かされる。たとえば、チームメンバーによるケースカンファレンス等のミーティングの場だけでなく、ミーティング前後のやりとりにも気を配ることや、チームに関すること以外での日頃のコミュニケーションの大切さも意識しておく必要がある。このような配慮があることによって、チーム間の合意形成の質が高まるとともに、チームが成熟していき、個人や

家族そして地域に対して、より質の高いチームアプローチによる実践が可能になるのである。

2 ▶ 機関・団体間の合意形成の促進とクライエントとの連携・協働

1 機関・団体間の相互関係の構築と合意形成の促進

　多職種間の連携・協働によるチームアプローチが有効に機能するためには、それぞれの職種が所属する機関や団体間の合意形成が重要になる。

　ソーシャルワーカーは、地域における多機関や団体間の連携・協働を推進しながら、機関・団体間の相互関係を構築し、地域のさまざまな課題に対する取り組みについての合意形成を図ることが求められる。地域には、さまざまな分野や領域で活動する、さまざまな目的をもったさまざまな種類の機関・団体の存在があり、それぞれに組織の形態も多様である。ソーシャルワークにおいては、これらは地域福祉の推進のための貴重な社会資源であり、また今後社会資源となり得る可能性をもつものと捉えることが大切である。

　このような多彩な社会資源が地域にあること、また、それらが地域の課題に向けて連携・協働して取り組む関係を構築すること自体が新たな社会資源の創出となること、さらに多彩な機関や団体間の合意形成によって地域福祉が推進していくこと、それはすなわち多様性や創造性にあふれた、豊かな地域の実現につながることでもあり、地域で展開するソーシャルワーク実践の魅力や醍醐味もここにある。

　機関や団体間の連携・協働そして合意形成による問題解決を促すために、ソーシャルワーカーは、何より連携・協働しようとする機関・団体のことを知っておく必要がある。その内容としては、歴史・沿革・設立根拠、設立理念・ミッション・価値規範・指針、保有している資源の状況、組織図と意思決定の流れ、財務状況などが挙げられる。そのような情報から、それぞれの機関や団体の特徴や特色を知ることができるとともに、それぞれの強みを活かした連携と協働による実践の展開が可能となるのである。

2 問題解決に向けたクライエントとの連携・協働

　ソーシャルワーク実践において忘れてはならないのは、問題解決の過程の中心にいるのはクライエント本人であるということである。なぜな

ら、たとえ困難な状況にあったとしてもその生活を営んでいるのはクライエント本人であり、その人生の主人公もまた、クライエント本人だからである。ソーシャルワーカーといえども、誰かの生活や人生を代わりに生きることはできないし、ソーシャルワークは誰かの生活や人生に生じた問題を本人の代わりに解決することでは決してない。あくまでもその問題に向きあい解決の過程を歩むのはクライエント本人なのである。ソーシャルワーカーはクライエント本人にとってそれが可能となるように、伴走しながら側面的に支えるとともに、本人を取り巻く環境に働きかけて、本人の主体的な生活の再建を支援するのである。その意味で、ソーシャルワークの過程が、クライエント本人不在の展開になってはいけない。

　ソーシャルワーカーは、多職種や多機関の連携・協働の場面においても、クライエント本人が問題解決の主体として機能するための方策を講じなければならない。また今日、家族単位や世帯単位の支援が求められるなかで、その場面や過程にクライエントの家族の参画を視野に入れることも重要である。それは、クライエント本人や家族の立場や状況を、ソーシャルワーカーがアドボケート（代弁）することだけではなく、クライエント本人や家族がもつストレングスを問題解決につなげることにもなる。また、問題解決に必要な知識や技術を、クライエント本人や家族自身が獲得するプロセスを促進することにもなり、エンパワメントの効果も期待できる。

　ジェネラリストの視点に基づくソーシャルワークの展開、すなわち総合的かつ包括的な支援体制の構築において、クライエント本人や当事者である人々を問題解決の「主体」として位置づけることは不可欠な要素である。支援計画の実行や多職種・多機関の連携はもちろん大切であるが、それらが必要以上に重視されるあまり、クライエントや問題に直面する当事者が置き去りにされてしまうことがあってはならない。

　クライエントとソーシャルワーカーの対等な関係の構築に向けた努力によって、クライエントとともに生活問題の解決に向かう協働体制の構築が実現する。このことは地域に対する支援の際にも同じである。その地域で暮らす人々、すなわちその地域の主体としての地域住民を置き去りにした地域支援になってはいけない。ソーシャルワークが地域で機能することが地域住民にとって意義あるものとなり、ソーシャルワーク専門職である社会福祉士や精神保健福祉士が、地域住民にとってますます身近な存在となるように、そして信頼に値するソーシャルワーカーであ

り続けるために、クライエントや当事者そして地域住民から多くを学び
つつ、専門職としての努力と研鑽を続けなければならない。

◇引用文献
　1）松岡克尚「社会福祉実践における『ネットワーク』に関する一考察──概念整理と共通性の抽出」
　　『社会福祉実践理論研究』第 7 号，pp.13-22，1998.
　2）松岡千代「ヘルスケア領域における専門職間連携──ソーシャルワークの視点からの理論的整
　　理」『社会福祉学』第40巻第 2 号，pp.17-38，2000.
　3）同上，pp.17-38
　4）菊地和則「多職種チームの 3 つのモデル──チーム研究のための基本的概念整理」『社会福祉学』
　　第39巻第 2 号，pp.273-290，1999.
　5）同上，pp.273-290
　6）同上，pp.273-290

◇参考文献
　・與那嶺司「知的障害のある人の自己決定とその関連要因に関する文献的研究──支援環境要因も
　　含めた自己決定モデルを活用した実証的研究の提案」『生活科学研究誌』第 8 巻，2010.
　・五石敬路・岩間伸之・西岡正次・有田朗編著『生活困窮者支援で社会を変える』法律文化社，
　　2017.
　・K. アッシュマン，宍戸明美監訳『マクロからミクロのジェネラリストソーシャルワーク実践の展
　　開』筒井書房，2007.
　・宮本太郎編著『転げ落ちない社会──困窮と孤立をふせぐ制度戦略』勁草書房，2017.
　・日本地域福祉学会『地域福祉教育のあり方研究プロジェクト報告書 協同による社会資源開発のア
　　プローチ』2019.
　・保井美樹編著，全労済協会「つながり暮らし研究会」編『孤立する都市，つながる街』日本経済
　　新聞出版社，2019.

索引

さ～そ

わ〜ん

最新 社会福祉士養成講座
精神保健福祉士養成講座

編集

一般社団法人 日本ソーシャルワーク教育学校連盟 （略称：ソ教連）

統括編集委員 （五十音順）

中谷 陽明 （なかたに・ようめい）
ソ教連常務理事、桜美林大学大学院教授

松本 すみ子 （まつもと・すみこ）
ソ教連常務理事、東京国際大学人間社会学部教授

「ソーシャルワークの基盤と専門職」編集委員・執筆者

編集委員 （五十音順）

伊藤 新一郎 （いとう・しんいちろう）
北星学園大学社会福祉学部教授

空閑 浩人 （くが・ひろと）
同志社大学社会学部教授

田村 綾子 （たむら・あやこ）
聖学院大学心理福祉学部教授

執筆者および執筆分担 （五十音順）

伊藤 新一郎 （いとう・しんいちろう）································ 第 1 章第 1 節～第 3 節
北星学園大学社会福祉学部教授

岡田 まり （おかだ・まり）································ 第 1 章第 5 節
立命館大学産業社会学部教授

木村 真理子 （きむら・まりこ）································ 第 6 章第 4 節
日本女子大学名誉教授

空閑 浩人 （くが・ひろと）································ 第 6 章第 1 節～第 3 節
同志社大学社会学部教授

髙良 麻子 （こうら・あさこ）································ 第 5 章
法政大学現代福祉学部教授

志村 健一 （しむら・けんいち）································ 第 4 章
東洋大学社会学部教授

田村 綾子（たむら・あやこ）································ 第 1 章第 4 節、第 3 章
聖学院大学心理福祉学部教授

福島 喜代子（ふくしま・きよこ）································ 第 2 章
ルーテル学院大学総合人間学部教授

渡辺 裕一（わたなべ・ゆういち）································ 第 7 章、第 8 章
武蔵野大学人間科学部教授

最新　社会福祉士養成講座
　　　精神保健福祉士養成講座

11　ソーシャルワークの基盤と専門職［共通・社会専門］

2021年2月1日　　　初 版 発 行
2022年1月10日　　　初版第2刷発行

編　集　一般社団法人日本ソーシャルワーク教育学校連盟
発行者　荘村明彦
発行所　中央法規出版株式会社
　　　　〒110-0016　東京都台東区台東3-29-1　中央法規ビル
　　　　TEL 03(6387)3196
　　　　https://www.chuohoki.co.jp/

印刷・製本　株式会社太洋社
本文デザイン　株式会社デジカル
装　　　幀　株式会社デジカル
本文イラスト　イオジン　小牧良次
装　　　画　酒井ヒロミツ